Managing Classroom Behavior Using
# Positive Behavior Supports
Terrance M.Scott  Cynthia M. Anderson  Peter Alter

# 教室中的积极行为支持

[美] 特伦斯·M. 斯科特  辛西娅·M. 安德森  彼得·奥尔特  著
昝飞  李佳宁  胡敏瑜  译

华夏出版社
HUAXIA PUBLISHING HOUSE

Authorized translation from the English language edition, entitled Managing Classroom Behavior Using Positive Behavior Supports 1e by Terrance M. Scott/ Cynthia M. Anderson/ Peter Alter, published by Pearson Education, Inc.

Copyright © 2012 Pearson Education, Inc., Upper Saddle River, New Jersey 07458.

All rights reserved. No part of this book may be reproduced or transmitted in any form or by any means, electronic or mechanical, including photocopying, recording or by any information storage retrieval system, without permission from Pearson Education, Inc.

CHINESE SIMPLIFIED language edition published by HUAXIA PUBLISHING HOUSE CO.,LTD. Copyright ©2025 HUAXIA PUBLISHING HOUSE CO.,LTD.

AUTHORIZED FOR SALE AND DISTRIBUTION IN THE PEOPLE'S REPUBLIC OF CHINA ONLY (EXCLUDES TAIWAN, HONG KONG, AND MACAU SAR).

**版权所有，翻印必究**

北京市版权局著作权合同登记号：图字01-2023-1232号

**图书在版编目（CIP）数据**

教室中的积极行为支持 ／（美）特伦斯•M. 斯科特（Terrance M. Scott），（美）辛西娅•M. 安德森（Cynthia M. Anderson），（美）彼得•奥尔特（Peter Alter）著；昝飞，李佳宁，胡敏瑜译． －北京：华夏出版社有限公司，2025.1
书名原文：Managing Classroom Behavior Using Positive Behavior Supports
ISBN 978-7-5222-0725-4

Ⅰ．①教… Ⅱ．①特… ②辛… ③彼… ④昝… ⑤李… ⑥胡… Ⅲ．①特殊教育－课堂教学－教学研究 Ⅳ．① G761.2

中国国家版本馆CIP数据核字（2024）第111770号

教室中的积极行为支持

| | |
|---|---|
| 作　　者 | [美]特伦斯•M. 斯科特　辛西娅•M. 安德森　彼得•奥尔特 |
| 译　　者 | 昝　飞　李佳宁　胡敏瑜 |
| 责任编辑 | 龚　雪 |
| 责任印制 | 周　然 |
| | |
| 出版发行 | 华夏出版社有限公司 |
| 经　　销 | 新华书店 |
| 印　　装 | 三河市少明印务有限公司 |
| 版　　次 | 2025年1月北京第1版<br>2025年1月北京第1次印刷 |
| 开　　本 | 710mm×1000mm　1/16开 |
| 印　　张 | 21.75 |
| 字　　数 | 340千字 |
| 定　　价 | 69.00元 |

华夏出版社有限公司　　地址：北京市东直门外香河园北里4号　邮编：100028
　　　　　　　　　　　　网址：www.hxph.com.cn　　　电话：（010）64618981
若发现本版图书有印装质量问题，请与我社营销中心联系调换。

献给我的父母
比尔·斯科特和乔伊斯·斯科特，
他们是真正的老师！

# 致 谢

以下审稿人提供了有价值的意见和建议，在此表示感谢：利伯缇大学的玛格丽特·阿克曼，芬德利大学的爱丽丝·安德森，西弗吉尼亚大学的塔拉·布鲁克斯，西密苏里州立大学的苏珊·克拉弗林，中央密苏里州立大学的乔伊斯·唐宁，圣彼得堡学院的米歇尔·C.格伦特，沃尔许大学的加里·雅各布斯，特拉华州立大学的戈兰·基布里亚，西切斯特大学的维基·麦金利，西弗吉尼亚卫斯理学院的卡罗尔·梅恩兹，波士顿学院的亚力克·佩克，加利福尼亚州立大学圣马科斯分校的杰奎琳·桑森特，泽维尔大学的杰恩·瓦内加斯，宾夕法尼亚约克学院的黛博拉·沃特金斯以及西德克萨斯农工大学的格温多林·威廉姆斯。

# 目 录

Managing Classroom Behavior Using Positive Behavior Supports

推荐序一　邓猛　/ 001
推荐序二　张琴　/ 003
译者序　　昝飞　/ 005
前　言 / 001

第 1 章　以预防为主的行为支持模型概述

学校中的纪律问题 / 002
　不良行为的"原因" / 004
　总结 / 006
积极主动的管理 / 006
　通过促进成功来预防失败 / 007
　预防和学业—社会性行为的联系 / 008
　积极主动管理的三层级方法 / 012

第 2 章　理解行为

功能性方法 / 017
功能性模型的假设 / 018
　行为是习得的 / 018
　行为是有规律的 / 019
　行为是可以被改变的 / 020
将功能性模型应用于学生行为 / 021
对个体所说或者所做进行定义 / 024
识别环境的关键特征 / 025
　前奏事件 / 026
　结果 / 028

## 第 3 章 通向干预的功能性方法概述

从功能视角开展的评估 / 036

    行为的功能 / 036

功能性行为评估 / 041

    第 1 步：对行为进行定义 / 042

    第 2 步：评估可预测的模式 / 042

    第 3 步：形成一个关于行为功能的假设 / 045

    开展行为评估 / 048

总结：通过功能性行为评估来理解行为 / 050

## 第 4 章 在学校内测量行为

对行为进行定义 / 053

    行为的维度 / 054

测量过程 / 056

    第 1 步：确定要监控什么 / 056

    第 2 步：确定收集数据的最简单的方式 / 057

    第 3 步：用一致的方式监控行为 / 057

    第 4 步：使用数据来评估和决策 / 057

行为监控方法 / 058

    基于事件的记录（Event-Based Recording） / 059

    基于时间的记录 / 069

    决策模型 / 073

## 第 5 章 用数据进行教学决策

范围和顺序：应该先教什么，再教什么，然后呢？ / 080

    执行任务分析：怎样做？ / 081

目的和目标：为教学和评价做的计划 / 084

    教育目的陈述 / 085

教学目标　/085

　　　撰写教学目标：过程　/087

对教学进行评价　/090

　　　用图表表示行为：行为表现的视觉呈现　/091

对行为表现进行评价　/091

　　　目标线　/093

　　　趋势线　/095

基于数据的决策　/097

　　　确定计划的有效性　/097

　　　决定：成功的表现　/098

　　　决定：失败的表现　/099

## 第6章 基于功能视角的课堂管理

评估课堂的理由　/106

将干预与课堂相匹配　/107

强调教育性的行为管理　/109

开展课堂功能性行为评估　/109

聚焦于功能性常规活动　/110

使用散点图确定有问题的常规活动　/111

前奏事件和结果　/114

　　　前奏变量　/114

　　　课堂上影响行为的情境事件和情境变量　/114

　　　作为可能的情境事件的活动　/117

　　　辨别性刺激　/118

　　　确定用于适当行为的线索　/120

结果 /121

不适当行为的结果 /121

什么结果跟随问题行为？ /122

什么结果正在强化这个行为？ /123

适当行为的结果 /123

总结 /127

附录 A 课堂环境功能性评估（FACE） /129

附录 B 课堂环境功能性评估（FACE） /136

## 第 7 章 行为的有效教学

教学的重要性 /144

教学＝将成功概率最大化 /145

有效教学的关键特征 /146

行为的有效教学 /147

促进教学 /154

注意事项 /156

## 第 8 章 课堂上的前奏干预

改变情境事件以改善学生行为 /160

改变教室的物理布局 /160

定义和教授期望行为 /163

常规活动的结构 /175

监督风格 /178

课前或者课后的活动 /179

操纵辨别性刺激的效果 /180

总结 /182

## 第 9 章
### 用结果鼓励学生课堂上的行为

教师对强化的反对意见 / 186
 正强化 / 190
 负强化 / 191

奖励适当行为 / 192
 关注作为一种强化物 / 192
 活动型强化物 / 195
 实物型强化物 / 196

全班奖励系统 / 198
 良好行为游戏 / 200

教师也需要强化 / 202

## 第 10 章
### 设计个别化教学策略

替代行为 / 206
 教学 / 208

无错误学习 / 211
 塑造 / 211
 链锁 / 213

教学操控 / 215
 示范 / 215
 提供反应的机会 / 217
 操控任务难度 / 220
 恒定时间延迟 / 221
 指导性练习 / 224

## 第 11 章
### 创建预测个别学生成功的环境

前奏干预　/ 229

　　师生关系　/ 231

　　一致的常规活动和物理环境布置　/ 232

　　提示和线索　/ 237

　　前奏服从性策略　/ 242

　　维持和泛化　/ 245

## 第 12 章
### 对个体成功进行反应的策略：强化

选择要强化的行为　/ 250

　　确定强化物（什么？）　/ 252

　　使用强化物（怎么样？）　/ 255

　　代币制　/ 256

　　行为契约　/ 257

　　强化程式（什么时候？）　/ 258

　　跟踪进展（强化在起作用吗？）　/ 261

总结　/ 264

## 第 13 章
### 对个体不良行为进行反应的策略：惩罚

惩罚问题　/ 266

惩罚策略　/ 269

　　非口头和口头谴责　/ 269

　　负惩罚　/ 273

　　隔离　/ 278

　　反应代价　/ 281

　　正惩罚　/ 282

总结　/ 284

## 第 14 章
### 行为支持计划

用于行为支持计划的基本理由 / 286

行为支持计划的关键内容 / 287

实践：干预的关键特征 / 288

 前奏干预 / 288

 期望的行为 / 289

 技能拓展 / 290

 强化 / 293

 将强化最少化 / 293

 安全计划 / 295

实施系统 / 295

指导决策的数据 / 297

落实到位：制订支持计划的过程 / 300

行为支持小组：谁参与？ / 301

 推进支持计划 / 303

附录 行为支持计划模板 / 305

## 参考文献 / 307

# 推荐序一

Managing Classroom
Behavior Using Positive
Behavior Supports

　　我的同事和朋友昝飞教授又有新的译著出版，并请我作序，倍感荣幸和鼓舞，遂欣然答应，以表祝贺之意。

　　人类的行为具有高度复杂性，是生命的基本特征之一；人的行为又具有极高的社会性，人必须控制与管理自己的行为，才能适应愈发高度复杂化、多样化的社会环境，改变自己的命运。正如马克思在《关于费尔巴哈的提纲》中指出，"人是所有社会关系的总和"；人的本质并非独立存在的个体，而是在社会关系中相互作用和相互影响的。因此，人类的行为是人与环境尤其是社会环境互动的产物；所有的行为皆有其功能。值得庆幸的是，行为主义科学证实了，包括人类在内的许多动物都具有通过学习来适应和改变环境的能力。因此，人类的行为具有可塑性，是可以改变的，可以通过学习而改变和发展。

　　近年来，基于条件反射原理的行为主义科学在特殊教育及儿童康复领域大行其道。应用行为分析法（Applied Behavior Analysis）及其延伸的各种训练干预手段，在以孤独症谱系障碍儿童为主的发展性障碍儿童的身上得到广泛的运用。其干预效果及操作伦理受到诸多质疑与挑战。究其原因，一是在于能否将"以儿童为中心"的理念落到实处；是基于成人预设和规范进行机械训练，还是基于儿童需求与未来进行引导和塑造。二是能否将生态化环境的重建与支持转化为现实。儿童的行为并非只是个体的，更需要在社会环境中完成适应和发展的任务。儿童需要和同伴在一起，需要融入儿童世界。社会交往的问题与障碍更应在生态的、社会的情境中通过沟通、交往来解决。因此，儿童最需要的是自然的、正常的、生态的生活与学习环境。这既是儿童的权利，也是教育的基本规律。抽离的、脱离儿童现实生活的个别训练与干预，必须与儿童的集体生活、社会生活结合起来，才能起到更好的效果。因此，给予儿童的支持应该是正向、积极的，应该是基于儿童生活与环境的生态化支持。儿童需要的支持，不限于行为方面，所有与发展相关的领域都需要全面而积极的支持，即"支持性教育"。

昝飞教授团队翻译的《教室中的积极行为支持》一书，突破了传统的行为矫正的范畴，从儿童个体干预走向课堂管理，从关注儿童问题朝向激励儿童发展，从传统的机械训练走向生态化的教育。儿童都会遇到不同的情绪与行为问题的挑战，需要管控与调节情绪行为。学会认识及管控自己的情绪与行为是现代社会中每个人要面临的挑战。这本译著注重运用系统改变的方式，使专业的行为管理技术简明、通用，能够为普通教师广泛运用，帮助包括残疾儿童在内的所有儿童应对和处理各种情绪与行为方面的问题与挑战，促进所有学生的发展与成功；注重运用层级管理的方式，强调前置的预防策略而非行为后效的惩罚措施，有效地应对课堂内出现的各种行为问题。

昝飞教授多年来深耕儿童行为管理领域，既能借鉴国际先进理论与技术，更能着眼国内残障儿童教育实际，创造性地开展行为干预的研究与实践。几十年以来一以贯之，甘为孺子牛，敢为天下先！将特殊教育的人文情怀与科学循证的方法技术紧密结合，将行为管理的范畴从个体干预拓展到特殊学校、融合教育、家庭及社区活动之中。相信这本译著对于国内积极行为支持的应用和研究有重要的参考和借鉴作用，希望能在此基础上形成更加基于本土创生的、生动活泼的儿童行为管理与支持体系。是为序！

华东师范大学特殊教育学系教授、博士生导师

2024 年 5 月 8 日于丽娃河畔

## 推荐序二

Managing Classroom Behavior Using Positive Behavior Supports

  这本书对所有的教育工作者，尤其是正在运用或尝试运用积极行为支持来改善学生问题行为的教师个体及学校管理者，有着非凡的指导意义，只要你翻开这本书，就很容易喜欢上它。对于我个人来说，喜欢这本书的理由很直接，它很实用！我在工作中遇到的很多困惑和难点问题，都能在书中找到答案。

  我们学校在2010年开始，用3年时间逐步建立起积极行为支持的三级干预体系，至今已有14年。这些年间，我们积累了很多学生问题行为干预的经验，同时也面临很多挑战。这些挑战，有些源于积极行为支持团队自身专业能力上的不足，我们有时很难准确评估出学生发生问题行为的原因，有时也会找不到支持学生行为改善的有效举措。但最大的挑战，是如何撬动全体教师共同作出努力，让每一位学生在课堂学习和班级活动中都能得到有效学习，以促进学生不断成功，让面向全校所有学生的一级干预真正发挥效能。

  这就需要积极行为支持团队与教师们一起努力，解决实践中面临的很多问题。这些问题有时比较宽泛，例如大家都发现，在学生行为改善中，预防大于干预，而促进学生不断成功是最好的预防，但怎么促进学生成功？有些问题非常具体，例如，要改善学生的问题行为，首先要建立一个理解与接纳的氛围，发展良好的师生关系，但具体怎么做？有没有操作性强、可复制的程序？这样的问题充溢在老师们每时每刻的课堂教学与班级管理中。大家发现，学校的行为干预团队及所有的老师们，都在践行一些有效的策略，但还达不到系统掌握这些策略的水平。有时候我们心里清楚有些策略是有效的，但是无法阐述清楚它为什么有效，这导致我们在系统总结经验时面临困难，在组织培训时更是要花费很大的心力。

如此多的困惑，靠一个学校或教师个体的摸索，很难找到答案，我们需要一本能真正解决课堂管理难题的书！这本书，能在很大程度上满足我们的需要。书中给了我们很多解决问题的原则、实践以及程序，非常贴近一线教师的实践需求，是一本实实在在的工具书。这本书对学校管理者来说，也是一座宝藏，非常利于学校开展问题行为干预的培训。这本书每个章节都以"本章目标"开篇，让老师们知道自己要学习什么；在章节末尾"本章回顾"部分，总结本章节的重点内容，让老师们检测自己是否已经掌握；在"应用"部分，则设计了使用这些策略的问题，让教师们学会学以致用。

读完这本书，我想给出使用好这本书的一些建议。第一，老师们可以自学，解决自己的实践困惑；第二，老师们可以在教研组、年级组、班级内组织研讨，加深对书中提出的策略的理解，以解决共同面临的问题；第三，学校可以将其转化为培训资料，减少组织培训的压力；第四，老师们在理解掌握这本书的内容后，还可以不断总结本校实践经验，使之更适合我们的校本化使用。

总之，这是一本能真正帮助到基层学校和一线教师的书，值得大家反复阅读！

上海市徐汇区董李凤美康健学校
2024 年 4 月 14 日

## 译者序

Managing Classroom Behavior Using Positive Behavior Supports

从 2005 年开始接触积极行为支持以来,我自己越来越深信这一理论与实践所倡导的一些理念、原则与操作性程序。随着学校中孤独症儿童以及情绪行为障碍学生人数的不断增加,需要教师开展问题行为干预的可能性越来越大,而我本人也由此有了更多与特殊教育教师、家长一起工作的机会,也与一些特殊学校开始合作推进学校内的系统改革,将行为分析以及积极干预的理念与技术应用于实践中。我们通过组建行为干预的校内专业教师团队,发展教师行为分析与评估的能力,从行为功能角度寻找并确定学生问题行为发生的原因,并进一步分析其功能产生与学生个体自身技能发展水平、学校与教师提供的教育教学环境以及家庭养育环境之间的关系,以寻找可能有效的教育干预措施。而这些经历或者经验不断地证实了这些理念、原则与操作性程序的效果,促使我持续地在大学课堂、教师培训以及案例研讨中去使用、推广它们。

积极行为支持并非大家通常理解的那些行为矫正技术或者策略。有很多人对那些行为矫正技术或者策略持有负面的态度。但正如本书作者在序言中提到的,一些学生,他们的行为会挑战我们教学技能的极限。对于特殊教育工作者来说,我们遇到的学生极有可能会挑战我们已经被系统培养、锻造过的那些教学技能的极限。我们需要为这些学生寻找到可能解决问题的方案。而积极行为支持就是一种值得使用的技术。虽然它由应用行为分析发展而来,但它更为强调使用预防策略而非行为后效中的惩罚措施,因此也被认为是一种非厌恶性的行为支持技术。它强调运用教育的方法扩展个体的行为技能以及采用系统改变的方法,其目的并非仅仅只是让个体的问题行为减少或者消失,而是要让个体获得重要的社会和学习效益，即帮助他们获得成功。在本书中，从序言开始到最后一章始终都贯穿这一点，即所有采取的措施与策略都是为了让学生获得成功。在对特殊学生开展问题行为干预的过程中，我觉得教师们首先要贯彻的就是这一点，开展问题行为干预的目的在于让学生获得成功。这也是我认为积极行为支持跟传统的行为矫正技术不太相同的地方。它意味着，在进行行为分析时，其根本在于要分析学生为何无法取得成功，比如为何无法参与课堂学习、无法成功地与他人互动、无法成功地完成课堂任务或者其他作业等，而这通常源于学生的行为技能发展水平与其所处环境之间的冲突与矛盾。很显然，基于这一分析思路而获得的教育干预策略，即让学生获得成功的策略，都不是单一的。在本书中，作者所强调的是"我们的任务就是要找到教师们控制的各个要素的正确组合——包括互动、常规以及物理环境——以促进学生成功"。

目前大多数学校在采用积极行为支持进行问题行为预防与干预时，会采用三级预防干预的体系，即面向全校所有学生的一级干预，面向学校中高危学生的二级干预，以及面向个别的具有严重问题行为学生的三级干预。很多人可能认为最能体现专业性的是第三级，因为这一层级的学生通常表现出严重的攻击行为或者严重破坏课堂教学秩序等，其严重问题行为具有极大的破坏性与干扰性，不仅给教师工作与家长养育带来很大挑战，通常还有长时间的失败的教育干预历史。而我认为，最能体现专业性的应该是第一级，即面向所有学生采取的积极预防与干预，这一级是最为基础的，也是最为强有力的。只有学校中的所有教职员工都能将学生的问题行为看作自身的责任，并在日常的活动、课堂教学等情境中去全面贯彻行为管理的原则与程序，去帮助学生获得成功，才能真正达到预防、干预问题行为的目的，这也是立德树人的根本。而本书所介绍的内容就是这一级中每位教师以及其他工作人员需要认识和掌握的原则、程序以及具体做法，非常值得学习与应用。

对本书的翻译也让我有机会再次学习积极行为支持并因此深化了对它的认识。感谢华夏出版社提供给我及另外两位译者这样一个学习的机会。本书第1章、第3~6章由李佳宁负责，第2章、第7~10章由胡敏瑜负责，她们两位都是我的研究生，最后四章由我负责。全书译文的校对、统稿由我完成。正如作者所言，这本书是他们大量课程讲座、培训内容的一个书面版本，因此内容通俗易懂，也契合教师们日常工作的思路与教学内容，但也可能因为如此，有较多地方存在多个长句并列修饰的情况，这给我们的翻译制造了一些小小的麻烦，需要我们从专业维度不断地去确认其修饰的到底是哪里，以便更为精确地表达作者要表达的意思。限于译者的翻译水平，错误之处也恳请读者批评指正。

感谢华夏出版社与编辑武纯丽老师的大力支持！

昝飞

华东师范大学教育学部特殊教育学系

2024年2月2日

# 前 言

Managing Classroom
Behavior Using Positive
Behavior Supports

　　学校范围的积极行为支持将行为分析的原则和技术应用于学校系统。在工作于世界各地的大学、学区和教室的众多专业人士的努力下,与学校范围的积极行为支持有关的有益成果已经得到广泛的证明和传播。当然,与这些努力有关的原则、实践以及程序并不是新的内容。合作、清晰的教学、使用意外事件来影响行为的发生以及基于数据的决策一直被认为是促进学校成功的有效工具,但它们并不总是以产生结果的方式得到实施。在许多方面,积极行为支持都只是一个包装美观、描述良好的有效系统管理与有效教学的版本。正如人们常说的那样,积极行为支持实际上不是要改变学生,而是要以一种可以预测学生行为积极变化的方式来改变成人的行为。如果从这个角度来看待学校和课堂,学生行为改变的责任就完全落到了每天与之互动的成年人的肩上。我们没有理由去相信,一个学生的不当或者不良行为会改变,除非我们采取措施来促成这种改变。

　　我们相信,好的教师拥有的教学技能中就有用以积极高效的方式来改变行为的所有必要的工具。然而,我们也意识到,有些学生的行为会挑战我们技能的极限。我们的任务就是要找到教师控制的各个要素的正确组合——包括互动、常规以及物理环境——以促进学生成功。当我们的这个尝试没有取得成功时,学生就没有回应,这并不是我们的过错,但我们有责任回到我们的策略,并继续寻找正确的技巧与工具组合,以促进学生的成功,而这些成功是为了今后继续实施而迫切需要的。

　　这本书,耗时多年,是我们集体长期以来不断重复并完善的课程讲座和培训内容的书面版本。正如在培训演讲中描述一个常常被重复的概念或技能时通常会发生的那样，使用的表达、措辞或者例子都会有所变化。有一些做法是即兴发挥的，随后马上就后悔而且将不会再被重复，而其他的则是保留下来的改进措施。我们很努力地用过去发现的最有效的语言和例子来撰写这本书。当然，一些例子、声音以及语调的抑扬顿挫无法转化为文字。这里我们的意图是在保留内容的同时尽可能让阅读变得简单。

本书是为那些在课堂中直接与学生接触的人写的。然而，其中所阐述的原则和程序也同样适用于其他环境，包括日托中心、诊所、治疗中心、矫正机构，以及家庭。我们的目的是要写这样一本书，既可以描述与有效实践相关的原则，也可以作为相关从业人员询问"如果……我该怎么办？"时的资源。我们最初的想法是，即便是对街上的普通人来说，这本书也应该是通俗易懂的，但所描述的内容又足以促进有效实践。我们尽力保持语言简洁，并从我们自己与各年龄段儿童相处的经历中挑选出例子来。此外，我们有意识地避免对参考文献的使用和我们呈现的内容背后的研究的引用。

第一章概述了贯穿全书的关键概念和原则，并引用了这些概念与原则所依据的研究。之后，每一章都聚焦于与特定的实践和程序相关的逻辑和活动上。虽然每一章都建立在上一章的基础上，并代表了全书描述的更大过程中的一个步骤，但是每一章也是独立存在的。我们希望读者会发现这本书易于浏览，并能帮助他们处理日常的课堂管理和教学事务。因为我们三位作者有着共同的教育背景，也与有挑战性行为的儿童和青少年一起工作过，所以我们写下了我们自己在开始时就想知道的东西。我们向那些继续奉献自己的生命以改善我们下一代生活的人们——尤其是那些对他们来说成功并不常见或者必然的成功的人们，表达我们诚挚的谢意。

# 第 1 章

# 以预防为主的行为支持模型概述

### 本章目标

阅读本章后，你应该能够描述以下概念：

- ✓ 使用积极主动的管理以预防可预测的行为问题
- ✓ 多层级的干预策略
- ✓ 一级干预、二级干预和三级干预
- ✓ 用于确定有需要学生的系统性筛查机制
- ✓ 学校范围的支持系统实施

中午12:30，在林肯小学校园中，霍金斯（Hawkins）女士正在课间执勤。她在操场的沥青路上溜达，而这时孩子们在操场荡秋千、攀爬栏杆、四处玩耍或者到处走动。与操场相邻的一片草地上，有一群孩子正在踢足球。草地的一处偏远的角落里有一小丛树，一些孩子正在那边玩耍。这时一个成年人从停车场走了过来，告诉霍金斯女士有人朝他的车子扔了一块石头，他认为这块石头是从草地方向扔过去的。霍金斯女士向那位司机道了歉，并表示她会处理此事。随后，她走向那处角落，发现一群学生正围在一堆石头旁，从中拿起石子朝空中扔。此时，一名学生朝霍金斯女士走来，坚称："霍金斯女士，那些孩子正在向汽车扔石子。"霍金斯女士让这些学生跟着自己回到楼里，为每个人写了一份办公室转介通知单，然后将他们带到了办公室。

那几名学生坐在办公室的接待区域，等待奥尔森（Olsen）校长来见他们。与此同时，奥尔森女士到了，她走进了校长办公室。霍金斯女士告诉奥尔森校长这群学生从草地上朝汽车扔石头，被抓到了。校长叹了口气，说道："先不要告诉我是谁，让我猜一猜。"然后她报出了涉事学生的名字并描述了事发地点。在得到霍金斯女士的确认后，校长回应道："好的，让我们准备一下放学后学生需要留校的书面文件——又一次了。"奥尔森校长的反应说明这件事情已经不是第一次发生了——她知道哪些学生有可能涉事，还知道当扔石头这件事发生时他们在哪里，并且知道什么样的处罚措施可能不起作用，比如放学后留校。而她看起来并没有意识到的一点是，她之所以能够预测肇事者和问题发生的环境（课间时学生们处于树丛后方），是因为她已经掌握了预防这一行为的必要信息。

## 学校中的纪律问题

在每一所学校中，学生群体都包括一系列的学生。其中一些学生在学校中表现良好——获得不错的学习成绩，与同伴、成年人相处融洽；还有一些会表现出显著的挑战性。如果我们进入一所普通学校并随机提问路过的成年人，要求对方说出三名表现出很大挑战性、需要干预的学生，我们很有可能会听到重复的名字。学校不需要复杂的筛查工具或者专业的在职培训来识别这些最具有挑战性的学生——他们的行为就会让他们很明显（Bowen, Jenson, & Clark, 2004; Walker, Colvin, & Ramsey, 1995）。而且，这些学生中的很多人都很有可能以相当高的概率表现出一些行为，如破坏性行为和其他"小"问题等。虽然新闻媒体主要关注非常严重的问题行为，例如携带武器入校以及攻击同伴或者其他学生，但是一些没有那么严重的行为例如欺凌、不顺从成年人的要求、违抗和争吵等则要更加常见得多，并且因为它们发生得如此频繁，所以对于学习环境和学校文化来说，这些行为更加具有破坏性（Furlong, Morrison, & Dear, 1994; Stephenson, Linfoot, & Martin, 2000）。

教育工作者、家长、其他学生以及社区正在努力寻找解决这些难题的方法。很多人主张使用被视为具有惩罚性的策略，比如课后留校或者暂时停学；或者将这类学生转移到新的环境中去——隔离的教室或者隔离的学校——在那里他们不会对他人的学习产生负面影响；或者将其中的多个策略结合起来使用。最近，这些努力已经包括了"零容忍"政策，例如在学生初犯（如，打架）后停学，以及"三振出局"政策。为了说明这一点，1996—1997学年开展了一项调查，结果发现，在所有学校中，超过75%的学校报告了针对学生多种不良行为采取零容忍政策，还报告了公立学校中执法人员和金属探测器有所增加（U.S. Departments of Education and Justice, 1999）。但有证据表明，这些措施是无效的，而且往往适得其反；在实施这些策略的学校中，这些策略试图预防的特定问题往往变得更多（American Psychological Association Zero Tolerance Task Force, 2008; Hyman & Perone, 1998; Mayer & Leone, 1999）。

这种方法无法减少挑战这种制度的学生人数，一个原因是源源不断的新生正在进入这些学校。即使大多数的惩戒转介基本上可归咎于学校中10%~15%的学生（Sugai, Sprague, Horner, & Walker, 2000），但如果学校文化没有改变得以积极预防问题行为的发展，那么就总是会有一群新的困难学生"即将到来"。因此，着重于用一种反应式的方式来回应最具挑战性的行为就好像用你的手指堵住水坝上的一个洞一样：你或许能够暂时地减缓水流，但无法解决问题。

而且这个问题会因为标签效应和成年人的期望而变得更加复杂。成年人会期望一个被鉴定为"有问题"的学生表现出不适当的行为，不管正确与否。举个例子，一些研究显示，成年人对频繁发生问题行为的学生的回应更为消极——哪怕他们并没有做错任何事情（Van Acker, 2002; Van Acker, Grant, & Henry, 1996; Wehby, Symons, & Shores, 1995）。而且，正如可能被期望的那样，研究显示学生的行为会被教师的期望所塑造。也就是说，学生往往达到或者低于老师的期望，而老师的行为实际上可以为学生的失败创设机会（Gable, Hendrickson, Young, Shores, & Stowitschek, 1983; Shores, Gunter, & Jack, 1993; Weinstein, 2002）。而且，在行为不良的学生中，那些看起来与众不同或者被老师认为有问题的学生更有可能受到严厉的惩罚以及被停学（Hinojosa, 2008; McFadden, Marsh, Price, & Hwang, 1992; Shaw & Braden, 1990; Skiba, Petersen, & Williams, 1997）。

## 不良行为的"原因"

有大量的研究着重于确定那些与学校中（以及在其他情况下）问题行为发生风险增加相关的因素。下面我们简要回顾一下这些文献中的发现。

**与风险有关的人口学因素。**在解释学生问题行为的原因时，人口学因素是常常被确认的一个因素。实际上，儿童所在家庭和社区的特点是预测潜在学业和社会性失败的最早指标。总结与辍学有关的因素研究，结果发现在毕业前具有更高风险离开学校的学生，在他们出生时就可以根据他们的社会阶层和家庭特征被识别出来（Farrington, 1995; Hawkins et al., 2000; Patterson, Reid, & Dishion, 1992）。更明确地说，研究表明了贫困和辍学之间的关系在普通学生（Harding, 2003; Rumberger, 1987; Walker & Sprague, 1999）和特殊教育学生（Gierl & Harnish, 1995; Rylance, 1997）中都存在。其他与未能成功完成学业相关的特征包括自身没有完成学业的父母、不重视也不示范阅读等学业技能的家庭（Adams, 1988; Hammond et al., 2007; Hart & Risley, 1995），以及以多重压力源如酒精或其他药物滥用、离婚和家庭暴力等为特征的家庭（Glaser et al., 2005; Patterson et al., 1992）。

亚当姆斯（Adams, 1988）发现，中、高收入家庭的孩子在入学时往往已经接触印刷品长达 1000 个小时，而贫困儿童在入学时通常只接触了短短 25 个小时。而且，哈特和里斯利（Hart, Risley, 1995）在一项长达 6 年的、纵向的亲子互动研究中发现，与中、高收入家庭的孩子相比，低收入家庭的孩子与父母的言语互动往往更少，这导致他们在入学时的词汇量明显更少。这些孩子入校后通常由中、高收入背景的教师来教育，而这些教师所使用的词汇以及对孩子熟悉印刷品程度的预期都远远高于许多低收入家庭孩子的水平。

因此，这些孩子在刚刚进入学校时，就已经在学业上落后于同龄人了，但这并不是他们的错。哈特和里斯利的研究同样显示出，在入学时仅仅提供一个"强化注射剂"型的干预是不够的。相反，这些学生在整个小学阶段都需要有效、密集的教学策略。如果没有能让他们在学校的表现产生实质性改善的、密集的、持续的学业指导，那么这些孩子就会比同龄人落后得越来越多。幸运的是，研究表明，有效的教学以及积极的学校与课堂文化——使用本书中所阐述的策略而形成的——可以应对很多这类社会弊病。

**学业和问题行为之间的联系**。越来越多的文献库记录了学业困难和问题行为之间明确的联系。比起那些在技能学习上达到年级水平的儿童，在学习基础技能（如阅读）时存在困难的儿童更有可能在学校中出现问题行为。实际上，最近的研究表明，在幼儿园时测量到的阅读缺陷是三年级和五年级学生不良行为的有力预测指标（McIntosh, Chard, Boland, & Horner, 2006）。实际上，根据亚当姆斯（1988）的说法，一个四年级时还不会阅读的儿童最终学会阅读的可能性只有12%，或者如里昂（Lyon, 2003）所指出的，9岁时还没有发展出基础阅读能力的儿童很有可能终生都是文盲。这项研究说明，作为确保学生成功的一个关键因素，保证全体学生接受充分的、循证的教学是至关重要的。

学生经历学业困难并且出现问题行为，可能至少有两个原因。首先，正如前面所描述的，一些学生由于经历了学业失败而开始出现纪律问题。对于这些学生来说，学业要求已经变得令人厌恶了——因为他们通常不能成功完成这些任务——因此这些学生表现出问题行为，试图逃避那些令人厌恶的任务。这些学生可能频繁地迟到、逃学，或者做出导致办公室转介或停学（以这种方式回避学业任务）的行为。其次，由于前面提到过的原因，一些学生可能在入学时还没有掌握适当的、对促进学习来说不可或缺的社会性行为。这些行为包括听从指令、听他人发言以及合作，等等。这些学生常常自入学那天起就是好争辩的，并且与同伴和成年人都相处得不融洽。另外，这类学生群体可能会迅速落后，这并不一定是因为教学质量很差或者他们需要额外的学业辅助来帮助学习，而是因为他们的行为干扰了学习。不幸的是，这些学生一旦落后了，就有可能会继续表现出挑战性行为来逃避越来越令人厌恶的学业任务，并且会越来越落后。

这些趋势开始得很早，结果也很麻烦；研究显示，具有长期性、普遍性行为问题的学生，如果在二年级结束时其行为问题还没有得到改变，就更有可能进监狱而不是从高中毕业（Walker, Colvin, & Ramsey, 1995）。一旦这些学生在学校中失败了，他们就更有可能在未来进入社会服务、福利救济和矫正系统中，以及滥用药物、卷入交通事故、成为单身父母（Nelson & Pearson, 1994; Walker, Colvin, & Ramsey, 1995）。

显然，那些在学校中早早失败的学生，他们的人生轨迹被预测为悲剧性的。我们可以等待这些可预测的结果，或者也可以使用循证的方法来预防问题行为的发生和恶化，增加学业成功的可能性，从而打破失败的循环。这本书重点介绍那些在获得这种关键性重要结果方面很有效的方法。作为教育工作者，通过以下方法来促进所有学生的学业成功是我们的责任：（1）使用积极主动的方法来鼓励所有学生的适当行为；（2）识别有失败风险的学生并为他们提供个别化的支持。

### 总结

在学校中，学生在学业或者社会性行为上遇到困难的原因有很多，其中很多原因（比如，贫困）都是我们没有能力直接解决的。学校和社会已经尝试了不同的方法来处理学校中的纪律问题，但一直以来重点都在被设计用来阻止学生再次出现不良行为的反应性系统上，或者是让学生脱离普通教育，或者是这些方法的组合。但是这些策略在以下几个方面都是没有效果的：（1）减少学校问题行为的总体发生率；（2）教学生表现出更为适当的行为；（3）改善学校氛围。我们需要的是一个积极主动的纪律系统——这样一个系统着重清晰地教学生期望的行为，强调用于预防问题行为发生的循证策略。

## 积极主动的管理

本文的首要主题是减少纪律问题发生的最佳途径就是预防它们的发生。从长远来看，预防所花费的时间更少，还能够导向更多的学习和社会参与机会，因为纪律问题不会干扰教学。在本章开头介绍的林肯小学的例子中，我们知道，由于学生是"再次"被留校，因此用事后留校的方式来解决问题在过去是不够的，在将来也是不够的。而且，反复以这一方式应对不良行为，对于霍金斯女士、奥尔森校长以及其他管理校内留堂的教师来说都是相当浪费时间的。解决这个问题的更为高效的方法是确定预测扔石子的环境，然后重新布置环境，以使得这一行为更可能少地发生。当我们以这种方式来看待一个行为时，就可以说我们是在进行**积极主动的管理**①。

促进学生成功实际上是预防和教学的一种结合。作为教育者，我们有责任为学生提供在生活中获得成功所必要的技能。这常常被认为是指学业能力，因为很明显，无法充分阅读或者做基础数学运算的学生，他们的人生机会会严重受限。然而，社会性行为与学业行为一样重要，并且同样必须被教授。例如，一些学生在离开学校时具备学业技能，但他们的社会互动技能却不足，并且在遇到分歧时要借助肢体暴力来解决问题，这些学生在生活中失败的可能性与存在学业缺陷的学生一样。两者的区别在于，与学业成功相关的能力由相当规范的标准所定义，且被明确而系统地教授，而与社会性成功相关的能力则是由不同的背景和文化来具体定义的，并且往往没有被明确或者系统地教授。我们已经了解到，在学校中明确地定义并教授社会性行为是极其重要的，在社会中也是如此。有研究显示，在那些明确定义、教授和认可社会期望的学校里，几乎90%的学生都将获得成功，并且在设定的一年时间里都没有收到或者只收到一次办公室转介（Horner et al., 2000）。

当然，即使在使用这种方法的学校中，也大约有10%~15%的学生需要一些干预。这个事实揭示了关于行为支持的两个要点。首先，系统范围的预防策略的使用，显著地减少了需要更多密集干预的学生人数。其次，有一些学生在积极主动的学校系统中不能获得成功时，教育者就需要高效、循证的策略来预防和应对这些学生的问题行为。在本书中，我们首先将描述系统范围的方法如何在课堂中实施，以预防问题行为的发生；然后将提供循证的方法，用于有效地应对那些需要进一步支持的少数学生。

## 通过促进成功来预防失败

预防失败开始于确定引发问题行为的事件。无论是预示着打架斗殴的一个拥挤的、成人少而学生多的日间自助餐厅，还是预示着错误回答的那个重新分组带

---

① 积极主动的管理：运用关于过去行为的信息来教授技能、布置环境，以预防未来问题的发生。

来的加法问题，又或者是预示着向经过的汽车扔石头的充分的场地管理的缺乏，确定这些预测因素就是预防问题的第一步。为了确定这些预测因素，我们必须掌握一些与先前已经出现的问题有关的信息。我们可以运用这些信息来确定特定学生发生问题行为的预测因素——正如本章开头的案例中扔石头的学生那样——或者是预测许多学生出现问题的情况，例如，一个狭窄的走廊，当许多学生经过时，可能会推推搡搡。那么，我们接下来就可以改变这些预测因素，与此同时，教学生用更为适当的方式进行反应并奖励那些期望的行为，这种方式对学生来说是"有回报的"。在整本书中，这个概念将得到更深入的阐述。

## 预防和学业—社会性行为的联系

预防失败被认为仅仅存在于社会性行为的语境下，这种观点太常见了。事实上，社会性行为和学业行为之间的联系是密不可分的（Gunter, Hummel, &Conroy, 1998; Kauffman, 1997; Scott, Nelson, & Liaupsin, 2001），并且两者都必须作为教学的重点。传统的观点认为，学生在问题行为被控制住之前，是无法学习学业知识的。恰恰相反，更多最新的教学模型认为，只有当学生参与到学习任务中，并且在学习任务中获得成功时，问题行为才会消失。实际上，两种观点都正确，因为学业和社会性行为之间的关系是相互的。因此，仅仅关注这些相关领域之中的某一个领域，将会徒劳无功。我们必须努力利用其中一个领域的成功来促进另一个领域的成功。杰克（Jake）的案例就是这种联系的一个实例。

杰克，一个14岁的初中男孩，被安置在一间专门为有情绪和行为障碍的学生准备的单独的房间中。他身材高大健壮，有在学校斗殴的历史，学习很差或者说在学习上不努力。最近，学校心理学家对他进行了评估，发现他完全没有阅读技能——即使是简单地将字母和发音对应都做不到。根据与当地高校达成的协议，他将接受一些强化阅读教学，作为正在进行的一个研究项目中的一部分。在研究的第一天，那所高校的研究者沃森（Watson）博士走到杰克身旁，试图解释阅读项目。杰克立即朝着研究者大喊："离我（咒骂语）远点，我才不会跟你一起阅读呢！"

如果作为教育工作者的我们认为,在加强杰克的学业技能之前必须解决他的挑战性行为,那么采取什么样的管理技术能够有效地迫使他参与到学业活动中呢?相反,如果我们认为学业问题的处理必须先于行为,那么杰克甚至连尝试都不愿意,又怎么会去学习呢?考虑到杰克的个人经历,我们理解了他的行为。尝试与杰克换位思考几分钟,在14年的不读书和8年的阅读失败之后,你认为他有什么动机去尝试阅读?想想这么多年来在同一件事上反复失败是什么感觉,我们可以从他的行为中看到一个可预测的模式。由于失败并不是一段愉悦的经历,我们可以推测,阅读教学已经让杰克极度厌恶了。在某种程度上,他可以通过表现出这样的行为来成功地回避阅读,他的反应非常有效。现在,我们的任务是确定如何融合社会性和学业管理策略,从而促使学生在这两个领域中取得成功。阅读的自然强化物是成功的理解,以及获得有用而有趣的信息,但我们怎样才能在不管理行为的情况下促进阅读的成功呢?反过来,在阅读如此令人厌恶的情况下,我们将如何管理行为呢?

沃森博士明白他面临一个双重问题。他需要同时促进学业和社会性行为的成功,这样才能使双方都受到影响。就像向水泵中添加液体来启动泵一样,教学能够让学生获得自然强化。想到这个类比,沃森博士明确了一点:要想使学生充分克服对阅读的厌恶,从而使适当的社会性行为可能发生,额外的激励是必需的。他将杰克叫来身旁解释道,如果杰克每天花十分钟来参与教学,他就可以在教学结束后做一些他喜欢的事,或者得到一些他喜欢的物品。沃森博士问了杰克可能想要挣得什么,然后提供了一些可选项,包括回到班级前的五分钟休息时间可以用来吃零食,看几分钟足球录像,以及放学后和足球教练出去玩。在开小差一分钟(杰克说,"不再上学")后,他说任何一个选项他都"不介意"。沃森博士随后告诉杰克,在每天的阅读教学之前,杰克可以从这三个选项中选出他愿意付出努力来获得的那一个。杰克同意了,但也提出了要求,那就是教学要在图书馆中的一个单独的房间里开展——避开他的同伴们。

想象一下，在一个任务上反复失败，然后在同伴面前被当作失败的典型，这是多么令人厌恶。杰克每次在课堂上尝试阅读都只是在他所有的同伴面前展现他的不足。杰克在阅读时间做出不良行为的动机是巨大的，而他遵守规则的动机则是零。

沃森博士知道自己面临一个困难的任务。既然已经和杰克约定好进行阅读教学，他就必须帮助他立即在阅读任务中取得一些成功，因为杰克很快就会对失败感到厌烦，并选择退出；反复的失败令人厌恶，这厌恶感几乎总是抵过我们能够使用的其他任何奖励。沃森博士决定教授杰克一些基础的字母发音。他选择了五个字母，这五个字母在很多简单英语单词中都比较常见。他将这些字母，也就是a、e、s、t和n，称为"幸运之轮"，因为它们通常是在流行电视游戏节目中最先被挑选出来的字母。他将每个字母呈现给杰克，并示范相应的发音，让杰克练习每个音。当10分钟快要结束时，杰克单独练习了每个字母，并且成功了。他得到了他挑选的奖励——短暂的休息和零食——然后离开了。第二天，沃森博士从复习前一天所学字母开始，然后开始引入音的组合，再次示范，让杰克练习并提供反馈。一开始，杰克对此是抗拒的，他大喊着："我只会一个一个地读，我不会一次读两个！"但是沃森博士引导杰克意识到他已经知道了"a"（短音a）和"t"的音——他只需要每次说一个音，并且只要速度足够快就可以发出一个新的音。杰克继续发出这两个音，同时沃森博士鼓励他加快速度。最后，沃森博士说道："是的，那听起来就像一个单词。它是什么单词呢？"当杰克回答"at"时，沃森博士提高声音祝贺道："完全正确。做得真棒！"

在那节课结束时，沃森博士向杰克呈现了一个新的组合"n-e-t"，然后让杰克想一想这个音。随后要求杰克读一读这个单词，杰克成功地读出了"net"。沃森博士称赞了杰克，然后惊叹："你能读！"杰克笑了，看了一会儿足球录像，然后回到了班级。教学的第三和第四天都与第二天相似，都是引入、练习更多音的组合，并且在每节课结束时呈现新的单词，杰克继续取得成功。

在教学的第十五天，沃森博士再次复习了学过的单词，并示范了一些新单词——通过使用同等费力的顺序快速地一起说出来。结束时他将一些单词放在一起，组成了简单的句子。杰克开始时有些不情愿，但很快就兴奋地读了起来，因为他能读出所有的单词，尽管有一些是新的。沃森博士向杰克表示了祝贺，然后发表了自己的观点。他告诉杰克，他真的很享受和杰克一起工作，杰克学习阅读很快，这给他留下了非常深刻的印象。沃森博士解释道，然而，虽然他可以继续和杰克一起工作，但他没有能力继续为他购买零食、租借足球录像了。杰克立即回答道，只要他的阅读课在图书馆里上（远离同伴），他就愿意继续，即使没有奖励。

沃森博士最终退出了教师的角色，介绍了一名教学助理。在一个注重每节课都获得成功的结构化阅读项目的帮助下，杰克的阅读水平在那一学年中取得了以往要超过两年才能取得的进步。

让我们回顾一下沃森博士让杰克完成了什么。因为杰克不愿意尝试阅读，所以他无法体验到那些对大多数学生来说能够强化阅读的自然发生的结果（比如，学习新事物的乐趣、放松）。而且，杰克的技能水平是如此之低，以至于如果没有清晰的指导，他就不可能轻松地学会阅读技能。沃森博士将单纯参加课程的奖励物与来自阅读的自然强化结合起来，让其在这两方面都获得成功。如果只使用社会性行为管理，杰克不大可能尝试自己阅读。同样地，只采用阅读管理也不是一个可选项，因为杰克无法在没有指导的情况下从阅读尝试中获得强化。

**积极主动的管理系统。**积极主动的管理意味着使用预防问题行为的策略。因为我们对影响全体学生的预防策略感兴趣，而且管理需要是系统性的，涵盖整个上学日以及学校内的每一个区域（包括教室），并且涉及全体教职人员。我们希望避免将预防的责任放在学校中的一两名专家身上，或者让几个老师对所有具有挑战性的学生承担全部责任。例如，如果咨询员要对所有出现问题行为的学生负责，那么其他教职人员就几乎没有机会在确定问题行为、建立对学生行为的期望以及选择处理问题行为的最佳行动方式方面进行合作。在这些情况下，形成并促进全体学生间的预防策略将会极度困难。而且，任何人——甚至是技能非常熟练的人——也不可能有时间和专业知识来有效地与学校中所有需要额外支持的学生一起工作。同样地，如果某位教师碰巧在那一年教一名有挑战性行为的学生，由他来负责这名学生，那么来自其他人的投入就太少了，也无法建立起一个必要的影响深远的管理系统，而这个系统对于预防学校情境中的一系列问题来说是必要的。积极主动的管理系统是由系统中的所有人（它可以包括整个学校或者学校的特定区域，比如，非教室区域或者一间特定的教室）在平等发声和参与下共同创建、实施的系统。积极主动的系统通常包括多个水平或层级的干预。

## 积极主动管理的三层级方法

积极主动的管理系统的目标是预防问题行为的出现和加剧，并促进学业的成功。这需要一种**多层级预防**① 的方法，这种方法能够为需要更多支持的学生提供越来越密集且个别化的干预。

在各个层级，积极主动的管理都以几个共同主题为特征。首先，策略是基于对反复出现的问题进行基于数据的分析而制定的（用于很多跨班或全校的学生，或者某个特定的学生）。对过去问题行为的观察和记录会被用于预测未来的问题。例如，教师可能为了查明整体的行为模式而研究出勤记录，如一周中最经常出现旷课现象的那几天，或者频繁缺席的某几名学生。其次，所有策略的首要目的都是预防，同时结合对期望行为和问题行为的有效反应，而且各个情境中的所有成年人都同意并一致地实施。例如，教师以及助教都需要同意使用相同的奖励系统，并以一致的方式对适当行为和不良行为做出反应。最后，多人作为一个系统一起工作，确定预测因素并制定、实施干预措施。例如，一个由几名教师、专家和管理者组成的团队可以一起工作，创建一个全校范围的系统来教授适当行为。同样，教师可以与他的助教以及学校咨询员会面，为有破坏性行为的学生制定干预措施。对于需求最强烈的学生来说，系统有必要扩大到社区机构以及校外的利益团体。图1.1呈现的是一个针对学业和社会性行为的三层级方法的图表模型。

---

① 多层级预防：预防工作要求全面且主动积极的方法，这开始于为系统中全体学生所设计的普遍性行动，并根据需要，分阶段推进到为有最显著需求的学生所设计的密集行动。

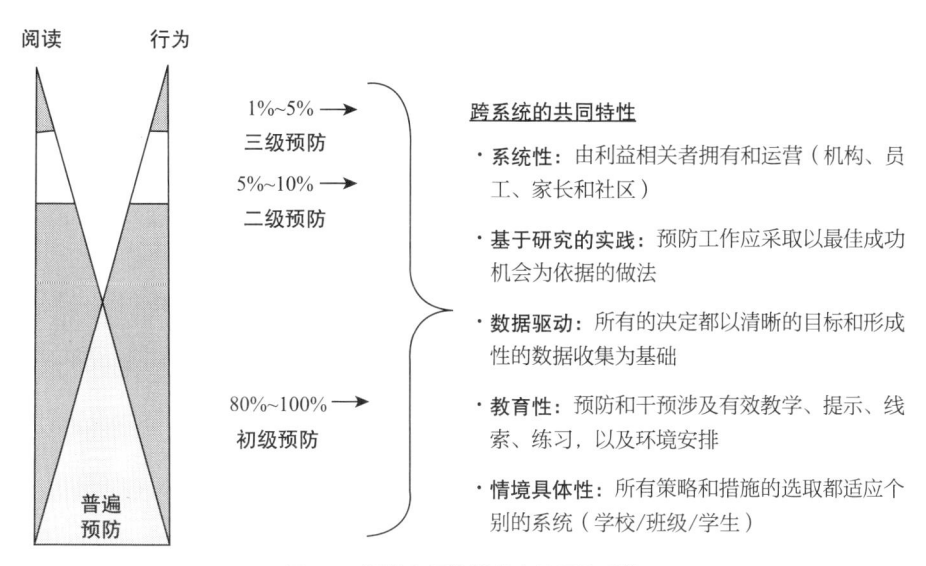

```
阅读    行为
        1%~5%  →
        三级预防
        5%~10% →
        二级预防


        80%~100% →
        初级预防

普遍
预防
```

**跨系统的共同特性**

- **系统性**：由利益相关者拥有和运营（机构、员工、家长和社区）
- **基于研究的实践**：预防工作应采取以最佳成功机会为依据的做法
- **数据驱动**：所有的决定都以清晰的目标和形成性的数据收集为基础
- **教育性**：预防和干预涉及有效教学、提示、线索、练习，以及环境安排
- **情境具体性**：所有策略和措施的选取都适应个别的系统（学校/班级/学生）

**图 1.1 阅读和行为相结合的预防系统**

在三个积极主动的干预层级中，最基础的是普遍预防，面向系统中的全体学生。在这一层级，社会性行为的重点在于制定并清晰明确地教授学生行为规则，奖励适当行为，并对不当行为做出一致的反应。在整本书中，我们都将重点放在预防这一层级上，尤其是第 4~6 章，着重于为所有学生创设积极的课堂环境。普遍预防对学业也很重要，还包括使用循证课程以及常规筛查，以确保学生正在进步。学业干预超出了本书的范围，但可以参阅（Fien, Kame'enui, & Good, 2009）以供有关实施普遍性学业干预以及额外的、更为密集的学业干预的广泛讨论。下一层级的干预是目标性干预，针对有更严重问题行为的高危学生。这一层级的干预通常在学生小组间实施，可能包括社交技能教学、行为报告卡方案（behavior report card programs）、家庭作业社团等。我们之后会在第 6 章中更加详细地介绍目标性干预。对于学业方面的问题，目标性干预包括重点阅读小组以及额外强化教学。对这一层级的学生要进行更加频繁的监测——至少每周一次——以确定他们是否在进步。最后，强化干预是专门为那些对普遍干预或针对性干预没有反应、表现出重大挑战行为的学生准备的。强化干预以功能性行为评估结果为基础，并针对学生的具体需求进行个别化干预。考虑和干预这类行为的程序将在第 7~13 章介绍。

### 本章回顾

❶ 积极主动的管理包括运用过去行为的信息来教授技能、布置环境，从而有逻辑地预防可预测的行为问题。

❷ 多层级干预策略包括干预和持续性评估，从而确定规模越来越小的学生群体，随着规模的缩小，这些群体所需要的干预越来越密集、越来越个性化。

❸ 一级、二级和三级干预描述了学校范围、小组以及学生个人层级的干预。每一个依次缩小的层级都由对较大层级反应不佳的学生组成。

❹ 用于确定有需要学生的系统性筛查机制包括办公室转介数据、课程本位评估以及标准化测试分数。要确定分数线或者标准分数，以识别那些对干预反应不佳的学生。

❺ 学校范围支持系统的实施指的是学校中的所有成年人共同努力，提供一致的规则、常规和物理环境安排，从而预防可预测的问题行为。

### 应用

❶ 一个你认识的人不赞成预防，并且表示这是对时间和金钱的一种浪费。要支持从预防导向角度开展工作，逻辑论证是什么？

❷ 学生在学校中可能出现问题行为的原因有哪些？我们应该做什么来帮助这些学生？

❸ 描述支持学生的积极主动的方法的三个层级。

　　a. 第一层级包含谁？要做什么样的事情？

　　b. 第二层级包含谁？要做什么样的事情？

　　c. 第三层级包含谁？要做什么样的事情？

# 第 2 章

# 理解行为

### 本章目标

在阅读完本章后，你将能够描述以下概念：

- ✓ 学校环境中行为改变的功能性视角
- ✓ 作为行为改变过程中的变量时，"环境"的定义
- ✓ 辨别性刺激的定义，及其描述与改变行为过程中的使用
- ✓ 教室和校园环境中情境事件对行为的影响
- ✓ 强化在教学过程中的逻辑和使用
- ✓ 正强化与负强化作为增加行为的过程
- ✓ 惩罚在教学过程中的逻辑和使用
- ✓ 施予型惩罚和移除型惩罚作为减少行为的过程

当弗林特（Flint）先生走过走廊拐角处时，他看见一个五年级学生——布兰迪（Brandi），正在把一个二年级学生——马尔科姆（Malcolm）推进储物柜。一小群学生正站在边上大笑。弗林特先生冲过去救出了马尔科姆，并分开了两个学生。他说："布兰迪，你怎么了？你在做什么？"并带着她去往办公室。布兰迪只是耸耸肩，回头看了看，对着站在边上的那群学生傻笑。马尔科姆则跑向他的教室。当布兰迪和弗林特先生到达办公室时，他告诉秘书他看见了什么，秘书在将要去见校长的学生名单中写下了布兰迪的名字，然后弗林特先生就离开了办公室。不久，校长勒克斯（Lux）先生领着布兰迪进了他的办公室，而学校咨询员

在那里等着。咨询员问布兰迪："你为什么要推马尔科姆？这是你这个月第三次因为欺负小朋友被送到这里来了。你为什么总是这样？"布兰迪回答："他们挡我道了！"接着，咨询员、勒克斯先生和布兰迪之间开始了一段长时间的谈话。布兰迪告诉咨询员，是马尔科姆先开始的，而她自己"总是在其他孩子开始这件事时被责备"。咨询员花了大概10分钟时间，来告诉布兰迪为什么欺负别人是不对的，以及她能做什么而不是欺负别人。随后布兰迪说出了很多其他的适当反应，包括忽视那个孩子，或者是让挡道的人走开。谈话结束后，勒克斯先生又给了布兰迪一次校内留堂——这是她这个月第三次被校内留堂了。

对于那些和孩子打交道的人，像这样的情况是令人沮丧的。布兰迪似乎知道欺负别人是不对的，甚至能谈论她应该如何表现，但是她的行为并没有改变。我们想知道，"为什么她一直欺负其他的孩子？"。或许更加重要的是，"我们对此能做什么？我们如何才能阻止这种行为？"。幸运的是，我们已经有了一些很有用的循证方法来应对这样的情况。多年的研究和实践告诉我们，如果我们从**功能性视角**[①]——聚焦于与行为有关的事件——来处理行为，我们就可以有效地进行干预。

当然，功能性方法只是尝试理解人类行为的众多不同方式中的一种。本书中我们之所以采用功能性视角有若干原因。首先，正如之前提到的，大量文献表明，这个模型对于理解行为和制定有效的干预措施都是有用的。其次，这个模型已经被成功地应用于学校，既适用于个别学生，也适用于整个系统，比如教室和整个学校。再次，行为的功能性模型让我们能够形成用于一致地应用实践的逻辑性框架，而这些实践与预期的成果具有逻辑性关联，并且能够在学校人员间被沟通交流。最后，或许从我们作为教师的视角来说也是更有说服力的，功能性方法是一种教学方法。它假设教师能够教学生如何表现，以及有效的教学（比如，教师做

---

① 功能性视角：通过聚焦于发生在个体外部、稳定地先于以及跟随行为出现的事件来确定行为的发生原因，从而让其更多或者更少可能发生。

什么）是他们拥有的改变行为的最强有力的工具。在本书中，我们从功能性方法开始，因为我们相信它最接近教师所要接受的培训，也因为它给我们提供了通过教学努力改变行为的最佳成功机会。

在本章中，我们对功能性方法的深层的基本逻辑进行定义和探索。我们将提供一个从功能性方法角度处理个人以及整个系统的行为的框架作为总结。

## 功能性方法

用于理解行为的功能性方法可以从一个看起来很直白的假设开始：绝大多数行为是通过个体与其所处环境之间的相互作用而习得的。当然，这种说法过于简单，因为并非所有的行为都是习得的。许多基本的行为，比如，我们的心脏跳动、眨眼、听到很响的噪声时被惊吓、流汗等，都是自动发生并在很大程度上超出我们控制的。因此，当我们在本书中说行为是习得时，一般指的是更为复杂的行为，例如人们做什么和说什么。

从功能性视角理解学生的行为需要我们确定行为是如何与环境进行相互作用的。如果我们重点关注的是一群学生——例如，隆美尔（Rommel）女士的第三节课——那么我们感兴趣的就是课堂的特点和班级学生之间、隆美尔女士与学生之间的互动模式。如果我们对某一特定学生的行为感兴趣，那我们就要对学生最常表现出的令人担忧的行为的一个或者多个情境有更多的了解。识别这些事件通常被称为功能性行为评估。在本章中我们将介绍这种功能性方法，这将作为本书其余部分的基础。在随后的章节中，我们将运用这个逻辑——和功能性行为评估——来理解学生的行为，并设计对该行为的有效反应。我们将从回顾行为功能性模型的基本假设开始。

## 功能性模型的假设

行为的功能性模型基于对人类行为的若干假设。这些假设并不是简单地为了方便而设定的，也不是"最佳猜测"。相反，它们源于行为分析领域数十年的严谨的研究。这个模型的核心假设是：（1）行为是习得的；（2）行为是有规律的；（3）行为是可以被改变的。

### 行为是习得的

所有行为要么是先天的，要么是作为与环境相互作用的结果而习得的。先天的行为是那些我们与生俱来的行为。例如，如果有人对你眼睛吹气，你会反射性地眨眼，当你的膝盖被轻叩时，你的腿就会猛地抖动。同样，你也不必学习呼吸或者睡觉。而其他行为则是习得的，范围可从相对简单的行为（如，一个小孩指向她想要的物品）到复杂的行为，比如我们可能称之为社会能力的技能（如，谈话时与人保持适当的距离，有眼神接触但不是一直盯着看，用友好的方式询问问题）。一般来说，先天的、反射性的行为都是没有问题的。相反，那些我们可能有兴趣改变的则都是后天习得的行为。人们第一次表现出某个行为的原因常常会有所不同。例如，一个孩子第一次说脏话可能是因为他或她在模仿某人，也可能是同伴鼓动他或她这样做，或者是出于偶然（例如，他或她想说一个词，却说了别的词）。然而，人们持续表现出来的行为则往往更多是那些跟随着积极结果的行为。我们将在本章后面部分以及全书中反复讨论这一重点。

学习以下两种方式中的一种发生：我们因行为的结果而学习，通过观察他人或通过他人的教导而学习。这两种学习方式实际上是紧密相关的。正如我们在本章后面部分将详细讨论的，我们习得行为的一种方式就是——观察我们以某种方式行动时发生了什么。例如，一个学生在同伴周围说脏话，并得到了像大笑这样的积极反应，她就更有可能再次说脏话。但是如果在她说脏话时，她的朋友们皱眉或者变得安静，那么她以后说脏话的可能性就会大大减少。因此，我们可以假定一个基本原则：导致积极结果的行为更有可能重复发生，而导致不愉快结果的行为则不太可能再次发生。学习发生的第二种方式是观察他人或教学。当我们观察他人时，我们观察的不仅是他们做了什么，还观察之后发生了什么。例如，假设在跳下秋千之前，马肖恩（Marshawn）告诉他朋友"你先来"，然后观察教师会如何反应。如果教师没有注意到他朋友的跳跃，而且他的朋友也没有受伤，马肖恩就可能会随后跳下。然而，如果教师训斥了马肖恩的朋友或者让他坐到人行道上（或者他朋友受伤了），马肖恩就不太可能从秋千上跳下。我们也从观察和直接教导中学到很多。从很小的年纪开始，大人就会告诉孩子应该怎样做和不应该怎样做，并且也告知了遵循或者未遵循这些教导的后果（尽管通常是含蓄的）。例如，家长常告诉孩子："不要在燃烧炉很烫的时候触摸它，否则你会被烫伤。"久而久之，如果在教导与那些阐明的或暗含的结果之间有良好的对应关系，那么，孩子们就会知道听从大人的教导是个好主意。

不幸的是，没有经历过这种对应关系的孩子往往学会的是忽视大人所告诉他们的话，这往往导致他在学校生活困难。例如，如果苏玲（Sue-Ling）的妈妈告诉她："打扫你的房间，否则你就不能出去玩。"但即使房间没有打扫干净，她还是可以出去玩，那么，苏玲就会明白，妈妈的教导并不总是那么重要。如果这种模式持续下去，那么每当苏玲要做选择时，她就可能开始忽视大人的教导；毕竟，在她被告知的和实际发生的事情之间并没有逻辑性的对应关系。这导致了"按我说的做而不是按我做的做"的现象，在这种现象中，儿童学会了言语会得到强化，但对应的行动却不会。当被问到时，这些孩子可以轻易背诵出所有期望行为的细节并获得大人的表扬。然而，孩子们并没有表现出这些行为，因为大人没有坚持将口语行为与行动联系起来。

### 行为是有规律的

正如我们先前描述过的，人们的行为是由于行为和环境之间的相互作用。我们说行为是有规律的，是因为环境以可预测的方式影响行为。如果某个行为之后稳定地跟着一个积极的结果，那它就更有可能发生。例如，汤姆（Tom）可能会继续取笑同伴，因为结果让他高兴。也许他的朋友会大笑，也许学校里其他孩子似乎也尊重他（比如，在他向他们发出挑战时迅速投降）。相反，如果一个行为之后并没有跟着一个积极的结果，那么它就不太可能再次发生。如果汤姆的朋友在他每次取笑同伴时都反应消极，那他就不太可能再次这样做。当然，如果行为仅仅只发生在某些情境下，那么理解行为的前奏事件也很重要。也许汤姆只在大人不在旁边的时候才取笑同伴，例如，在休息时间或者上课前老师还没有进入教室的时候。我们说行为是有规律的是因为它并不是偶然发生的；反而，它是发生在其之前或者之后事件的结果。当我们理解这些事件——前奏和结果——我们就能更好地进行干预，因为一旦我们理解了这些事件，我们就可以通过改变它们来影响行为。在本章后面部分以及第3章中，我们将会再回到这一点来进行更深入的探讨，这一点也将贯穿全文。

## 行为是可以被改变的

理解环境如何影响行为将直接引导我们进行干预。一旦我们理解了行为发生的时间和原因（预测因素和结果），我们就能设计教学方案来改变它。例如，如果我们想要德西蕾（Desiree）停止欺负其他学生，我们首先需要确定行为什么时候最常发生以及之后通常会发生什么。我们的干预可能包含改变行为之前发生的事情——比如加强监督——以及行为之后发生的事情。此外，我们可能会发现，我们需要教德西蕾以更适当的方式表现行为。这些行动都体现了有效课堂管理的关键组成部分：促进成功、教学和反馈。

总结一下，本书所采用的功能性方法认为，理解行为的最佳方式是评估行为发生的环境。我们需要评估行为随时间变化的模式，寻找我们感兴趣的行为前后最常发生的事件。虽然功能性方法聚焦于情境的特征，但也要认识到，这个观点并不否认其他因素的重要性，如生理学、遗传变量或者某人过去经历中很久之前发生的事件等。很明显，这些因素常常对行为起作用。例如，注意缺陷多动障碍似乎有生理方面的因素。但是研究表明，就算生理或者遗传因素对问题的最初出现起作用，功能性方法也能够减少问题的影响。我们继续谈论注意缺陷多动障碍，大量工作表明，环境调整比如对环境进行结构化、使用明确的指令，以及对期望与不期望的行为采用一致性结果等，都能显著减少像注意力不集中这样的问题行为，同时也能增加专注行为和其他亲社会行为。除了生理学特征，一个人过去经历的事件也可能对当前的行为起作用。例如，本书的一位作者曾经帮助过一名有严重智力障碍并表现出自伤行为的小男孩。这个小男孩一直发育正常，直到6个月大的时候，有一次父亲喝醉后回家，一怒之下，把男孩从楼梯上摔了下去。在这个令人悲伤的例子中，男孩的智力障碍和自伤归根结底是由被扔下楼梯导致的。不幸的是，不管做任何事情都不能改变这些事件。所以，干预工作的重心在于识别与自伤行为有关的当前情境。因此，从功能性视角处理行为需要改变环境的特征来影响行为。

## 将功能性模型应用于学生行为

如果我们从大多数行为是习得的、有规律的并且是可以改变的假设出发，我们就会把注意力从个人的内部状态（比如，低自尊）转向当个体表现出特定的行为时会发生什么。这一转向的原因是，将重点放在类似自尊这样不可观察的（也常常是不存在的）结构并不能帮助我们确定我们可以做些什么来改善现状。为了说明这一点，我们可以来看看利亚姆（Liam）的例子。

利亚姆是一个大型城市小学里的一名三年级学生。他是一个有点安静的学生，并以一个完美主义者为人所知。他在一、二年级时获得了高分，按时交作业，在很多方面都是模范学生。利亚姆的父母联系了学校咨询员，因为他们很担忧。他的父亲报告说利亚姆每晚至少花三小时在作业上，全程看起来都很焦虑。当利亚姆写完作业，他父亲就与他一起检查作业，如果有任何错误，利亚姆就会大哭，说自己有多么笨；他经常非常伤心，以至于不能完成剩下的作业，直到第二天早上很早起来继续做。在利亚姆父亲说这些话时，老师也意识到她曾经听到过利亚姆在多个场合说过自我贬低的话语，她纠正他作业的时候最常出现。当这种情况发生时,她经常花很长时间告诉他,他是一个多么棒的学生,但在利亚姆看来,他的一天似乎被毁了。他经常心不在焉,低着头坐在桌子前,不再参与课堂讨论或者完成作业。

到这个时刻,利亚姆的父母、老师和咨询员都意识到问题的存在,接下来的问题就变成了如何解决问题,通常首先要找出原因。想象一下,如果利亚姆的咨询员说了类似的话,"利亚姆很明显有较低的自尊心;这就是他停止学习的原因",那么会发生什么。我们很容易理解这个结论是如何得出的,而且看起来也很合理,不是吗?现在问问你自己,这个"原因"对团队想出解决办法有多大帮助:对于低自尊可以做些什么呢?虽然针对这类问题有很多的干预措施,例如咨询、技能训练等,但选择正确的干预措施需要我们询问更多的问题——我们需要找出利亚姆自尊心低的原因。事实证明,像低自尊这样的结构完全不是原因;它被看作行为的标签会更合适。思考一下,我们刚才已经说明,利亚姆自我贬低的评价、哭泣和停止学习的原因是他的低自尊。但是,我们是怎么知道利亚姆的自尊心低的呢?我们是从他的行为推断出来的,对吗?举个例子,当他犯错时他会变得非常沮丧,他做出了自我贬低的评价,并且停止了学习。我们所做的就是给了一个"循环解释"。行为的原因——低自尊——是从被认为是原因的行为那里推断出来的。设想一下,如果利亚姆的咨询员对他的行为采用了功能性方法:

到此时,利亚姆的父母与老师确定了共同担忧的问题:利亚姆在犯错时会变得沮丧并做出自我贬低的评价。他经常停止学习很长一段时间。咨询员说:"好,看起来我们都同意我们遇到了问题。我们现在需要做的是了解问题出现时的更多事情,这样我们就能够想到要怎么做。根据你们所说的,当大人指出一个学业错误时,利亚姆就会做出自我贬低的评价、变得沮丧并停止学习——对吗?"每个人都点头表示赞同。利亚姆父亲提醒咨询员,利亚姆经常在做作业前就开始紧张了,到做的时候就看起来很焦虑。利亚姆的老师也意识到在课堂上他也常常看起来很紧张,尤其是在小测验或者独自完成任务的时候。咨询员说："嗯，所以利亚姆经常在独自完成学业任务时感到紧张，尤其是在测验时。"每个人都同意，因此咨询员告诉大家，为了设计干预内容，他们需要做的是要确定之后发生了什么可能会激励这个行为。虽然利亚姆的父亲和老师确实花了一些时间与他谈话，但利亚姆看起来对这一互动并不特别感兴趣——他经常很快地结束对话。他的咨询员指出，在错误出现后，利亚姆常常会在很长一段时间内停止学习。他问："利亚姆会不会是将做出自我贬低的评价、变得沮丧和停止学习作为回避未来犯错的一种方式呢？"利亚姆的父母和老师对此进行了考虑，然后利亚姆的母亲插话说："天哪，我之前从来没有想过这个，但是你还记得你去年问我们是否愿意让利亚姆参加高级班入学考试吗？我们问过利亚姆，他很沮丧，并请求我们不要让他参加考试，他说那个班的学业太难了，他无法完成！这就是我们没有继续与你讨论这个考试的原因。"

大大家继续讨论利亚姆的行为，然后意识到利亚姆确实是想通过这样的行为表现来回避未来的错误。他母亲新讲述的故事证实了这一点。聚焦于利亚姆变得沮丧并停止学习的前后发生了什么，而不是贴标签和假设原因，能够帮助团队识别出环境中可能会引发并维持利亚姆行为的因素。现在他们有了一个清晰的想法，他们可以通过改变什么来帮助利亚姆不再过于苛求自己，并且能够在犯错后继续学习。例如，他的老师和父母可以通过像这样说——犯错是可以的，我们都会犯错，重要的是把它改正过来并再试一次——来鼓励他，而不是试图让利亚姆相信自己并不愚蠢。

正如这个例子所揭示的，功能性视角有助于我们聚焦于行为与个体环境中正发生的事情之间的相互作用关系。具体来说，功能性视角帮助阐明：（1）那些令人关切的个体说了什么或者做了什么；（2）与某一特定行为相关的环境的关键特征。我们把这些关键特征称为前奏事件和结果。

## 对个体所说或者所做进行定义

功能性方法的第一步是准确地识别个体说了什么或者做了什么，我们有时把这个称作**行为的操作性定义**①。

当进行操作性定义时，目标就是避免使用标签，并聚焦于被观察的那些关心的行为。在利亚姆的例子中，咨询员将关心的行为定义为做出自我贬低的评价、哭泣以及长时间地停止学习（拒绝学习）。设计行为的示例和非示例常常是很有帮助的。例如，利亚姆自我贬低的评价可以包括说这样的话："我很笨"或者"我什么也做不了"。非示例包括聚焦于作业上的评价，比如，"这很难"或者像"我累了"这样的评价。当每个人都同意这个定义，并且这个定义也使用可观察和可测量的术语精确地描述了个体说了什么或者做了什么的时候，这个定义就是适当的。例如，"懒惰的"或者"反抗的"就不是好的术语，因为它们对不同的人来说可能意味着不同的事情。而且，测量一个人有多懒惰也是很困难的。然而，如果懒惰被定义为"无法完成任务"，我们就转向了可观察和可测量的一些事情，因为我们能够测量一个人完成的工作量或者他花费在任务上的时间。好的定义要避免宽泛的个性描述，要聚焦于特定的行为上。一般来说，行为可以从五个维度来定义：形貌、频率、持续时间、潜伏期和强度。形貌是行为看起来是怎样的，也就是你看到了什么。频率指的是行为多久发生一次。这可以根据行为基于不同的时间长度进行分类。如果行为只是偶然观察到，你可能会问在给定的一周或者一天中行为多久发生一次。如果行为发生比较频繁，你可能会聚焦于一个下午，或者指定的一个小时之内。持续时间指的是行为持续多长时间，也就是，行为一旦开始，它会继续多久？潜伏期则对常常在一个特定信号之后开始——或不开始——的行为很有用。例如，如果你正在观察发生在要求之后的发脾气行为，潜伏期就是指要求提出之后和发脾气行为开始之间的时间长度。最后，强度被用于表示行为有多有力。表2.1总结了行为的这些维度。

这每一个维度都为我们提供了行为的具体信息。目标是获得能够指导干预的

---

① 行为的操作性定义：用其他人都赞同的可观察的术语具体描述一个人说了或者做了什么。

信息。例如，我们可以说莎莉（Sally）在课堂上很懒惰，且具破坏性，或者说她缺乏独立工作的技能。但是这意味着什么，我们又该怎么测量呢？使用维度来定义她的行为，我们可以说，在安静的作业时间里，莎莉反复出现打哈欠的行为，其持续时间在 6 秒左右，声音大到足以让整个房间都听见，每个时间段大概发生 15 次。这为我们提供了非常具体和可测量的行为定义。绝大多数行为并不要求描述所有的维度来明确定义。然而，所有行为都要求对其形貌进行说明，这样我们才知道我们在寻找什么行为。从表中的例子可以注意到，没有行为的形貌，我们真的不知道我们在测量什么。

表 2.1 行为的维度

| 维度 | 描述 | 例子：詹姆斯（James） | 例子：托尼（Toni） | 例子：薇拉（Vera） |
| --- | --- | --- | --- | --- |
| 形貌 | 对行为的明确描述（景象、声音、感觉等） | 用拳头打他人 | 打哈欠，嘴巴张得很大 | 跟随老师指令上延迟时间超过 30 秒 |
| 频率 | 多久一次/多少？ | 被叫名字的这段时间 100% 发生 | 每个时间段 15 次 | 总是 |
| 持续时间 | 持续多长时间？ | — | 每次哈欠 6 秒钟 | — |
| 潜伏期 | 某个信号与行为之间有多长时间？ | 被叫名字后 5 秒内 | — | 老师指令后 30 秒 |
| 力度或强度 | 多严重或多少？ | 严重到能留下瘀伤 | 声音大到整个房间都能听见 | — |

## 识别环境的关键特征

一旦问题行为被操作性定义，下一步就是找出个体周围正在进行什么看起来影响着行为。回忆一下利亚姆的例子是如何做的，咨询员引导利亚姆的父母和老师找出在利亚姆哭泣、做自我贬低的评价以及停止学习之前发生了什么，然后帮助他们找出这些行为出现后又发生了什么。他的咨询员正在帮助这个团队确定前奏事件和结果。

### 前奏事件①

前奏事件是指在关心的行为出现之前发生的事。所有的行为都是在一定的背景下发生的，因为总有一些事情在发生，我们的工作就是在所有正在发生的事件（比如，其他孩子说话、教师给予指导、外面有车经过）中找出哪些事件实际上是与行为有关的。前奏事件可以被分为两类：辨别性刺激和情境事件。

**辨别性刺激**。辨别性刺激是指发生在行为之前、作为表现出某一特定行为的信号的事件。它们之所以作为信号出现，是因为某些结果在过去行为存在时可靠地出现或者不出现。例如，电话铃声响预示着一个特定行为——接起电话并说"你好"。铃声可以被称为一个辨别性刺激，因为当电话铃响时（而不是其他时候）一个特定的结果——电话线另一端的声音——出现了。我们中的绝大多数人在电话铃没响时不会接起电话并说"你好"，因为这个行为只在电话铃响起时被强化。当行为被一个特定的条件刺激（或者类似的条件）而非所有其他条件所预测时，我们就将这种关系称为**刺激控制**②。所有的学习都是建立刺激控制的过程。我们只在某些情境而非所有情境下想要"4"这个回答或"自行车"这个表述。在一些情境（一类刺激）下（比如，2+2，8-4，1+3等）回答"4"是适当的。但是"4"这个回答不应该在其他情境（比如，6-1，8+2）下出现。"自行车"这个回答应该在我们教过的一些情境（当我们拼出字母并询问"这是什么单词"，或者当我们指着自行车时）的刺激控制下才会出现。刺激控制是通过确保强化正确行为发生而非错误行为（如，当被问到"6+2是几？"时说出"4"）发生时的结果来建立的。

---

① 前奏事件：前奏事件是发生在行为之前的所有事情。这包括可能会或不会对行为是否出现产生影响的行动、时间和条件。也译作"前事"。

② 刺激控制：指给定的前奏事件引发特定行为的情境，因为在过去行为已经在前奏事件出现时——而非缺失时——被区别强化了。

让我们通过看一些例子来进一步探究刺激控制。假设你问我 2+2 的答案，我每次都回答"4"。你现在可以说这个回答是在一个特定刺激 2+2 的刺激控制下吗？这至少满足了一半的条件——在特定条件下是可预测的。但是其他条件怎么样呢？其他条件下不可预测吗？假设你问我 3+3，我又回答"4"或者假设你问我的名字我回答"4"，以及我边在房间里走边随机说"4"。现在看起来，这显然不是一个刺激控制，因为在一个特定刺激条件下反应是不可预测的，并且在所有其他条件下也是不可预测的。刺激控制对我们来说是一个很重要的概念，我们将继续尝试预测学生在不同情况下的行为。

**情境事件**。辨别性刺激经常发生在反应之前，似乎是触发反应的诱因。它们之所以变得很重要，是因为当它们存在时，特定结果会更有可能或不太可能出现。但其他前奏事件也很重要。情境事件是指经常（但不总是）出现在目标行为很久之前的前奏事件。它们看起来不诱发行为，但它们的确让行为更有可能或者不太可能发生。一些人把情境事件称为建立操作，但是这是一个有着非常特定含义的科学术语，我们将不会在这里使用。例如，让我们假设汤姆有时会在无人监督的时候取笑同伴。经过几次观察以及与其老师、父母讨论之后，我们了解到汤姆通常会在早上来学校之前与他哥哥吵过架后取笑同伴。如果我们发现汤姆在朋友在场而无人监督的情境下取笑同伴，总是发生在与他哥哥吵架之后，但是几乎从不发生在没有与他哥哥吵架时，那么，我们就会说与他哥哥吵架看起来是其取笑同伴的一个情境事件。

情境事件会使一个结果具有更多或更少的强化性。最基础的一个例子是食物剥夺与饱厌。如果我们某一段时间没有吃东西，食物就可能发挥出强化物的作用。例如，如果我好几个小时没有吃东西，我就更愿意在雨中穿过街道去买零食。然而，如果我刚吃过了，那么我将不太可能去穿过街道。更复杂的一个例子是，让我们想象一下，塔米卡（Tamika）的胡乱发言是由教师的关注维持的。她的老师决定在上课前花几分钟时间与塔米卡说话，给予她全心全意的关注。开始上课以后，塔米卡就不太可能乱说话，因为在课前获得过的全心全意的关注让上课时教师的关注的吸引力减弱了。

情境事件帮助我们理解为什么在辨别性刺激存在时，行为可能并不总是发生。

正如我们将在之后的章节讨论的，情境事件有时可以被改变来影响行为。许多发生在行为之前的事件看起来会是情境事件。但是一个事件成为情境事件，当且仅有当它有时存在而其他时间不存在，以及行为在情境事件存在时发生，在其不存在时则不发生。

### 结果[1]

功能性视角要求我们关注行为前后发生了什么，前者被称为前奏事件，后者则被称为结果。结果对行为产生的影响二者居其一：它们要么使反应更可能再次发生，要么使反应不太可能再次发生。这两种结果分别被称为强化和惩罚。

**强化**[2]。强化是一种反应的结果，跟随在反应之后并使行为更有可能再次发生。要注意，在这里给出的强化定义中，使用了概率一词。虽然结果会影响行为，但这并不是一个机械性的关系；重要的结果不一定每次都发生才有效，有时行为并不一定会立即受到影响。改变的是行为的整体概率。这就是为什么，正如我们将在第3章中进行更深入讨论的，多次观察行为是很重要的，也就是说，要随着时间推移去寻找模式，而不是仅仅依赖于行为的一个例子。

强化总是增强一个行为，但是它可以通过两种不同的方式来实现。一种方式，通常被称为**正强化**[3]，是指行为之后发生了某些事情或给予了某些事物。例如，假设在某一天的历史课上期望的是做一个小测验。朱利安（Julian）戳了他前面的一个小孩，其他学生回应以大笑。如果他的老师注意到朱利安几乎每天都在早上的小测验期间戳前面的小孩，我们会认为这是一个正强化。之所以是正强化，是因为一些事情——同伴关注——在行为（戳人）之后被添加了，这让行为更有可能再次发生。现在想象一下，在朱利安第一次戳了那个小孩之后，他就被送到房间后面隔离。如果之后朱利安开始更为频繁地戳人，我们可以说戳人因受到了**负强**

---

[1] 结果：结果是发生在行为之后的所有事情。这包括可能会或不会对行为未来产生影响的行动、事件和条件。

[2] 强化：一个行为后跟随一个给定结果并导致该行为未来再次出现的概率增加的过程。

[3] 正强化：取决于特定的反应，获得了某物，然后导致行为未来更有可能再次出现。

化[1]——移除做小测验的要求——而增加了。

看一看表 2.2 的例子。测试一下你自己，盖住中间和右侧的两栏并判断哪些是正强化或者负强化的例子，然后核对你的答案。

正如表中所描述的，强化总是导致行为的增加。当尝试判断某个事物是不是强化物时，重要的是要查看一下行为是如何受到影响的，而不是着重于我们希望发生的事。考虑一下先前呈现的杰罗姆（Jerome）的例子。学校管理员当然不希望杰罗姆再打架，因此他让其停学以此来减少打架行为的发生，但不幸的是，相反的事情发生了——杰罗姆的打架行为被停学强化了。

**惩罚**[2]。杰罗姆的管理员希望停学能起到惩罚的作用，从而减少打架。"惩罚"这个词在我们的社会中有很多隐含意义。在这里，我们从功能性视角使用它。当一个事件跟随在行为之后且导致行为更少发生的时候，惩罚就发生了。

表 2.2　正强化和负强化的例子

| 例子 | 强化类型 | 基本原理 |
| --- | --- | --- |
| 帕特里斯（Patrice）经常因为戴眼镜而被其他同学取笑。有一天，当同学们取笑她时，她推了其中一个人。大家都跑开了。现在，一旦有同学靠近她，她就威胁要推他们 | 负强化 | 当帕特里斯推或者威胁同学时，一些事物被移除了——这增加了她的推或者威胁行为 |
| 德鲁蒙德（Drumond）先生为让学生准时上课而苦恼。他实施了一个游戏，当铃声响起时如果同学们都在自己的座位上，他就放两颗弹珠在罐子里。当弹珠达到罐子的一条线时，全班就会赢得一次比萨派对。现在铃响时同学们几乎都在自己的座位上 | 正强化 | 当发放弹珠（这与比萨派对有关）紧跟在安坐行为之后，这个行为就增加了；某些事物（弹珠）被添加以增加行为 |
| 诺瓦克（Novak）女士的学生经常不能完成他们的家庭作业。她制定了一项新政策，任何把家庭作业带到课堂上的学生，都可以少完成三道题目。现在几乎所有学生都会带来他们的家庭作业 | 负强化 | 如果学生带来了他们的家庭作业，某些事物就会被移除（作业单上的三道题目），这增加了家庭作业的完成率 |

---

[1] 负强化：取决于一个反应，移除或避免了某物，然后导致行为未来更有可能再次出现。
[2] 惩罚：是一个结果减少行为未来出现概率的过程。

续表

| 例子 | 强化类型 | 基本原理 |
| --- | --- | --- |
| 扬伦（Youngren）女士把蒂龙（Tyrone）送到咨询员那儿，因为他在课堂上顶嘴。他离开了20分钟，她很享受这份平静和安宁。现在，她经常在蒂龙一进教室时就送他去咨询员那儿 | 负强化 | 当扬伦女士送蒂龙去办公室时，他不再出现在她的课堂上。这个学生的移除负强化（增加）了她送他去咨询员那儿的行为 |
| 当杰罗姆因打架被停学时，他一整天都在镇上与已经辍学或停学的朋友们玩耍闲逛。他开始更经常地挑事打架 | 正强化 | 打架增加了，是因为有什么加入了——与朋友在一起不受管束的时光 |

如果停学导致了打架次数减少，那我们可以说杰罗姆的打架行为受到了停学的惩罚。记住，强化总是增加一个反应，惩罚总是减少一个反应。与强化一样，惩罚可以以两种不同的方式起作用：有时一些事物被添加，有时一些事物被移除。无论哪种方式，产生的结果都是反应的减少。

阿拉夸（Alaqua）决定开始抽烟。她见过其他孩子这样做，她觉得这看起来很酷。有一天，在放学后与朋友们闲逛时，她点燃了一根烟。她的朋友们很惊讶，问她在干什么。阿拉夸说："我现在要抽烟。"然后开始抽那根烟。她的两个朋友之后谈论了这件事，意识到她们讨厌香烟烟雾的气味。她们决定在阿拉夸抽烟时不再与她闲逛。她们告诉了她这件事，但是阿拉夸只是大笑。那个周末，女孩们一起去了商场。当她们站在外面试图决定去哪家商店的时候，阿拉夸拿出来一根烟。莱萨（Lysa）和肖恩（Shawn）马上就走开了。阿拉夸问她们要去哪，她们告诉她，她们不喜欢烟味，在她抽烟时不会跟她一起逛。阿拉夸熄灭了烟，跟上了她的朋友们。她再也不在朋友面前抽烟了。

想一想这个例子：这是强化还是惩罚？

考虑一下行为，抽烟，以及结果的影响，减少了阿拉夸在朋友身边抽烟的情况。这表明惩罚发生了。要注意，某些物体被移除了：如果她抽烟，她的朋友便不再与她待在一起。我们将这看作**移除型惩罚**①（有时被称为 II 型惩罚）；某些事物被移除，导致了行为减少。如果阿拉夸的朋友在她抽烟时朝着她吼叫，这导致她不太可能在她们身旁抽烟，我们仍然会说惩罚发生了。然而，这是一种**施予型惩罚**②（有时被称为 I 型惩罚）：某些事物被施予，减少了反应。

为了更容易理解这一点，请记住，强化总是增加一个反应而惩罚总是减少一个反应。为了判断惩罚是正还是负，要把它们想成数学运算；施予型惩罚得到一个"+"号，因为某些事物被添加了，而移除型惩罚则得到一个"–"号，是因为某些事物被移除了。考虑一下下面的例子。测试一下你自己，盖住表 2.3 中除了最左一栏的所有字。首先判断是发生了强化还是惩罚，然后判断是正还是负。

表 2.3　正惩罚和负惩罚的例子

| 例子 | 结果类型 | 基本理由 |
| --- | --- | --- |
| 当杰罗姆看向老师时，她总是要求他去做事情，而这是他不喜欢的。课堂上的大部分时间，杰罗姆开始看自己的课桌。他很少再看着老师 | 施予型惩罚 | 杰罗姆看向老师时经常被要求做事，所以他开始更少看向她。因此，获得的结果（被要求做事）减少了看向老师。（你也可以说，看向课桌的行为被要求做事的移除负强化了） |
| 当莉拉（Lila）因为没有材料被叫去办公室时，她错过了课堂的第一部分，在这期间，同学们在黑板上解决数学问题。莉拉开始更为经常地"忘记"她的材料 | 负强化 | 不带材料的行为增加了，因为它后面跟随的是参加课堂第一部分的移除 |
| 当马科斯（Marcos）提前交作业时，他的老师表扬了他并把他的作业张贴在黑板上。现在他几乎总是提前交作业 | 正强化 | 提前交作业之后跟随的是表扬和作业的张贴。这些事物被添加了，导致了行为的增加 |

---

① 移除型惩罚：反应之后某些事物被移除了或者被回避了，继而减少了行为发生的可能性。
② 施予型惩罚：特定反应之后获得了某些事物，继而减少了行为发生的可能性。

### 本章回顾

❶ 从功能性的视角看，绝大多数行为是在过去行为如何与特定结果相联系的环境中学习经验的结果。

行为是习得的。

行为是有规律的。

行为一旦被理解，就能够被改变。

❷ "环境"这个词指的是在个体行为之前、期间或之后存在的所有行动、事件和物理特征。

❸ 辨别性刺激之所以诱发一个反应，是因为当它们存在时某些结果更经常出现。

❹ 情境事件为反应设定了时机，因为它们让结果价值更高或者更低。

❺ 强化是一个结果导致一个反应未来出现的可能性增加的过程。有两种类型的强化：正和负。

❻ 当一些事物发生后导致行为在未来更有可能再次出现时，正强化就发生了。

❼ 负强化也导致反应的增加。但是在负强化中，跟随在反应之后的是移除某些事物。

❽ 惩罚是一个结果导致一个反应未来发生的可能性减少的过程。有两种类型的惩罚：正和负。

❾ 当反应之后某些事物被添加导致了一个反应未来发生的可能性减少时，施予型惩罚就发生了（也被称为 I 型惩罚）。

❿ 当反应之后某些事物被移除导致一个反应未来减少时，移除型惩罚就发生了（也被称为 II 型惩罚）。

## 应用

**1. 完成下面的填空**

❶ 每次史蒂夫（Steve）完成作业时，比莱（Bullet）先生就给他一颗弹珠。随着时间推移，史蒂夫完成作业的行为变得更加频繁。在这个例子中，弹珠看起来对史蒂夫来说是一个_____刺激。

❷ 珍妮丝（Janice）不喜欢她的朋友玛丽（Mary）唱歌，所以每当她听见玛丽唱歌时，她就拿走玛丽的一个玩具，并且从不还给她。随着时间推移，当珍妮丝在旁边时，玛丽越来越少唱歌了。珍妮丝使用了_____。

❸ 每当老师们走过走廊时，爱德华（Edward）总是对他们竖中指。有一天，范迪诺（Fandino）校长决定，每当爱德华向人竖中指时就让他停学。当他们走过走廊时，爱德华停止了对人们竖中指。停学对爱德华来说发挥了_____功能。

❹ 斯莱特（Slate）先生对弗雷德（Fred）经常在一天结束的哨声响之前就下班感到很生气。作为回应，只要每当哨声响起之前弗雷德离开，即使只有小会儿，斯莱特先生就开始扣掉他 1/2 小时的工资。随着时间推移，弗雷德的早退行为减少了。斯莱特先生使用了_____去影响弗雷德的离开时间。

**2. 在下面的场景中，判断关心的问题行为，问题行为的辨别性刺激，以及行为的功能（获得某些事物，或者逃避/回避某些事物）**

❶ 当火警响起时，玛莎（Martha）捂着耳朵跑到楼外面。她没有等其他同学和老师，只是尽可能快地跑了。

关心的行为是什么？_____

我们能预测它可能什么时候发生吗？_____

它为什么在这些情况下发生？_____

❷ 在工作站独立作业时，比利·乔（Billie Jo）经常在其他人旁边闲逛，玩他们的东西。其他学生停止作业，与她一起玩耍。

关心的行为是什么？ _____

我们能预测它可能什么时候发生吗？ _____

它为什么在这些情况下发生？ _____

❸ 在每一天的圆圈时间，达科塔（Dakota）对老师的提问大声喊出答案。如果老师忽视他，他就开始上蹿下跳，喊得更为大声。最终老师被迫回应他。

关心的行为是什么？ _____

我们可以预测它可能什么时候发生吗？ _____

它为什么在这些情况下发生？ _____

# 第 3 章

# 通向干预的功能性方法概述

**本章目标**

阅读本章后，你应该能够描述以下概念：
- ✓ 用于描述学生"为什么"做出行为的功能
- ✓ 功能性行为评估（FBA）的定义和使用
- ✓ 功能性行为评估的关键步骤
- ✓ 评估可预测的前奏事件和结果，并将其作为行为功能的线索（包括 ABC 评估方法的使用）
- ✓ 可检验的功能假设

本章呈现了一个通用的概念基础，以便在群体和个体水平上考虑提供基于功能的支持和干预。第 2 章和第 3 章中阐述的这些概念和指南，为本书中课堂和学生个人部分呈现的多个案例奠定了基础。

在之前的章节中，我们讨论了要从功能角度来理解行为，并研究了环境如何预测和维持行为。我们看到，当行为得到了期望的结果时，它往往就会在那些结果可获得的时候再次出现。所以，行为在这一点上是具有功能性的，它帮助个体满足他们的需求。用于确定行为所发挥的功能的评估流程叫作功能性行为评估（Functional Behavior Assessment, FBA）。由于 FBA 不会形成分数、等级或者比较性信息，因此，它唯一的目的就是更好地理解行为，从而制定有效的干预措施。

在本章中，我们将会着重研究完成 FBA 的流程，以及功能的确定如何导向有效干预措施的制定。

## 从功能视角开展的评估

正如我们多次提到的，制定有效的干预措施要求首先明确影响行为的环境特征。这通常被称为功能性行为评估（FBA）。我们将在全书中描述在不同情境和场合下进行功能性行为评估的具体策略。例如，在第 4 章中，我们将详细描述功能性行为评估可以如何应用于整个课堂。在第 8 章中，我们将描述如何对一名特定的学生开展功能性行为评估。稍后，我们将概述开展功能性行为评估所涉及的关键步骤。这些步骤包括定义所关心的行为、确定维持的结果，以及描述行为之前的事件。

### 行为的功能

"行为的功能"这个术语指的是行为为什么发生，也就是说，什么正在强化这个行为。有时，行为的功能很容易看出：宝宝哭了，父母尝试用各种各样的事物来安抚宝宝，例如给宝宝换尿布、提供食物以及仅仅只是抱着宝宝。因此，我们可以说婴儿哭泣的功能是获取这些事物中的任何一样。同样，当看到父母在过滤甜菜时，孩子可能会尖叫和哭泣，直到父母挪走这个食物。因此，儿童学会了哭泣能够逃避厌恶的甜菜这个功能。这里应该注意两点。第一，功能的概念并不意味着个体是有意识地决定去表现某种行为。尽管功能性行为是习得的，但它们通常更多是习惯性运转而非有意识的。第二，某次行为发生时后面跟随着某个特定的结果，这并不足以确定功能，因为我们不能高估巧合的力量。要确定一个行为真正的可预测性和功能，必须随着时间的推移识别出模式。因此，如果某个行为通常由特定的刺激引发，并且跟随着某些结果，我们就可以说功能被确定了。尽管功能是一个相当简单的概念，但确定一个给定行为的功能却往往很难，因为许多事情可能会同时发生。例如，在课堂上，学生的戏弄行为可能会导致被戏弄学生的负面关注、朋友的积极关注以及老师的纠正。辨别实际上是哪一个结果在强化戏弄行为将需要花一些工夫。

当我们问这名学生怎么了，就会关注于行为管理问题并寻找个人内部（比如，他就是吝啬）或者除了学校之外的某个情境（比如，她的父母必定不是好父母）的原因，那么，我们就会相当频繁地遇到困难。不幸的是，正如在第2章中所讨论的，这种做法往往难以提供关于什么能够切实改变从而改善学生社交行为以及学习的建议。如果我们将关注点改变一下，变为询问学生通过做出这个行为来获得或者逃避的可能会是什么，会怎么样呢；也就是说，行为的功能是什么？一般来说，社会性行为可以发挥一个功能或同时发挥两个功能。首先，行为可以为学生提供关注、实物、活动或者感觉刺激。正如第2章中讨论过的，这些都是正强化的例子。其次，行为也可以提供一种逃避或者回避关注、实物、活动或者感觉刺激的方式——各种类型的负强化。图3.1对功能性结果进行了总结。

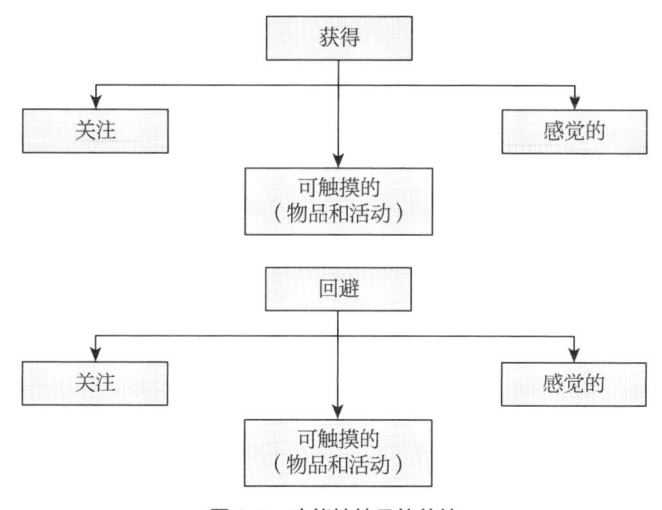

**图 3.1　功能性结果的总结**

有时，一个单独的行为会同时服务于这两种目的。例如，当老师宣布上数学课时一名学生将书本扔到房间的另一边，这一行为可能会引起同伴的关注；但同时，这种行为也会让学生逃避活动，因为老师的反应可能是将这名学生移除到课堂之外。尽管很多事情经常发生在一个行为之后，但通常只有一个结果是真正重要的。在刚刚呈现的例子中，尽管同伴关注和逃避都可能发生在行为之后，但一般来说这些结果中只有其中一个会真正强化这一行为。此外，有时行为可能看起来一样，但却发挥了截然不同的功能。想一想鲍比（Bobby）和玛丽（Mary）的例子。鲍比和玛丽在同一间小学教室里，并被他们的老师史密斯女士（Ms. Smith）确定为是具有挑战性行为的学生。两名学生都频繁地尖叫，和其他学生有时也和成人争论不休。当被要求完成独立任务时，鲍比通常会顶嘴并变得好争辩。史密斯女士一般会尝试说服他做自己的任务，反复向鲍比给出同样的理由让其去完成任务。其他孩子会以多种方式回应。一些人会轻笑并旁观；另一些人看起来很愤怒，要求鲍比保持安静。史密斯女士通常会以站在鲍比身旁并鼓励他完成任务作为结束。当史密斯女士靠近时，鲍比会很好地完成任务。相反，玛丽通常会在被要求以小组形式完成阅读任务时变得好争辩。由于玛丽总是妨碍到其他人，史密斯女士经常将她送到办公室。史密斯女士已经注意到玛丽和鲍比不一样，当她靠近时玛丽更不可能完成任务。玛丽几乎从不完成她的阅读任务，除非史密斯女士把答案给她。

尽管鲍比和玛丽表现出的行为（与他人争辩）非常相似，但它们实际上可能具有不同的功能。鲍比的争辩似乎是由他人的关注来维持的，其他学生无疑提供了关注，而且史密斯女士通过与鲍比交谈、站在他身边以及鼓励他做事情来回应他的争辩行为。玛丽则只在小组做阅读任务期间比较好争辩；然而，玛丽的争辩看起来并没有发挥获取关注的功能。她常常被送到办公室，就算已经获得了大量教师的关注，她也不完成任务。我们可以说她的行为发挥着回避完成小组阅读任务的功能。

确定行为的功能对于制订一个干预计划来说至关重要。在鲍比的案例中，知道他的行为是为了获得关注，这告诉了我们很多关于什么干预会有效、什么干预会无效的信息。一般来说，对鲍比的错误行为提供任何关注的干预都将是无效的，因为它们会通过提供关注，也就是想要的（即功能性的）结果，来强化错误行为。同样地，知道玛丽为了回避小组阅读任务而做出相同的行为，这引导我们提出为什么她想回避阅读的问题。接下来，我们必须问问阅读任务是否适合她的能力水平；如果不是，这个问题就应该立即得到处理。

让我们花点时间做一下练习，思考下方每一个场景中可能包含的功能。

> 在绝大多数情况下，德斯蒙德（Desmond）很高兴回答老师的问题。但是，他并不擅长数学，而且也不喜欢数学。当老师问他数学问题时，他总是大喊："闭嘴，你这个老太婆！"然后老师就会将他送到走廊里坐着。

为什么德斯蒙德会在一种情况下高兴地回答问题，而在另一种情况下却如此粗鲁呢？首先，我们知道他在数学学习上很费劲。其次，他的问题往往出现在老师问他数学问题的时候。所以，我们可以推测，辨别性刺激就是数学问题。现在我们必须搞清楚他粗鲁反应的功能是什么。请注意，当他在数学课上遇到困难时，他的行为总是导致他离开数学课。因此，我们可能会说德斯蒙德的行为被负强化了：它发挥了逃避或者回避数学课的功能。

> 拉托娜（Latona）是一个非常优秀的学生，她在大部分课上都得到了A的成绩。她似乎很享受成为关注的焦点。她总是在讨论中主动举手提供信息，并且经常在小组任务中担任领导者。在独立任务期间，当老师没有直接看向她时，拉托娜经常发出很响的哼哼的呻吟声，然后老师走向她问她需要什么。接下来拉托娜会就无关紧要的事物与老师展开一段很长的讨论——她的裙子令人发痒，天花板看起来需要粉刷，以及那个颜色正在干扰她，等等。有趣的是，当老师来到拉托娜面前时，她几乎总是已经完成了作业并且完成得非常好。

为什么拉托娜会发出哼哼的呻吟声？第一，我们知道拉托娜经常表现出适当行为，这些行为引来了他人的关注（比如，举手告诉答案、领导小组）。第二，她的问题往往出现在独立任务期间老师没有注意到她的时候；独立任务时老师的关注被转移，这个独立任务就是辨别性刺激。拉托娜夸张的哼哼的呻吟声看起来得到了正强化；也就是说，它发挥了获得老师关注的功能。现在，问题在于为什么她会这样做而不是直接让老师过来？我们只知道哼哼的呻吟声发挥着获取教师关注的功能，所以只要它运作良好，为什么她还要做其他任何事情呢？对于拉托娜来说，干预可能首先要将重点放在弄清楚为什么她在这种情况下想要获得老师的关注。我们注意到她的任务几乎总是已经完成了。也许她对于闲坐着等待其他人完成感到很无聊，所以她可能需要去做一些其他的、对她来说有趣且开心的事情。考虑到拉托娜已经知道如何举手，也常常做得非常恰当，接下来，她可能会被教授一种更加适当的方式来获得老师的关注。最后，干预需要确保当拉托娜呻吟和进行一些不适当的对话时将不再获得关注。当拉托娜这样表现时，她的老师必须避免与她互动，应该在拉托娜举手请求注意时与她进行交谈，并且谈论更相关的话题。

萨尔瓦多（Salvadore）是一个独行侠，看起来没有很多朋友。无论何时，只要老师在课堂上叫学生拿出书本，他就发出哼哼的呻吟声。老师会忽视这个行为，但同学们都会笑。在一两分钟后，萨尔瓦多就会有点夸张地拿出自己的书，这会再次引发同伴的笑声，然后他才开始学习。

萨尔瓦多像拉托娜那样发出哼哼的呻吟声——但我们不能假定它的功能也与之相似。第一件要做的事情就是确定辨别性刺激，在这个案例中，它就是拿出书这个要求。接下来，我们要看看在萨尔瓦多发出哼哼的呻吟声之后发生了什么：他获得或者避免了什么？尽管拉托娜得到了老师的关注，但对萨尔瓦多来说，似乎是同伴在回应。这说明萨尔瓦多在被要求拿出书时发出哼哼的呻吟声发挥着获得同伴关注的功能。对于萨尔瓦多，我们需要与拉托娜截然不同的干预。给他事情做并不会奏效，因为他已经有事情做了——做作业。此外，教他用另一种方式来获得老师的关注可能没有效果，他所追求的是同伴关注。对于萨尔瓦多，我们需要弄清楚为什么他在这种情况下需要同伴关注（也许是因为他朋友很少，并且在其他时间得到的同伴互动很少），以及关于它我们能做什么。我们可以为萨尔瓦多提供机会，例如通过在活动期间让他担任小组长，帮助其以更恰当的形式获得同伴的关注。此外，如果萨尔瓦多没有很好的同伴社交互动技能，那么一些关于同伴互动技能的训练也可以使他受益。雷切尔（Rachel）是一个非常安静的学生。

她常常被描述为沉默寡言。她很多时候都低着头，似乎没什么存在感。她在上一些特殊教育课程，其他学生经常在走廊上靠近她并叫她"笨蛋"。现在当学生接近她时，她就向他们吐口水，他们通常就会从她身边跑开。为何一个安静的学生会向他人吐口水呢？和前面一样，第一件要做的事情就是确定行为发生的情境，弄清楚辨别性刺激可能是什么。对于雷切尔来说，吐口水这个行为出现在走廊上其他学生戏弄她的时候，所以戏弄就是辨别性刺激。下一步我们必须要问雷切尔获得或者避免了什么：吐口水的功能是什么？注意，当她吐口水时，其他学生就会走开或者停止戏弄她。所以，对于雷切尔来说，吐口水的功能就是帮助她逃避厌恶的同伴互动。你会对雷切尔做什么干预呢？你的关注点会在雷切尔的行为，还是其他学生的行为，或者同时关注这两方面？你会怎样使用你已经了解到的关于她行为功能的信息来指导你的干预？

## 功能性行为评估

功能性行为评估是一个用于确定环境如何预测和维持反应，也就是行为为什么发生的过程。FBA流程可以分解为以下几个不同的步骤：（1）对行为进行定义；（2）评估可预测的模式；（3）形成一个关于行为功能的假设；（4）用某种方式验证这个假设。本章我们将着重在前三个步骤。有关假设验证的更多信息将在第8章中呈现。接下来的内容是对FBA流程的一个概述，我们会在其他章节中提供有关进行FBA过程的更多详细信息（第6章是侧重课堂的FBA，第10章是侧重个别学生的FBA）。本章的目标是对FBA的逻辑进行概述，这会为本书后面部分呈现的信息提供一个语境。

功能性行为评估（FBA）是一个收集关于环境与行为之间关系的信息的过程，以理解什么事件使得行为更有可能出现，以及什么事件在强化行为。这些信息也将用于个别化干预计划的制订中。

## 第1步：对行为进行定义

FBA 流程的第一步是对所关心的行为进行定义。回忆一下前面章节的内容，行为可以用行为的维度来定义，并且每个基础的维度都可以用一种可测量且可观察的方式进行定义。就 FBA 而言，对行为的良好定义至少需要两个维度，包括行为的形貌（它的物理性质）以及表明行为的量的描述（比如，持续时间、频率、潜伏期、强度）。无论你是尝试对个别学生（在第 4 章讨论）还是对一群学生（在第 6 章解释）做 FBA 都是如此。

想一想，一名教师说自己很担忧安德莉亚（Andrea），她在课堂上讲话。这个信息并不足以启动一次 FBA，我们不知道为什么这个行为是一个问题，也不知道在什么情境下观察这个行为。但是，如果考虑以下信息：当老师正在给出早间指令时，安德莉亚 5 次中有 3 次在教室里和朋友大声交谈。我们现在知道这个行为是一个问题了，因为它发生在老师讲话的时候（位点），她在教室里与朋友讲话（形貌），而且发生概率为 60%（频率）。这让我们对问题有了更好的认识，也有助于我们决定安排什么时候观察、当我们收集更多信息时可以去和谁交谈。

当尝试对一群人做 FBA 时，行为也可以以大致相同的方式进行定义。这里的区别在于，定义必须包括所有被关心的行为——任何学生可能说什么或者做什么。然而，重点仍然保持在可观察的行为上。你可能会从一个普通的叫法开始，例如"作业分心"或者"大声说话"，但接下来你必须特别明确什么发生以及什么不发生。例如，课堂上，老师可能会用几句话来定义作业分心的行为："当期望是安静地坐着做事时，作业分心行为包括未经允许离座、和同伴交谈，或者使用一个未被要求用于所布置任务的物品。"

## 第2步：评估可预测的模式

一旦对目标行为进行了定义，FBA 流程的下一个步骤就是收集信息来提出一个关于前奏事件（辨别性刺激和情境事件）、问题行为，以及维持它的结果之间关系的假设。预测行为模式的过程包括通过直接观察、访谈、问卷以及其他各种方式收集数据。

要开始确定可预测模式的流程，首先要确定任何有问题的常规活动。常规活动是指在上学期间发生的、学生们包括行为令人担忧的学生参与的活动。奥尼尔（O'Neill）等人（1997）将 FBA 的这一步骤称作**常规活动分析**[①]，并且建议常规活动分析要从记录学生的日程安排开始，然后记录每个活动期间问题行为发生的可能性。对于极可能发生问题行为的常规活动，要给出经常出现的问题的描述。

正如奥尼尔等人（1997）所描述的，FBA 将重点放在特定的常规活动上而非一整天，这样做有一些优势。第一，常规活动分析有助于将注意力仅仅集中在那些有问题的常规活动上，这样可以节省宝贵的时间。第二，我们可以问一些问题或者进行观察，来确定为什么一个问题发生在一个常规活动中而不是其他活动中。也就是说，有什么相关的环境特征在问题情境中存在而在其他常规活动中则没有？这些信息可以被用于指导干预措施的制定。举个例子，想象一下，一名学生经常因为在社会学习课上躺下而惹上麻烦，但他从不在其他常规活动中躺下——不在其他课堂上，不在午餐时间，等等。接下来我们可以开始确定是什么引发了社会学习课上的躺下行为，以及是什么在维持它，我们知道我们正在寻找其他情况下没有出现的变量。例如，一天中其他时间没有出现的一小组学生可能在社会学习课上坐在这名学生旁边，鼓励这名学生躺下。第三，在不同的情境中，相同的行为可以被不同的前奏变量所引发，而被截然不同的后果所维持。

布莱克先生（Mr. Black）很担心迈克尔（Michael），他是一个三年级的学生，对其他学生很粗鲁，经常因对同伴的攻击性行为包括推、踢以及猛撞而遇到麻烦。你帮助布莱克先生完成了一项常规活动分析，并发现攻击性行为和粗鲁的话语（比如，"你真丑"）最常发生在休息时间以及课堂小组任务期间。你开始开展 FBA（如第 9 章所描述的），发现粗鲁的评价和攻击最常

---

[①] 常规活动分析：确定经常发生的功能性活动，并记录每个常规活动期间问题行为发生的可能性。

出现在操场上迈克尔和他的朋友们靠近秋千等被其他学生占用的设施时。他常常推或者猛撞他们，然后他们就跑开了，留下迈克尔和他的朋友们玩这个设施。迈克尔的三个朋友花了大量的时间来和他一起反复讨论他的行动，他看起来很享受这样做。相比之下，课堂上推和猛撞最常发生在小组活动期间。据说迈克尔喜欢掌控小组，当其他学生不想按照他建议的方式完成活动时，他常常推他们。当这个行为出现时，其他学生告诉布莱克先生，布莱克先生的回应是将迈克尔移出小组并让他自己独自做任务。

在这个例子中，相同的行为，即推、猛撞和粗鲁的评价，看起来发生在两个明显不同的常规活动中，由不同的辨别性刺激引发，而且由不同的结果维持。在操场上，迈克尔的攻击性行为看起来被占用的设施所引发、受到获得这个设施和可能的朋友关注的维持。相反，小组任务期间的相同行为被同伴不听从迈克尔的领导所引发，受到逃避小组任务这个状况的维持。相反，同样的行为是由不听从迈克尔领导的同伴引起的，并通过逃离小组工作环境来维持。如果FBA没有在常规活动分析中开展，这两个不同的常规活动就会被分别关注，那么这个有价值的信息就可能不会被收集。若没有常规活动分析，FBA通常只涉及简单地询问什么事件通常可能会诱发问题行为（布莱克先生可能会回答，"其他学生在旁边时"，因为这当然是两种状况下都有的情况）。在询问结果时，同伴关注和获得偏好的物品可能会被提及，逃避或者回避同伴也是。如你所能看到的，没有先做常规活动分析的FBA结果可能是相当令人困惑的。

在FBA的所有方法中，无论你关注的是个别学生还是一个课堂系统，FBA的结果都是相同的：一个关于什么事件可能可以预测问题（前奏事件）以及什么事件可以维持问题（强化功能）的"最佳猜测"的陈述。奥尼尔（1997）将FBA的结果称作"假设陈述"。虽然其只将FBA的逻辑应用于个别学生，但这同样适用于对一个系统（如一个课堂）开展的FBA上。当FBA完成时，你应该能够用图3.2来表现结果。这种假设陈述范式最初由奥尼尔等人设计，它可以方便地显示问题行为和环境事件之间的关系。虽然这个假设陈述很简洁，但它们不是仅仅来源于一次观察或者一次回忆，而是来源于对最常发生在行为之前和之后事件的总结。

情境条件 → 前奏诱因 → 问题行为 → 获得或者逃避=强化

图 3.2 行为路径

### 第 3 步：形成一个关于行为功能的假设

正如我们在第 2 章中讨论的，绝大部分行为都属于以下两类之一：由获取某样事物维持的行为（比如，来自同伴或者成人的关注，获得活动的机会或者物品），以及由逃避或者完全回避这些相同事件而维持的行为。一旦一个关于行为、前奏事件和结果之间关系的假设形成，下一步就是弄清楚结果如何强化问题行为——为什么行为会持续发生？接下来的例子说明了如何使用假设陈述的结果来确定行为的功能。在下面的例子中，我们重点关注库尔特（Kurt）这名学生。

**库尔特（kurt）**。想象你是学校咨询员。三名教师来找你并提出了一个请求：他们希望库尔特离开学校，这样他就能够获得心理健康服务，因为他"疯"了。我希望在接受他们的请求之前你可以问一些问题。或许，你至少想要知道库尔特在做什么，或者为什么他们认为他疯了，所以我们就从这里开始。

你：为什么你们认为他疯了？他在做什么？

教师 1 号：他很奇怪！他做太多奇怪的事情了，这些事情实在太古怪甚至可怕。这个孩子需要待在医院里，那里有医生可以观察他，给他一些帮助。

你：奇怪是一种描述，但它不是一个行为。他究竟在做什么？

教师 2 号：其他孩子甚至不想待在他旁边，因为他会做奇怪的事情，比如吃不是食物的东西。

你：给我一个例子。库尔特的古怪是什么样的？

教师 3 号：他居然舔了别人吐在墙上的口水！

你：拜托，他并没有真的那样做吧。

所有3名教师齐声：是的，他做了。他甚至承认了这件事。

对这一点进行争辩会让事情变得非常困难。当然，这听起来像一个非常奇怪的孩子，也许心理学评估并不是一个坏点子。但是，在我们走向这个极端之前，我们遗漏了哪些信息呢？有没有什么事情可以让你认为他舔口水的行为并不是精神失常或者心理疾病的结果？正如我们所看到的，仅仅是对所关心的行为进行一个简单描述（实际上只是对很多古怪行为中一个行为的定义），而没有对前奏事件和结果的描述，这很难去考虑这个行为的功能。于是，我们很快就会把这个行为与学生联系起来——是他个性的一部分，或是心理疾病的结果。然而，现在去评估环境还不算太晚。让我们假装自己是"舔口水"事件中一只趴在墙上的苍蝇，看看库尔特在的时候周围的环境中发生了什么。

在课间休息时间，几个初中生聚集在洗手间里。库尔特站在盥洗池旁边，等着用一个开放式小便池，没有与其中任何一个学生互动。在大多数人都在忙自己的事时，两名更为年长且相当受欢迎的男孩走了进来，停在了盥洗池附近，谈论他们前一天看到的一场斗殴。库尔特走到离男孩们几英尺远的地方。他先听着他们描述那场斗殴，然后开口发表自己对于那场斗殴的观点："嘿，约翰摔倒时棒极了。"那两名男孩没有理睬库尔特，继续他们的对话。同时，学生们继续匆匆进出洗手间。两名男孩继续说话，库尔特等到一个自然停顿，插嘴道："你们认为他们明天会再打一次吗？"男孩们依旧没有理睬库尔特，继续说话，尽管在那之前他们瞥了库尔特一眼，翻了一下白眼。这时，一个身形更小的六年级男孩冲进洗手间，然后从库尔特身边经过。库尔特抓住了那个男孩，推了他一下，说道："谁说你可以用我的洗手间了，傻瓜！"身形小一些的男孩失去了平衡，撞到了两名人气男孩中的一个，那名被撞到的男孩抓住了他，将六年级男孩推到墙上，同时另一名男孩说："这就是你打扰我们的下场。"然后朝那名男孩吐口水。但是那名男孩移动得很快，躲开了口水，导致口水毫无伤害性地落在了他身后，顺着墙慢慢往下滑。库尔特走了过来，对在场的所有人说："这就是你们不想打扰我的原因。我很粗鲁，而且疯了！"然后他将口水从墙上舔了下来，转过身去，沉浸在现场所有人目瞪口呆的凝视中。那两名人气男孩立即走近库尔特，似乎感到很震惊，结结巴巴地说："你真的那么做了？"库尔特给出了肯定的回答，然后男孩们看到这一幕兴奋地大笑了起来。他们陪着他走出卫生间，跟在他身旁走过走廊，大笑着告诉所有经过的人关于库尔特舔口水的事。在那天，许多学生找到库尔特问这个故事是不是真的。对所有人，库尔特都回答道："没错，我告诉你，我疯了。"

当然，库尔特是有可能患有某种心理疾病的，但现在看起来至少有相当大的可能，他的行为也许有一种功能。我们可以根据行为前后发生了什么来绘制他的行为表（见表3.1）。我们把这类评估称作ABC（前奏—行为—结果）。注意，只有库尔特的行为被列入"行为"一栏，所有的行为都用具体可观察的术语进行定义。任何非库尔特行为的事情都被列在"前奏"和"结果"栏中。一旦做完这件事，我们就可以尝试判断辨别性刺激，并确定库尔特的行为为什么持续。

表3.1 库尔特的ABC

| 前奏 | 行为 | 结果 |
| --- | --- | --- |
| 学生们进出休息室 | 独自站着等待——没有互动 | 没有明显结果 |
| 两名人气学生进入并谈论一场斗殴 | 尝试以一句评价加入对话 | 被忽视 |
| 两名学生继续对话 | 等待开始对话，提问 | 被忽视 |
| 六年级学生靠近 | 推六年级学生 | 其他两名男孩与六年级学生消极互动 |
| 一名男孩朝六年级学生吐口水 | 舔口水 | 学生们给予关注 |
| 走廊——其他学生问他关于口水的事 | 承认口水的事——说他疯了 | 学生们给予关注 |

现在，让我们来看看我们观察到了什么。我们可以说库尔特有一些适当的行为，因为他以一个非常恰当的方式来接近并尝试加入两名人气男孩之间的交谈，甚至在开口前等待一个停顿。但是我们可以看到这些行为让他一无所获，他被忽视了。然而，当库尔特表现出欺负别人或者奇怪的行为时，他获得了参与机会，随后获得了来自人气男孩的关注。这些不当行为往往发生在人气男孩在场的时候——它们并没有在人气男孩不在场时发生。当然，这只是库尔特世界非常有限的一个例子。但如果这是他"古怪"行为的典型表现，那么，我们或许可以得出一个初步结论。首先，这两名人气男孩似乎是怪异行为的辨别性刺激。记住，辨别性刺激让一个行为更有可能发生，因为它预示着某些结果将是不同的。对于库尔特来说，这些人气男孩的出现，预示着可能可以获得来自高等地位的同伴的关注/互动。其次，尝试以"正常的方式"进行交谈往往无法获得关注，而怪异行为则会导致大量的关注。因此，库尔特行为的功能可能是获得同伴的关注。如果这是真的，比起我们假设这是一个心理健康问题，干预将会更加简单，并且涉及的人员更少。在这个案例中，干预必须包括帮助库尔特理解学校的社交习俗（也许年长的学生通常不与初中生一起玩）和其他社交技能干预。此外，这所学校对洗手间的监督可以更为严格，并可以教所有学生对欺凌行为做出更为适当的回应（比如，护送被欺凌的学生离开现场，找老师，等等）。

## 开展行为评估

再次声明，虽然 FBA 的开展可能是一个非常正式、密集且有法律规定的过程，但在这里，我们仍旧以一种简化的、现实的方式来使用 FBA，以制订有效的课堂管理计划。表 3.2 总结了使用 FBA 来考虑学生问题行为的步骤。这些步骤，在这里只做了非常概括性的描述，在后面的第 4 章和第 8 章中，我们将以更加详细的形式来介绍。

现在来看一看我们对库尔特开展的 FBA 中所包括的具体步骤。

1. 哪些适当和不适当行为被观察到了？首先，我们观察到库尔特确实表现出了一些适当行为。当然，谈话的主题可能是不受欢迎的，但它是自然的，他确实尝试以一种适当的方式进入对话。我们也观察到库尔特推了另一名学生并威胁对方，还做出了舔吐在墙上的口水这个怪异行为。

2. 什么类型的动作或者事件往往发生在适当和不适当行为之前？接下来，我们注意到适当行为和不适当行为往往发生在两名人气学生在场时。当这些学生不在场时，库尔特只是安静地等待。

3. 什么类型的动作或事件往往跟随在适当和不适当行为实例之后？然后我们注意到在适当行为之后，库尔特被直截了当地忽视了，但是在做出不适当行为之后却获得了很多的同伴关注。

4. 什么是对于行为和环境之间关系的可测量的陈述？最后，根据我们在前三个步骤中观察和注意到的，我们可以说，库尔特在特定的同伴群体（如人气男孩）面前往往会表现出一些怪异举动，比如舔口水（还有其他行为），因为他获得了大量关注，而这些关注是其他方式无法获得的。因此，他的问题行为的功能似乎是获得同伴的关注。

表 3.2 功能性行为评估包含的基本步骤

| 步骤 | 任务 |
| --- | --- |
| 对行为进行定义 | 用可观察的术语确定问题和适当行为，并进行定义 |
| 确定前奏事件 | 确定往往出现在适当和不适当行为之前的动作和事件类型 |
| 确定结果 | 确定往往跟随在适当和不适当行为之后的动作和事件类型 |
| 对功能进行假设 | 分析行为的典型模式并对服务于学生的行为功能形成一个清晰的陈述 |

知道了库尔特行为的功能是获得同伴关注，这一点决定了干预中的一些特别成分。第一，我们知道，任何让库尔特在同伴面前获得关注的干预都有可能起到强化的作用，因此即使不是适得其反，也会是无效的。第二，我们知道，在库尔特无法获得任何同伴关注的情况下，他很可能会做出怪异行为。第三，我们可以

假定，在没有问题行为的情况下，同伴关注可以预测问题行为将不会发生。因此，干预需要着重在：（1）创造教学环境，该环境要为库尔特提供多种机会以获得同伴对积极行为的关注；（2）避免他被忽视的情况；（3）教他用适当的方式获取并维持同伴的关注；（4）尽可能减少其通过问题行为获得同伴关注的可能性。用于上述每一个步骤的原则和程序在下文中进行了强调，并将在后面的章节中进行详细介绍。

## 总结：通过功能性行为评估来理解行为

在本章中，我们通过关注那些让行为更多或者更少可能发生的个人外部事件，提供了一个理解行为的框架。对于制定有效的干预措施来说，确定影响行为的环境特征是至关重要的，这也是功能性行为评估的目的。功能评估要确定维持行为的结果以及出现在行为之前的事件。有了这些信息，我们就能够制订一个干预计划，包括以下任何或所有策略：（1）改变环境，从而使行为在最初就更少可能发生（例如，如果行为通常出现在周围成年人很少的地方，就要加强监督）；（2）如果功能评估揭示了学生可能不知道更适当的行为方式，那么就要教授其新的技能；（3）保证我们希望看到的行为得到了强化；（4）尽可能减少问题行为的强化结果。本书后面部分将重点介绍如何使用功能性行为评估来收集这些信息并制订有效的干预计划；将着重于功能性评估在课堂系统中的运用；将这个逻辑应用于个别学生行为上。

### 本章回顾

❶ 功能的概念描述的是行为服务于个人的目的。一般而言，我们假设人们的行为要么是为了获得他们喜欢的事物，要么是为了逃避/回避他们不喜欢的事物。我们将此称为行为的功能，我们还试图理解行为的功能如何满足个体的需要。

❷ 功能性行为评估（FBA）是一个在行为存在的环境中评估行为的过程，旨在确定行为什么时候有可能发生，以及行为的目的（功能）是什么。FBA 的结果是有利于制订干预计划的信息。

❸ 功能性行为评估的关键步骤包括对行为和条件的清晰定义，对行为自然发生时围绕行为前后出现的可预测的前奏和结果的确定，以及关于行为如何为个体发挥功能这一解释的形成。

❹ 作为 FBA 的一部分，评估包括对行为的自然观察，同时记录所有在行为前后立即发生的事件。这被称为 ABC（前奏—行为—结果）评估。

❺ 可验证的功能假设要通过观察和评估来形成。这些假设要用可验证的方式来陈述，包括假设的行为功能。例如，弗雷德（Fred）尖叫的行为是为了获得同学的关注，或者苏西（Suzie）扔书本的行为是为了回避数学课。

### 应用

❶ 有人说，学生表现出行为是因为"她就是这样"或者"他这么做是为了获得控制"，你会对这个人说什么？

❷ 功能性评估可能会很花时间。你会怎样给出理由，来证明它可以是一个高效的策略？

❸ 如果你要向一个初学者描述功能的概念，还有哪些其他的方法？

# 第 4 章

# 在学校内测量行为

### 本章目标

阅读本章后，你应该能够描述以下概念：

- ✓ 行为的操作性定义
- ✓ 可用于定义行为的六个维度
- ✓ 制定行为监控过程的一般步骤
- ✓ 基于事件与基于时间的测量之间的关键区别
- ✓ 基于行为选择合适的测量系统
- ✓ 对学校内全体学生的行为进行监控

  我们为什么要费心收集数据？成功和失败一般来说不是显而易见的吗？任何一个有学校工作经验的人都会认定，数据收集是教学中最不受欢迎的工作要求之一。原因可能是行为评估被认为是耗费时间、耗费精力的，甚至复杂得可怕。教师似乎认为数据收集需要实验室工作服、护目镜、用小推车搬运的巨型器材等。事实上，数据收集可以是简单的。评估是教学的一部分，因此，它应该被看作教学程序中常规活动的一部分而不是增加的内容。但是除了评估的教学价值之外，数据收集还有另外三个重要的逻辑依据。第一，从广义上来说，我们将评估信息用作关于行为的一种交流手段。如果没有行为上的数据，我们就无法比较我们的观察结果，也无法判断变化。第二，我们已经讨论了预测是预防的第一步这个前提。收集行为发生的数据（谁，什么行为，何时，何地）让我们能够制定更适合预防可预测问题的干预措施。第三，行为的评估是我们拥有的唯一能够评价我们干预效果的机制。作为类比，考虑一下缺乏评估数据的药物。我们会对"看起来不错"的药物或医生"真的喜欢"的治疗感到不舒服。对学生行为表现的实证观察是我们用来评估变化和比较干预措施、学生或问题的最有效的方法。

本章将定义并描述学校行为评估的基础知识，还将呈现一系列例子。对行为评估的一些基础特征的理解将证明：（1）有一系列非常简单的"教师友好"的方法可用来收集大量的学生行为数据；（2）正确的数据实际上可以使教学变得效果更好、效率更高。

## 对行为进行定义

为了有用，数据就必须精确。如果我们派一组人去清点教室里有多少"高"的人，我们可能会得到许多答案，这取决于每个人对"高"的定义。然而，如果我们一开始就把"高"定义为"任何超过6英尺（约1.8米）的人"，那么不同观察者之间的数据就更有可能彼此一致。当然，6英尺这个指定是随意的，但它为我们所有人提供了一个定义，我们现在当然可以确定未来不同班级之间是否会在"高的"人（身高超过6英尺）的数量上存在差异。任何评估工作的第一步都是为所关心的行为创建一个操作性定义。一个操作性定义应该是这样的：（1）可观察（可以被其中任何一种感觉所感知，如视觉、听觉、触觉、感受、味觉）；（2）可测量（能在程度上与其他相同行为的示例区分开来）。例如，我们都会说我们知道"懒惰"是什么意思，并且如果看到它我们就会知道。然而，我们有可能只想到了极端的情况，也许是某个人躺在长沙发上，拒绝做任何工作。但是，除非这是"懒惰"的唯一定义，否则我们没有用客观的方法来测量躺在长沙发上与坐在椅子上相比懒惰的程度要多多少。也许两种行为都被认为是懒惰的，并且都能够被观察到，但如果没有一个更加可测量的定义，评估就会很困难。然而，如果我们将"懒惰"定义为"在接收到要求后五分钟内没有开始做布置的任务",那我们现在就不仅可以判断行为是否出现,还可以判断它随着时间的推移发生了多大程度的变化。

### 行为的维度

我们如何定义行为对我们如何测量行为影响巨大。首先,进行操作性定义时应该考虑行为最重要的特征,我们将它称作维度。在一些案例中,我们关注行为的发生有多频繁,而在其他的案例中,行为持续的时间或者强度可能会更加重要。通常,我们会从多个维度来定义行为,寻找以一种确定的方式、在确定的时间、以确定的数量和频率出现的行为。下面的内容描述了行为的六个不同维度,这六个维度可以用来进行操作性定义。

行为的前两个维度即形貌和位点,应该成为任何行为定义的一部分。这两个维度定义了我们会在什么时间和什么地点进行观察,以及我们测量的是什么。

**形貌(Topography,它看起来是怎样的)**。简单来说,行为的形貌是指它可观察的特性,这也是定义中最重要的部分。对形貌进行定义需要用具体的术语精确地描述一个人如何知晓行为已经发生了。为了足够具体,"打"可以被定义为"用紧握的拳头碰撞他人","作业分心"可以被定义为"不参与老师已经口头命令的活动"。每个定义都必须足够宽泛或者狭窄,以便精准地反映有关行为。表 4.1 呈现了一些典型课堂问题案例和可能的形貌定义。注意最后一项"身体攻击",它需要将例子作为定义的一部分,以避免简单地使用另一个不可观察的术语(比如,伤感情的、欠考虑的、敌对的)来重新命名一个定义不清的术语(攻击性的)。

**表 4.1 形貌定义**

| 问题 | 形貌定义 |
| --- | --- |
| 离座 | 学生的臀部没有接触椅面 |
| 交谈 | 学生发表意见之前没有先取得老师的同意 |
| 身体攻击 | 学生击打、拧掐或者以常理下会导致身体疼痛的其他方式接触同伴 |

**位点**（Locus，它发生于什么时间/什么地点）。行为的位点指的是它可以在什么时间和什么地点被观察到，位点为观察者提供了一个情境。例如，跑步是对一个行为形貌的定义，这个行为在走廊中可能被认为是不适当的，但在操场上却是可接受的。由于"在学校教学楼内跑"这个短语将位点作为定义的一部分，因此它将行为放在了情境中来进行观察。位点可能还包括具体的时间（比如，"在午睡时间"）或者条件（比如，"在教室里被给予了指令时"）。

其余三个维度都聚焦于行为本身，并对行为的重要方面进行了定义。然而，如果不依附于对形貌的定义，这些维度自身是毫无意义的。

**频率**（Frequency，有多少）。一个行为最简单、最明显的测量就是它的频率。频数揭示了一个行为的发生有多频繁，或是被观察到的发生次数有多少。如果观察的时间段也被记录了，就可以在"每（分钟、小时等）行为出现 X 次"的表格中计算出一个比率。频率的例子包括每分钟所提问题的数量、正确回答的数量，以及书写句子的数量。

**持续时间**（Duration，它持续了多长时间）。在测量时间长度时，持续时间需要作为定义的一部分。可以用三种不同的方式来考虑持续时间。第一，我们可以测量做出一个行为的总时间（比如，学生在阅读时一共离座了 21 分钟）。第二，我们可以测量一个行为的平均持续时间（比如，学生发脾气的行为平均持续 7 分钟）。第三，我们可以使用持续时间记录的一种变式，叫作"潜伏期"，在这种记录中，我们测量前奏事件和一个学生行为之间的那段时间（例："学生花 4 分钟的时间来推开材料以回应老师的指令"）。持续时间记录需要一个计时器，后文将介绍持续时间记录技巧的例子。

**潜伏期**（Latency，它发生前有多长时间）。潜伏期是对前奏事件和行为发生之间所花时间的一种测量。监控应答时间是否有变化，潜伏期的记录很重要。例如，我们可能希望在给了一个指令后学生就可以开始打扫卫生的常规活动，但是那名学生接受指令常常很慢。那么，我们就可以记录老师发出指令（前奏）和学生开始打扫卫生这一常规活动之间的时间长度。这个时间长度被称作潜伏期。随着时间的推移，我们可以监测干预是否能够有效缩短潜伏期。潜伏期记录和持续时间记录一样需要一个计时器，但它唯一要求记录的是前奏和随后的反应启动。

**强度**（Intensity，它有多强烈）。强度是对于行为被呈现出来的一种影响力的测量。虽然强度可能是操作性定义中最不常用的维度，但它极其重要。例如，我们可能会对一种形貌感兴趣，比如，对于上课时说话，我们仅仅只有在说话具有破坏性时才感兴趣。在这种情况下，我们可以从强度的维度来定义说话："学生说话的声音大到整个房间都能听见"。这样一来，只有当整个房间都能听见说话声时，观察者才会记录学生的说话行为。其他强度的例子还包括"打人打得重得留下伤痕"或者"总是把鞋子从课桌下踢出来"。

## 测量过程

单独来看，有效测量的组成内容非常简单。正如我们已经讨论过的，我们只是想要知道一个行为在一个特定条件下出现得有多频繁。但是，要以流程形式呈现测量什么、什么时候测量、为什么测量，同时决定谁来测量、如何测量，对于学校工作人员来说就会变得不方便且令人感到挫败。为了简化起见，有效、高效的数据收集过程可以通过一系列循序渐进的任务来呈现。

### 第1步：确定要监控什么

测量过程的第一步是确定要监控的内容。一般来说，常常是一个困难或者问题引发了评估的需求，并明确地指向一个行为。例如，一名教师可能认为詹妮弗（Jennifer）在独立阅读时间段完成的任务太少了，因为她离开课桌的时间实在太长了。这个困难直接指向一个问题，例如詹妮弗离开课桌的时间有多长，或者詹妮弗在独立阅读期间完成了多少任务，对每个困难来说，教师必须确定要回答的最重要的问题。教师可以根据哪个问题被认为是最重要的来选择是测量詹妮弗离座的时间还是她在独立阅读期间完成的任务量。不管哪一种情况，这个困难都会为确定什么行为更值得测量提供推力。

## 第 2 步：确定收集数据的最简单的方式

在确定最简单的评估方法时，一个清晰的、操作性的行为定义至关重要。评估方法越简单，教师使用起来就会越容易，数据也会越准确。但即使是简单的方法，也需要教师通过练习来提升熟练程度。另外，必须向所有观察者教授数据收集方法，允许所有人在该系统实施之前练习这种方法。本章后面的部分会呈现一批监控系统。

## 第 3 步：用一致的方式监控行为

操作性定义中对位点的清晰详细的说明为在什么时间、什么地点收集数据提供了方向。如果位点描述了独立阅读时间，那么就只在独立阅读时间收集数据。但也不必在每段独立阅读时间都收集数据，测量系统的使用越有规律、越一致，数据就会越精确。每次数据收集都应该使用相同的程序和相同的方式来完成——即使是由几个不同的观察者来做。一致性是准确性的关键。

## 第 4 步：使用数据来评估和决策

每次观察后应总结并记录数据。如果有可能，应使用图表来呈现数据，或者用其他某种可以快速对趋势进行视觉评估的格式来总结数据（见第 5 章）。干预前设定的目标应作为评估的标准。当数据表明学生行为问题没有改变时，就有必要对干预措施做出改变。当数据显示学生行为正朝着足够积极的方向变化时，干预就应该继续或逐渐撤除。这些步骤中每一步的要点都呈现在表 4.2 中，更多有关这些程序的信息将在第 5 章中呈现。

**表 4.2　行为测量过程中的步骤**

| 步骤 | 任务 | 要点 |
| --- | --- | --- |
| 1 | 确定要监控什么 | ・明确要观察的问题<br>・明确重要的问题<br>・确定你想知道什么 |
| 2 | 确定最简单的收集数据的方式 | ・找出最简单的数据收集的方式<br>・练习数据收集的方法<br>・将这个方法教给其他观察者 |
| 3 | 用一致的方式监控行为 | ・定期监控<br>・每次都以相同的方式监控<br>・所有观察者都使用相同的方式 |
| 4 | 使用数据来评估和决策 | ・总结并用图表呈现数据<br>・根据成功标准来评估<br>・基于结果进行决策 |

# 行为监控方法

因为行为可以使用一些维度来定义，所以有一些行为监控方法已经被开发出来以与之相匹配。我们的目标是找到最简单、可用的方法来匹配所关注的行为。一般来说，所有监控方法都可以被分为两大类。第一类是基于事件的记录，包括最简单的对行为进行计数的方法。所有基于事件的方法的关键特征都是由对行为的观察来驱动记录。也就是说，当一个行为不出现时，就不需要记录；但当一个行为出现时，即使出现的比率非常高，数据也必须被记录。基于事件的方法的最大优势在于伴随这种从观测到数据的直接转换而得来的准确性。然而，劣势就是，这些方法基本上要求持续不断的关注，对于教师来说，在教学或执行其他日常任务的同时使用起来可能会过于麻烦。第二类是基于时间的记录。所有基于时间的方法的关键特征都是由时间的推移而非行为来驱动记录的。也就是说，每当一段特定时间间隔过去了，观察者就要记录行为是否发生。因此，即使行为可能重复出现，也只有在记录间隔结束的信号出现时才记录。很显然，基于时间的记录方法不如基于事件的记录方法那样精确。然而，对于课堂情境以及其他基于事件的系统会带来沉重负担的情境来说，基于时间的记录方法使用起来要方便得多。不过，基于事件和基于时间的每一种不同方法都呈现出自身一系列的优点和缺点，稍后会就此进行简短的讨论。教师的任务是在监控任何特定行为时找到精确性和使用便利之间的最佳平衡。

在使用任何一种监控方法时，对于确定哪一种观察最适当、什么时候观察、观察多长时间来说，一个清晰的操作性定义都是至关重要的。另外，用于总结数据的衡量指标（测量的单元）因行为维度而不同，必须在实施评估之前加以考虑，从而促进将原始数据转换为可以用于比较的表格。

接下来的六种方法都是基于事件的。因此，行为的发生是驱动记录的事物。每种方法都产生了一套独特的衡量指标，对它的计算会被描述为评估过程的一部分。

## 基于事件的记录（Event-Based Recording）

**频率记录（Frequency Recording）**。工作人员担心吉米（Jimmy）在操场上跌倒太多次。米妮（Meanie）校长想知道吉米在操场上跌倒了多少次。这里确定的困难是吉米在操场上跌倒了，问题是一天之中发生多少次。显然，这个问题需要对跌倒事件进行计数。由于行为定义中的位点是操场，所以只有吉米在操场上时，我们才需要监控行为。

监控行为最简单、最直接的方法就是频率记录。这个方法只需要观察者以某种方式记录行为的每一次发生。最常见的频率计数可能就是简单计数，也就是一个标记对应着每一次观察到的行为发生（例如，在吉米跌倒时做一个标记）。当记录不可行时，教师可以在口袋中放满回形针，每当目标行为发生时，就将一个回形针移到另一个口袋中。在一段观察时间结束时，就可以通过清点第二个口袋中的回形针数量来对学生行为进行总结。只要每次行为发生都以某种方式被记录下来，就可以获得一个频率计数。

• 变化。观察时间段持续时间的变化可能会给频率记录法带来问题，因为发生次数会受到观察时长的影响。然而，频率记录法可以略微改变，通过添加时间符号来实现行为的比率计算。例如，如果教师要记录吉米在操场上观察的持续时间（如20分钟），该数值可以除以观察到的跌倒发生总次数（如4次），从而得到每段时间间隔跌倒后哭泣发生的比率（如：每次课间休息间隔时长20/4=5分钟；或者每4分钟1次；或者每分钟0.25次）。这样，如果每天的操场活动时间在10~25分钟之间变化，数据仍然可以用于比较，因为比率创造了一个标准化的衡量指标。

• 考虑因素。频率记录法要求：（1）对于行为要有一个清晰的形貌定义，这个定义要有明显的开始和结束节点；（2）行为要有相同的持续时间，以提供精确的数据。例如，假定一名学生一天内离座一次，总共2小时，然后在第二天离座两次，总共2分钟。仅仅通过频率计数得出的数据会让第一天看起来比第二天更好（离座1次与离座2次相比），但事实上第二天看起来比第一天更好（离座2分钟与离座2小时相比）。当行为持续时间不等时，持续时间记录或基于时间的记录方法将是更为适当的选择。图4.1呈现的是一个频率记录工具的示例。

| 频率记录 |||
| --- | --- | --- |
| 学生：吉米·乔柯斯（Jimmy Jokes） | 观察者：桑德尔先生（MR.Sanders） | 日期：10/12 |

说明：当吉米到达操场时开始观察，在课间休息时间持续观察。每次吉米被观察到跌倒在地时（这样他除双脚之外的其他身体部位都接触地面），在下面的方框中做一个记录。

卌

今日跌倒的总频率是＿＿5＿＿

图4.1　频率记录工具示例

**永久产品**（Permanent Product）。简（Jane）一直都在独立完成作业，以提高她加法运算的准确度。布林德尔（Blinder）女士想要监控她数学作业的准确度，但无法持续观察她。已经确定的困难是布林德尔女士需要监控简完成加法的表现，问题是简的准确度。这个问题可以运用频率记录来处理，但布林德尔女士没有时间看着简回答完每一个问题。不过布林德尔女士可以每天为简提供一份作业单，在其完成后收回作业单，然后评估问题完成的准确度。当一个行为能形成一份能保存并在之后能够进行评估的产品时，就可以使用永久产品记录法。因为行为定义中的位点明确了将数学作业单作为监控情境，所以我们仅需监控作业单完成过程中发生的行为。

- 变化。永久产品记录法运用诸如正确率、完成数量或者完成率（结合时间）这样的衡量指标来测量一个行为的影响或结果。产品的例子可以包括作业单或完成的题目、故意破坏财产的行为、尿床，甚至是留下的伤痕。也可以是使用录像或录音来创建一个永久的行为记录，以用于后续观察。这会被视为永久产品的记录方法，可以与其他正在使用的方法结合使用。

- 考虑因素。即使永久产品记录法不需要持续的关注，它也会被认为是一个基于事件的记录方法，因为行为的出现仍然驱动着记录（尽管是在事后）。然而，它与基于时间的记录有着共同的劣势，即缺乏直接观察。也就是说，行为是通过产品推断而来的，在没有直接观察的情况下，我们不一定能确定是什么产出了这个结果。例如，布林德尔女士可能会收集简的作业单，并记录下 100% 完成。但她可能没有看到杰克（Jake）在该堂课中的大部分时间里都在为简提供帮助。因此，不直接观察行为会使我们出现测量误差。为了避免这类问题，观察者必须定期观察被监控的学生，甚至可能通过严密的监视来更全面地评估行为。显然，永久产品记录法只适用于形成永恒、持久结果的行为。诸如说话、离座和专注这类行为并没有这样的产品，因此不适合使用永久产品记录法。图 4.2 呈现了一个永久产品记录工具的示例。

```
┌─────────────────────────────────────────────────────────┐
│                    永久产品记录                          │
│                                                         │
│  学生：简·阿克（Jane Hack）    日期：11/2               │
│                                                         │
│  说明：为简提供此作业单并让她完成。塞塔（Seta）观察5    │
│  分钟，然后在这个间隔结束时收回作业单。                 │
│                                                         │
│     10      9 ✓    4      2      12                     │
│    + 8    + 5    + 7    + 3    + 1                      │
│    ────   ────   ────   ────   ────                     │
│     18     12     11      5     13                      │
│                                                         │
│     11      6      1      9     12 ✓                    │
│    + 4    + 7    + 8    + 3    + 7                      │
│    ────   ────   ────   ────   ────                     │
│     15     13      9     12                             │
│                                                         │
│  正确完成的问题数      8                                │
│  完成问题的准确率     8/9 = 89%                         │
│  正确完成的问题比例                                     │
│  正确完成问题的数量/5 分钟 =    每分钟 1.6 道题目       │
└─────────────────────────────────────────────────────────┘
```

**图 4.2　永久产品记录工具示例**

**控制下呈现（Controlled Presentation）**。在课堂讨论时间，对于奎尔里（Query）先生提出的问题，费利西蒂（Felicity）总是叫喊着说出答案。奎尔里先生已经和费利西蒂谈过了，他想要监控她举手回答问题的次数。费利西蒂的困难已经被明确为在课堂讨论时吼出答案。奎尔里先生的问题是提问时费利西蒂举手的次数。这一定义中的位点告诉我们必须在课堂讨论期间观察费利西蒂的行为，但仅限于老师向她提问的时候。因此，奎尔里先生必须先做出一个行为（也就是提出一个问题），以便为费利西蒂提供一个被观察的机会。当学生的目标行为依赖于某些前奏事件时，控制下呈现就是合适的方法。在以下两种情况下考虑费利西蒂的行为：星期一，奎尔里先生提问费利西蒂 6 个问题，她在其中 4 个回答机会中恰当地举手等待。然后，星期二，奎尔里先生问了费利西蒂 10 个问题，她在其中 5 个回答机会中恰当地举手等待。如果我们准备用简单的频率计数，我们会说星期二对于费利西蒂来说是比星期一更好的一天（举手 5 次相较于举手 4 次）。然而，由于她在星期二有更多的机会，她做出恰当反应的百分比实际上是星期一更好

（4/6=67% 相对于 5/10=50%）。用于控制下呈现记录的衡量指标常常是给予机会的百分之几，可描述为"在给出行为发生机会下正确做出行为的百分比"。

- 变化。尽管在这里已经讨论了学生行为发生的前奏事件是由教师控制的某些事物，但环境中的很多其他前奏事件也可能控制学生的行为。例如，我们也许会记录到一名学生被同伴取笑后的反应。在这种情况下，我们只能在发生同伴取笑事件的时候才可以进行记录。其他用途可能包括记录对老师指令的听从、一周排队机会中的恰当排队行为，或者是他人打招呼时的恰当回应。

- 考虑因素。控制下呈现记录方法的优势就是它允许观察者考虑不同的机会。如果行为的机会数量总是相同，频率计数将会提供相同的数据。但如果教师控制前奏事件，例如当费利西蒂回答奎尔里先生的问题时，奎尔里先生就拥有了可以准确选择他想要在什么时候收集数据这一额外优势。也就是说，他知道他的提问行为为她的行为创造了机会，因此他掌握着收集数据的时机。然而，如果这名老师不控制行为，观察就会是连续的，因为老师要先观察前奏事件，然后再观察学生的反应。虽然这一方法要求连续的关注，但是，对于那些只作为对前奏事件的反应而出现的行为来说，控制下呈现通常是唯一能够精确记录数据的方法。图4.3呈现了一个控制下呈现记录工具的示例。

**控制下呈现记录**

学生：费利西蒂·弗里克（Felicity Flick）　　观察者：奎尔里先生（MR. QUERY）　　日期：1/19

说明：在课堂讨论期间，无论什么时候，只要老师问一个问题，观察者就应当在下面的方框中画一个圆圈——表示一个已经被呈现的机会。每次费利西蒂举手，就画一条斜线来表示她用适当的行为参与了。如果费利西蒂大声吼出自己的答案，或者完全什么都不做，则不对圆圈做任何事，用以表示没有适当的行为。

Ø　○　Ø　○　　　Ø

总机会数（教师提问）　5
适当反应的总数（举手）　3
在机会中出现适当行为的百分比　60%

**图4.3　控制下呈现记录工具示例**

**达标尝试次数**（Trials to Criterion）。弗伦克（Flunk）女士正在尝试让鲁珀特（Rupert）更好地背诵乘法表。他一般都可以达到100%达到标准，但是得经过几次尝试之后才行。弗伦克女士希望他在达到100%之前需要的尝试更少一些。已经确定的困难是鲁珀特在做乘法表时达到100%之前需要的尝试太多。然后，问题是尝试的次数是多少，以及它是否在改变。只要我们希望记录的是完成一个达到某个预定标准的行为时需要做出的尝试次数，达标尝试次数这一方法就是合适的。定义中的位点告诉我们，我们只需要在学生背诵乘法表时对他进行观察。

- 变化。这种方法最适合用于教学干预——同时也适用于学业和社会性干预——衡量指标是达到标准所要尝试的次数。例如，我们可能会希望通过记录一名学生表现出一个多成分的行为且达到90%的标准所需要做出的尝试次数，来评估社会技能教学的效果。我们用一个三步问候程序来教一名学生，然后提供练习机会。接下来，我们可以记录学生在角色扮演情境下恰当地使用所有三个步骤来问候同伴所要尝试的次数。在这个案例中，我们的标准是三个步骤都达到100%，在第一天的练习中，我们可能数到4次才达到标准。未来的观察结果将与这个数字进行比较，以评价训练程序的成功。其他应用可能包括在15英尺（约4.5米）的距离下挥杆10次且进球率达到80%所需要的尝试次数。

- 考虑因素。达标尝试次数的记录方法非常适合用于教学设计，用于测量习得或熟练度。观察者（教师）必须为行为表现定义一个可接受的标准，然后对达标的尝试次数进行计数。虽然这需要持续的关注，但这种方法显然已经与教师向学生提供直接关注的教学模式联结在一起。这种方法的主要缺点是它适用的情境比较有限。图4.4呈现了一个达标尝试次数记录工具的示例。

## 达标尝试次数记录

学生：鲁珀特·拉克（Rupert Rucker）　　观察者：弗伦克女士（Ms. Flunk）　　日期：5/22

说明：每天向鲁珀特呈现一套10张闪示卡，闪示卡上写着1~10的乘法口诀。写下每次鲁珀特尝试后的正确比。持续进行10次尝试，或者直到鲁珀特尝试1次就达到正确标准。

口诀数量 4　　标准 =100%

| 尝试 | 第1天<br>5/22 | 第2天<br>5/23 | 第3天<br>5/24 | 第4天<br>5/25 | 第5天<br>5/26 | 第6天<br>5/27 | 第7天 | 第8天 |
|---|---|---|---|---|---|---|---|---|
| 1 | 80 | 80 | 90 | 90 | 100 | 100 | | |
| 2 | 80 | 90 | 90 | 100 | | | | |
| 3 | 90 | 90 | 100 | | | | | |
| 4 | 90 | 100 | | | | | | |
| 5 | 90 | | | | | | | |
| 6 | 100 | | | | | | | |
| 7 | | | | | | | | |
| 8 | | | | | | | | |

第1天的达标尝试次数　6　　第5天的达标尝试次数　1
第2天的达标尝试次数　4　　第6天的达标尝试次数　1
第3天的达标尝试次数　3　　第7天的达标尝试次数　—
第4天的达标尝试次数　2　　第8天的达标尝试次数　—

**图 4.4　达标尝试次数记录工具示例**

持续时间记录（Duration Recording）。瑟道恩（Sedoun）先生希望塔玛拉（Tamara）留在自己的座位上，但她常常因为各种原因在教室里游荡，时长不等。他觉得她已经错过了太多的学习时间，希望评估这一行为浪费了多少时间。被提及的困难是塔玛拉经常在教学时间离座，问题是她实际上花在离座行为上的总时间。我们首先应该注意到，这个行为的持续时间是不相等的——有的时候很短，其他时候则很长。因此，不适合选用频率记录法。其次，由于并不需要用前奏事件来为行为创造机会，所以控制下呈现的记录方法也不适合。而当我们希望记录一个学生花费在某个行为上的时长的时候，就会使用持续时间记录这一方法。持续时间的衡量指标通常是以时间段来报告（比如几秒钟、几分钟、几小时等），也可以报告每个观察期间内的总时间量或者平均时间。持续时间记录的例子包括一个学生在参与一项作业、暂停或者解决一个问题上所花的时间数量。

• 变化。持续时间记录法最常见的做法是累计或汇总学生被观察到做出某种行为的总时间量。要使用累积持续时间记录方法，观察者只用在每次行为开始时启动秒表，在行为结束时停下秒表。重复这一过程，直到观察期结束，此时记录秒表上总共花费的时间。这一过程的变化提供了每段观察期内行为经历时间的平均值。要使用平均持续时间记录方法的话，观察者只需要在每次行为开始和结束时启动秒表——这与使用累积持续时间记录方法时一样。然而，平均持续时间记录方法要求观察者记录秒表上的时间，然后在每次行为发生之后重置秒表。在观察期结束时，观察者将所有单独的行为持续时间加起来，然后除以行为发生的总数量，从而得到一个平均值。

• 考虑因素。累积和平均持续时间的记录方法拥有相同的优势：它们为持续时间不等的偶发性或高比率行为提供了直接而准确的衡量指标。当然，持续时间记录需要观察者的持续注意以及对秒表或相似的计时设备的使用。因此，这一记录方法的工作量可以说是相当繁重。只有在教师拥有充足的时间来完成所有步骤时，才应该考虑使用持续时间记录法。当时间至关重要时，基于时间的记录方法可能要提供更多现实可行的方法，尽管这些方法精确度更低。图4.5呈现了一个持续时间记录工具的示例。

## 持续时间记录

学生：塔玛拉·坦迪（Tamara Tandy）　　观察者：瑟道恩先生（Mr. Sedoun）　　日期：3/16

说明：每天课堂教学时间中，观察塔玛拉没有坐在自己的课桌边（臀部接触椅面）的时间。当该行为出现时，启动你挂在脖子上的秒表。当塔玛拉坐下时，停止秒表并在下方的表中写下时长。重置秒表并继续这个过程，直到教学时间结束。

| 发生时段 | 离座时长 | 发生时段 | 离座时长 |
|---|---|---|---|
| 1 | 1:25 | 11 | |
| 2 | 4:35 | 12 | |
| 3 | 6:05 | 13 | |
| 4 | :10 | 14 | |
| 5 | 2:50 | 15 | |
| 6 | 5:20 | 16 | |
| 7 | 3:35 | 17 | |
| 8 | | 18 | |
| 9 | | 19 | |
| 10 | | 20 | |

离座行为发生的总数（x）　7
离座行为花费的总时长（y）　24 分钟
离座行为每次发生的平均时长（y/x）　3.43 分钟

**图 4.5　持续时间记录工具示例**

**潜伏期记录**（Latency Recording）。全班都知道在日记本上写下一段话是一天之中的第一个任务——而汤米（Tommy）常常是最后一个完成的人。巴顿（Patton）女士担心的是汤米坐下之后花了过多的时间来完成自己早晨的日志。她想知道他坐下之后花了多少时间在写作之外的行为上。被确定的困难是汤米在启动写作上的失败，这导致他完成得比较晚。巴顿女士提出的问题是汤米坐下后一般要花多长时间来启动自己的任务。巴顿女士想知道这种情况的持续时间——汤米没有做出某个行为的时间有多久。当我们想要知道一个前奏事件与一个行为之间的时间长度时，潜伏期记录就会被使用。类似控制下呈现这一方法，学生只在机会被呈现之后才可以被监控。在这个案例中，对该困难的定义中的位点告诉我们，数据只需要在早晨收集，然后只有在汤米坐下之后才开始收集。潜伏期记录这一方法除了在前奏事件出现时开始计时、在学生做出行为时停止计时之外，其他都非常类似于持续时间记录。我们并不关心行为的持续时间，而是只关心要花多长时间才开始这个行为。对于记录学生对前奏事件的反应有多快，比如对教师的指令、类似铃声或警告蜂鸣声这样的信号、同伴的提示，甚至是老师的口头或身体提醒等，这个方法是最合适的。

- 考虑因素。潜伏期记录这一方法的应用虽然有限，但能够很好地适配于刺激—反应类情境。只要通常的潜伏期持续时间不是特别长，要求观察者的持续注意就可以降到最少。然而，当前奏事件出现得比较频繁，或者潜伏期相当长时，基于时间的记录方法可能会更加有利。图4.6呈现了一个潜伏期记录工具的示例。

---

**潜伏期记录**

学生：汤米·特拉普（Tommy Trapp）　　观察者：巴顿女士（Ms. Patton）　　日期：9/14

说明：每个早晨，当汤米进入教室时，观察他是否坐在课桌旁。他一旦坐下，就启动秒表，持续到他开始写日志。每个上学日都记录下他坐下与写日志之间经历的总时长。

| 天 | 经历时长 |
|---|---|
| 1 | 3:25 |
| 2 | 3:35 |
| 3 | 8:05 |
| 4 | 3:10 |
| 5 | 6:50 |
| 6 | 8:20 |
| 7 | 5:35 |
| 8 | 6:00 |
| 9 | 2:11 |
| 10 | 4:49 |

汤米写日志的平均潜伏期 =（总持续时间/观察次数）　　52分钟/10天 = 平均潜伏期5.2分钟

图 4.6　潜伏期记录工具示例

## 基于时间的记录

接下来的三种方法是基于时间记录方法的一些例子。这些情况下，一段时间的流逝会驱动记录。虽然这三种方法在过程上非常相似，但每种都有不同的优势，并且在特定的场合之下是最适合的。回想一下，基于时间的测量要求连续使用计时器，只提供对行为的粗略估计，而且不如基于事件的方法那样精确。积极的一面是，基于时间的方法对教师时间的要求普遍更少，并且能够解释持续时间不同的行为。研究者一般喜欢使用基于时间的记录方法进行测量，因为它们更容易进行设计、教授和使用。此外，基于时间的记录允许同一时间对多名学生或多个行为进行简化记录。

基于时间的记录涉及将一个观察时间段分成若干个更小的时间间隔。在每个时间间隔结束时，观察者记录行为是否发生。一般来说，间隔时间越长，越容易使用；也就是说，每隔 5 分钟记录一次行为是否发生会比每隔 10 秒记录一次行为是否发生更容易。然而，随着间隔时间的增加，数据的精确度也会降低，因此，观察者需要通过平衡较短的间隔获得精确性和较长的间隔获得可行性来找到适当的间隔大小。所有基于时间的方法的衡量指标都与行为被观察的时间间隔的百分比相关，并表示为 X% 的时间间隔。这一衡量指标很重要，因为它表示估计值。它表示的不是一个行为在百分之 0、50 或者 100 的时间里发生——它表示的是行为在给定百分比的观察时间间隔内发生。时间的百分比只能从记录的时长中产生。

**部分时间间隔记录（Partial Interval Recording）。** 布伦特（Blunt）女士观察到托比（Toby）在一天中偶尔会出乎预料地发脾气（大喊大叫），持续时间长短不一。她很关心他这一行为持续多长时间，但又没有时间使用持续时间记录这一方法。注意到的困难是托比的发脾气行为，问题是他用在发脾气上的时间占一天中的多少。很明显，该行为是一个持续时间问题，因为该行为的持续时间不等，又发生在不同的时间点，既不可预测，又无法预期。然而，布伦特女士已经说过，她没空使用持续时间记录工具。当行为是偶然地或者以一个低比率发生，而且基于事件的方法不合适或不可行时，部分时间间隔记录法就可以被使用。在部分时间间隔记录法中，如果行为在该时间间隔内的任何时间出现，那么观察者就记录一个行为正发生。例如，如果间隔的时间长度是 5 分钟，行为出现在第一个 5 分钟里，那么观察者在该时间间隔结束时记录一个正发生。

• 考虑因素。由于部分时间间隔方法记录一次正发生，即使行为在一个时间间隔内仅发生了一次，因此它可能高估了行为的发生。由于这个原因，部分时间间隔记录的方法被建议使用于低频率或低比率发生的行为。例如，如果我们要使用部分时间间隔记录来监控一名学生大声说话的行为，这名学生通常会非常频繁地大声说话，我们一般会在 95%~100% 的间隔范围内看到结果，这就说明不了什么问题，而且它对比率变化的敏感度很低。随着间隔时间缩短，高估的问题会被最小化。很明显，使用 1 秒的时间间隔可以确保基于时间系统的数据具有相当高的精确度。但每秒观察一次同时进行记录是不可行的，这否定了基于时间的记录方法的其中一个最大优势。一个经验法则是使间隔时间长度短于观察总时间除以观察期内观察到的最高行为数量。因此，如果观察到一名学生在每天 5 小时（300 分钟）的上学时间里发脾气多达 25 次，间隔的时间长度应该被设置为不超过 12 分钟（300 分钟 /25 次发脾气 =12 分钟的间隔长度）。图 4.7 呈现了一个部分时间间隔记录工具的示例。

**部分时间间隔记录**

**学生：** 托比·塔普（Toby Tapp）　**观察者：** 布伦特女士（Ms. Blurt）　**日期：** 10/30

说明：设置振动计时器，每天每隔 12 分钟发出信号。当托比早晨进入教室时启动计时器，持续到他一天结束时离开。计时器的每次振动标志着一个时间间隔的结束，从上一个信号开始，如果他做出了发脾气行为，则对 + 做标记，如果他没有发脾气，则对 0 做标记。

| | | | | |
|---|---|---|---|---|
| + 0 | + 0 | + 0 | + 0 | + 0 |
| + 0 | + 0 | + 0 | + 0 | + 0 |
| + 0 | + 0 | + 0 | + 0 | + 0 |
| + 0 | + 0 | + 0 | + 0 | + 0 |
| + 0 | + 0 | + 0 | + 0 | + 0 |
| + 0 | + 0 | + 0 | + 0 | + 0 |

观察的时间间隔总数（x） 30

观察到 + 的总数（y） 11

出现发脾气行为的时间间隔的百分比（y/x） 36.6% 的时间间隔

**图 4.7　部分时间间隔记录工具示例**

**整段时间间隔记录（Whole Interval Recording）**。弗利浦（Fripp）先生注意到拉里（Larry）频繁表现出闷闷不乐的行为，他低着头坐着，拒绝与人进行眼神接触或者讲话。这些行为持续时间长短不一，而且在一天中发生的频率越来越高。虽然弗利浦先生观察到了拉里闷闷不乐的行为，但他没有时间对拉里进行连续监控。这里的困难是拉里做出的闷闷不乐行为，该行为已经从形貌的角度被定义为低下头并拒绝交流。问题是拉里做出了多少闷闷不乐的行为。教师的描述显示出这是一个持续时间的问题，因为该行为发生的持续时间不同，并且不依赖于任何已经被注意到的前奏事件。但是，拉里的行为很频繁，并且有时会持续很长时间，所以部分时间间隔记录的方法会导致较大程度地高估行为的发生。而当行为发生频率高、持续时间长，并且基于事件的记录方法不适用或不可行时，整段时间间隔记录法是适合的。在整段时间间隔记录中，只有当行为在整个时间间隔内发生时，才记录一个正发生。

• 考虑因素。由于整段时间间隔记录法要求只有在整个时间间隔内观察到行为才标记正发生，因此它往往会低估行为的发生。例如，一名学生在整个时间间隔内断断续续地做出一个行为，但观察者无法记录下一个正发生，因为行为并不是持续发生的。但如果行为的持续时间很长，整段间隔记录将能在付出最小努力的情况下给出最好的描述。在使用所有基于时间的方法时，间隔时间越短，数据就有可能越精确。因为它倾向于低估行为的发生，并且很容易使用，整段时间间隔的时长应被设置为与观测到的行为发生的最短时长相近。观察者必须意识到任何短于该时长的行为都将被视作未发生。如果行为是偶发性的，而非持续时间较长，那么瞬时间隔记录法将会是更好的选择。图4.8呈现了一个整段时间间隔记录工具的示例。

## 整段时间间隔记录

**学生：** 拉里·拉尔（Larry Lare）    **观察者：** 弗利浦先生（Mr. Fripp）    **日期：** 12/6

**说明：** 设置振动计时器，每天每隔 12 分钟发出信号。当拉里早晨进入教室时启动计时器，持续到他一天结束时离开。计时器的每次振动标志着一个间隔的结束，如果在整个时间间隔中他都在做闷闷不乐的行为，则对 + 做标记，如果在整个时间间隔中没有发生这个行为，则对 0 做标记。

| + 0 | + 0 | + 0 | + 0 | + 0 |
| --- | --- | --- | --- | --- |
| + 0 | + 0 | + 0 | + 0 | + 0 |
| + 0 | + 0 | + 0 | + 0 | + 0 |
| + 0 | + 0 | + 0 | + 0 | + 0 |
| + 0 | + 0 | + 0 | + 0 | + 0 |
| + 0 | + 0 | + 0 | + 0 | + 0 |

观察时间间隔总数（x）_____30_____
观察到 + 的总数（y）_____15_____
出现闷闷不乐行为的时间间隔的百分比（y/x）_____50% 的时间间隔_____

**图 4.8　整段时间间隔记录工具示例**

**瞬时间隔记录（Momentary Interval Recording）。** 弗拉尔特（Flutter）女士对艾米（Amy）打响指的行为感到担忧，该行为经常出现，以至于扰乱课堂。她尝试过数响指的个数，但它们出现得过于频繁，且速度过快，她无法进行计数。她想要测量艾米出现这一行为的时间，但由于行为不断地开始和停止，计时器不太适用。此处的困难是艾米的打响指行为。问题是艾米打响指的行为有多少。老师的描述显示出这是一个持续时间的问题，但是行为的高比率和不定时发生的本质使得计数和计时都存在困难。显然，部分时间间隔记录法会倾向于大大高估它的发生，并且由于它不定时发生且开始、结束都很快，整段时间间隔记录法又会倾向于大大低估它的发生。当行为的出现不定时而且具有高比率，并且观察者可用于观察的时间极少时，瞬时间隔记录法是适合的。在瞬时间隔记录法中，一个时间间隔的结束意味着观察者要观察学生并记录学生是否在那一瞬间做出了某种行为。

- **考虑因素。** 由于瞬时间隔记录法要求只有在时间间隔结束时观察到行为发生才记录一个正发生，因此，它往往会低估行为的发生。例如，假设一个学生在整个时间间隔中都出现了目标行为，但在教师看到学生的那一瞬间目标行为没有出现，教师就必须记录为那个时间间隔中该行为没有出现，因为行为在那一瞬间并没有出现。但是如果行为的平均发生率高或持续时间长，瞬时系统将会趋向于捕获一个更为精确的图像。同时，间隔时间越短，数据就可能越精确。由于这个方法倾向于低估行为且容易使用，因此瞬时间隔的大小应该被设置得小一些。观察者应该考虑行为比率的基线，并且形成一个能够同时涵盖行为的发生和不发生的间隔大小。图4.9呈现了一个瞬时间隔记录工具的示例。

**瞬时间隔记录**

学生：艾米·安德森（Amy Anderson） 观察者：弗拉尔特女士（Ms. Fluffer） 日期：12/6

说明：设置振动计时器，在整个一天中每隔12分钟发出信号。当艾米早晨进入教室时启动计时器，持续到她一天结束时离开。计时器的每次振动标志着一个时间间隔的结束，看向艾米，如果她在那一瞬间打了响指，就在+上做标记，如果这个行为没有发生，则对0做标记。

| + 0 | + 0 | + 0 | + 0 | + 0 |
|---|---|---|---|---|
| + 0 | + 0 | + 0 | + 0 | + 0 |
| + 0 | + 0 | + 0 | + 0 | + 0 |
| + 0 | + 0 | + 0 | + 0 | + 0 |
| + 0 | + 0 | + 0 | + 0 | + 0 |
| + 0 | + 0 | + 0 | + 0 | + 0 |

观察的时间间隔总数（x）___30___
观察到+的总数（y）___13___
出现打响指行为的时间间隔的百分比（y/x）___43.3%的时间间隔___

**图4.9 瞬时间隔记录工具示例**

## 决策模型

图4.10是一个用于确定最适当的记录方法的流程图。

学校范围或班级层面的数据与个别学生的一样重要。我们对规则、管理和安排所做的决策都是有关方案和干预的决策，都必须依据数据进行预测和评估。正如之前讨论的，在学校中，问题行为未来会在什么时候、在哪里，以及在什么条件下发生，最好的预测因素就是该行为过去在什么时候、在哪里，以及在什么条件下发生过（Scott, 2004）。如果可行，学校或教室里基于事件的数据就是评估过去问题行为预测因素的最简单的方法。许多学校都是通过收集办公室转介或者其他行为事件的数据来总结问题行为的数据的。这样的信息可以作为决定何地、何时需要采取预防策略的依据。如果这些转介包括了有关行为观察的详细信息，那么预测和预防的工作就可以进行专门定制。

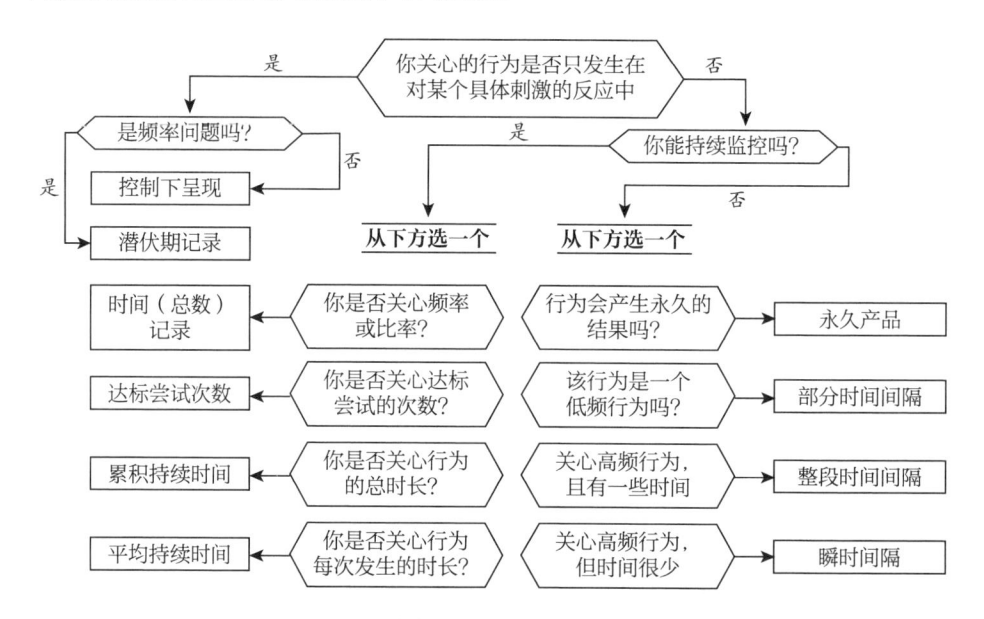

**图 4.10　确定最适当的记录方法的流程图**

一个有效的转介表格应该包含所有关注的信息，记录方式也要尽可能简单。一般来说，这意味着使用选择题而非开放式问题，并详细说明每个被观测的问题由谁、是什么、什么时间以及在什么地点完成。这些信息对于制定有效的预防策略是很关键的。例如，如果转介数据显示问题频繁出现在餐厅里，一个合理的干预策略就可能是重新教授在餐厅的规则或改进餐厅内的监管。对餐厅的持续监控将回答有关这些反应的有效性问题。但是如果转介提供了其他信息，我们就能够对围绕餐厅行为问题何时发生、行为是什么以及谁表现出这些行为做出有计划的反应。使用基于事件的学校或课堂数据有助于策略制定，从而创建更加有效、高效的运作程序。

| 伍德朗（Woodlawn）小学 报告/转介表 | 教师反应 |
|---|---|
| 时间_____ 日期_____ 年级_____ | ___重新引导　　___失去特权 |
| 包含的学生_____ | ___身体靠近　　___联系家长 |
| 报告的教职员工_____ | ___警告　　　　___日期 |
|  | ___暂停上课　　___禁闭室 |
|  | ___课后留校　　___家长会议 |
| 事件 | ___社区服务　　___日期 |
| ___家庭作业（重复地）　　___冒犯性语言/手势 | ___私人会议 |
| ___迟到　　　　　　　　　 ___恐吓 | ___其他 |
| ___违抗　　　　　　　　　 ___身体攻击/打架 |  |
| ___破坏性行为　　　　　　 ___不服从 | 行政反应 |
| ___其他　　　　　　　　　 ___财产损坏 | ___私人会议　　___替代性安置 |
|  | ___隔离　　　　___课后留校 |
| 地点 | ___失去特权　　___家长会议 |
| ___走廊　　　　___解散/到达的户外区域 | ___停学　　　　___社区服务 |
| ___操场　　　　___卫生间（餐厅、6号楼、2号楼） | 评语_____ |
| ___房间#　　　 ___自助餐厅 | 行政人员签名_____ |

图 4.11　转介表示例

基于事件的行为转介表的内容和复杂性由所需要的信息种类和数量来决定。也就是说，如果一所学校希望通过时间和地点来评估问题行为的可预测性，就必须将这些信息纳入数据收集表中。同样，如果一所学校想要确定教职员工对特殊学生和普通学生的问题行为的反应是否不同，则必须在表中纳入关于学生特征和结果的信息。每所学校必须制作自己的数据收集表来回答各自特有的问题，并适应自身独特的需求。通常，类似检核表这样小巧、便携、表格式的数据收集表使用起来最方便，并能最大限度地提高教职员工使用的一致性水平。图4.11呈现的是一个转介表示例。

　　总结数据的一个简单方法是在电子表格上呈现数据。为了实现这一点，学校可以设计一个将所有转介都放置到办公室一个箱子里的程序。每周五，一名办公室工作人员可以将数据输入电子表格中，生成一份所有行为问题的每周总结。表4.3是一份每周总结的示例。注意，为弗兰德斯（Flanders）小学总结的信息让学校的教职员工可以迅速看到谁有问题、那些问题是什么、它们在哪里发生，以及谁观察到它们。如果有必要，其他特征性信息（比如，教育安置、学生性别、少数民族身份）也可以进行收集和总结，以回答学校的一些问题。在弗兰德斯小学，教职员工可以从他们每周的数据总结分析确定在午餐时间的餐厅里行为问题是可预测的。此外，它显示出蒂姆·爱德华兹（Tim Edwards）有多重问题，违抗指令看起来是一个常见的问题。收集并总结这些信息是学校做决策的第一步。这些数据为教职员工应该在哪方面收集更多的信息提供了指引。例如，弗兰德斯小学的数据表明，应该向汉森（Hanson）先生和斯通（Stone）女士询问操场上出现的问题的确切性质，以及他们认为哪些是可能的解决方案。进一步来说，教职员工可能希望进一步调查违抗问题。要询问的关于蒂姆的适当问题包括，"什么看起来可预测他的问题行为？"以及"哪位老师最有可能掌握更多深入的信息？"。弗兰德斯小学的教职员工全年都会持续收集数据并进行每周总结。同时他们也会分析完整的数据库，以了解几个月来出现的趋势。

表 4.3　弗兰德斯小学 10 月 1—5 日办公室转介总结

| 学生 | 日期 | 时间 | 地点 | 问题 | 提交者 |
| --- | --- | --- | --- | --- | --- |
| 帝莉，马特 | 10-1 | 10:15 | 操场 | 打架 | 汉森先生 |
| 爱德华兹，蒂姆 | 10-2 | 12:10 | 自助餐厅 | 违抗 | 福斯特女士 |
| 奥特，谢拉 | 10-3 | 9:30 | 走廊 | 跑步 | 兰德尔先生 |
| 弗兰克斯，鲍勃 | 10-5 | 10:10 | 操场 | 违抗 | 斯通女士 |
| 爱德华，蒂姆 | 10-5 | 10:20 | 操场 | 违抗 | 斯通女士 |

虽然全校范围内的数据收集和分析是明确行为失败预测因素最有效、最高效的方法，但是许多学校既不收集数据，也不定期总结数据，因此无法为设计有效的预防系统提供必要的信息。在这些案例中，下一个最佳策略就是调查学校教职员工，以明确他们在学校里最常见到的问题行为，以及他们在什么时候、什么地点观察到这些行为（Scott, 2004）。这一过程是耗时的，但是确实能让全体教职员工都积极参与并就他们最常应对的问题行为提出意见。教职员工的参与同样可以鼓励他们更多地参与到制定预防这些可预测行为的策略的过程之中。在第 6 章有关班级范围的 FBA 情境中，这些问题将进一步被讨论。

### 本章回顾

❶ 当行为以可观察、可测量的方式进行描述时，行为就进行了操作性定义。

❷ 行为可以从六个维度来定义，包括形貌（它看起来是什么样的）、频率（它出现得多频繁）、持续时间（它持续多久）、位点（它在什么条件下出现）、潜伏期（事件和行为之间的时间）以及强度（力度）。

❸ 行为监控过程包括确定一个目标行为，确定收集数据的最简单的方式，用一致的方式监控，以及使用数据做出评价性决策。

❹ 基于事件的测量记录的是行为发生时一个特定事件的发生。而基于时间的测量记录的是一个行为在一段特定时间内是否出现。

❺ 选择适当的测量工具同时依赖于行为的本质以及对于数据收集者来说什么是现实可行的。

❻ 办公室纪律转介可以提供有关行为、时间以及地点的信息，以便用于监控全校学生的行为。

### 应用

❶ 描述什么时候优先考虑基于时间的测量而不是基于事件的测量。

❷ 给出一个关于使用操作性定义而非广义分类标签的好理由。

❸ 思考你会如何在一所小学中建立一个监控学生行为的系统。如果在初中或高中建立，方式会有所不同吗？

# 第 5 章

# 用数据进行教学决策

### 本章目标

阅读本章后，你应该能够描述以下概念：

- ✓ 引导教学计划制订的任务分析程序
- ✓ 时间性任务分析、反应难度任务分析以及标准任务分析之间的关键区别
- ✓ 目的陈述以及长期目标、短期目标之间的区别
- ✓ 教学目标的主要内容
- ✓ 撰写教学目标的过程
- ✓ 用于视觉呈现行为表现的图表的关键内容
- ✓ 如何绘图并使用目标和趋势曲线来分析数据
- ✓ 用数据进行教学决策

在前一章中，我们讨论了在课堂情境中监控学生行为的不同方法。最初阶段的监控测量了学生当前的功能水平，这个水平可以作为评价变化的基线。但什么行为是最重要的，从哪里开始收集数据，适当的期望应该是怎样的，如何确定变化是否显著，以及如何用简单的方式将所有这些组合到一起，这些问题仍需做出决定。

适当的行为是由自然环境中什么是适当的（如：其他成功的学生做什么），以及环境中重要人士（如父母、老师、同伴）的价值观念所决定的。问题行为是抑制或干扰成功的行为。虽然有些学生只有一个容易辨别的问题行为，但其他学生

可能有着多重问题或是一系列需要关注的问题。一般来说，最紧迫的事是找出最妨碍学生成功的行为，以及教授学生由环境界定的适当的替代行为。但从哪里开始教学、如何开展教学以及教学的目标，都是教师个人的决定。例如，环境中的所有人可能都同意学生对代数的熟练掌握是最重要的事；而教师的职责是确定必教技能的优先顺序、教授这些技能最合适的方法、达到已经确定的最终目标所要求的范围和顺序，以及如何评估学生的进步。个别化教学计划的制订和评估是本章的重点。

## 范围和顺序：应该先教什么，再教什么，然后呢？

确定教学目标为教师提供了一幅图像，这幅图像清晰地描绘了学生应具备的行为。例如，除法的竖式计算要求掌握包含位值、加法和乘法在内的基础数学技能。如果学生不具备这些组件技能，教学就不会成功。即使是最简单的技能，也包含了先备条件。说"Hello"要求理解英语、识别问候的时机等能力。教师必须考虑所有必需的行为，然后将教学分解为可教的内容。如果把每个技能都设想为是一连串组件技能中的一项，教学就应该从列表中学生掌握得最熟练的技能之上的那一技能开始。例如，如果一名学生已经掌握了位值和加法，但还没有掌握乘法，那么除法的竖式计算的教学就必须从教授乘法开始。

考虑复杂行为所需的先备组件技能的过程被称为任务分析。任务分析这个术语指的是分解一个复杂行为（动词）和结果产品（名词）的过程。通常来说，如果一名教师对于要教授的行为比较熟悉，任务分析就只是考虑行为中涉及的所有内容。因此，有效的教学要求教师对所要教授的技能有相当深入的理解。任务分析是教学过程中的一个重要步骤，因为它提供了一张所教技能的地图，以确保每个内容和先备技能都被教授到。

## 执行任务分析：怎样做？

正如我们将在本章中看到的，一个完整的任务分析应为教学勾勒出单个的步骤，并为教学应该在哪里开始与结束提供一个客观的衡量标准。简而言之，任务分析为教学的开展和测量提供了一张路线图。任务分析可以以三种不同的方式来进行，每种方式都为教师提供了教学的重点。第一种任务分析类型是最常见的，即时间性的任务分析，或者说是将一个行为分解成一系列按时间排序的独立步骤（如第 1 步，第 2 步，第 3 步，等等）。要执行一个时间性的任务分析，教师必须对技能有足够的了解，这样就可以分步骤，确定它们的正确顺序，然后按顺序教授每一个步骤。时间性任务分析的明显例子包括穿衣（内裤必须在裤子之前，袜子必须在鞋子之前）、洗头发（用水弄湿头发、涂上肥皂泡沫、冲洗，这些步骤必须以正确的顺序进行），以及课堂常规活动（挂好外套，坐在课桌旁，拿出语言练习簿）。时间性任务分析对于教学生完成一系列步骤是很有用的，而且常常与帮助学生追踪进步情况的自我管理工具联合使用。使用时间性任务分析的链锁程序（见第 10 章）也特别有用。表 5.1 呈现了一个行为计划的时间性任务分析的示例。要注意，在这个例子中，每个步骤都是后续步骤的先备条件。

表 5.1　时间性任务分析：愤怒控制

| 步骤 | |
|---|---|
| 1 | 识别愤怒或崩溃的信号 |
| 2 | 停止 |
| 3 | 选择一个替代行为 |
| 4 | 使用策略坚持到底 |
| 5 | 自我评估 |

反应难度任务分析是解构复杂技能的第二种方法。它包括了按照学习和掌握的难度顺序来排列步骤。这种方法的基本观点是，掌握一个相对简单的步骤将会提供必要的成功，从而激励学生完成下一个更难的步骤。时间性任务分析可以通

过简单的回顾行为来完成，而与之相反的是，反应难度任务分析需要对该行为有更深入的了解。反应难度任务分析在学业学习的例子中是最常用的，在这些例子中，这些时间性的步骤并不总是提供有逻辑的教学方式。例如，从时间上考虑，除法的竖式计算可能包括下列步骤：除以、乘以、减和下移（如，位值）。但是，以这一顺序去教授，就意味着要先教除法再教位值，这显然是不符合逻辑的。反应难度任务分析会将位值确定为第一个内容，随后是减法、乘法，然后是除法。显然，这就是教授数学的方法。图 5.1 和图 5.2 显示了如何演算除法的竖式计算（时间顺序）和如何教授除法的竖式计算（反应难度）的比较。

**时间性任务分析**

如何演算长除法

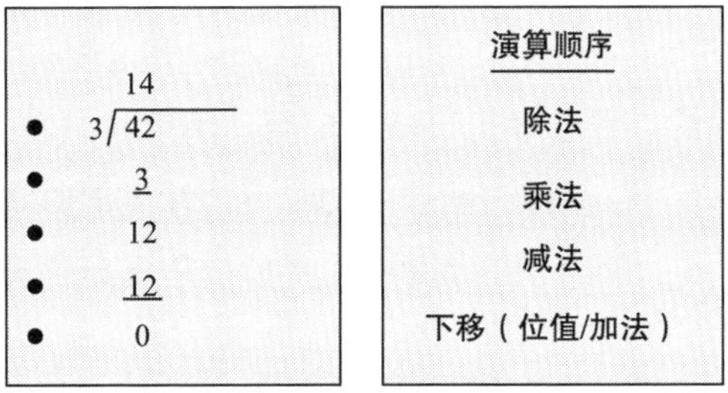

|  | 演算顺序 |
|---|---|
| 14 | 除法 |
| 3⟌42 | 乘法 |
| 3 | 减法 |
| 12 | 下移（位值/加法） |
| 12 | |
| 0 | |

图 5.1　除法竖式计算是如何演算的：时间顺序

**反应难度任务分析**

教授难度最低的步骤，然后教授下一个难度最低的，以此类推
如何教授长除法

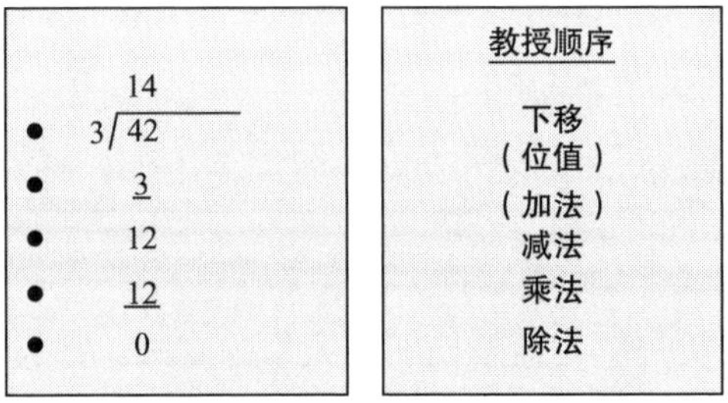

|  | 教授顺序 |
|---|---|
| 14 | 下移（位值）（加法） |
| 3⟌42 | 减法 |
| 3 | 乘法 |
| 12 | 除法 |
| 12 | |
| 0 | |

图 5.2　除法竖式计算是如何教授的：反应难度顺序

反应难度任务分析帮助教师在整个复杂任务的教学过程中最大限度地取得成功，尤其是在使用塑造程序进行教学时（见第 10 章）。表 5.2 呈现了一个行为计划的反应难度任务分析示例。要注意，每一步都被认为比前面一步更难。

第三种任务分析方法被称为标准任务分析，通过使用越来越严格的成功标准来对行为教学进行拆解。标准任务分析对于分解熟练性培养目标来说非常有用。教师要明确基线和最终目标之间的规律性间距，将每个间距用作任务分析中的一个步骤。例如，假定一名学生能够在一分钟的时间段里完成 3 的乘法教学卡片，而我们希望她在 20 秒内完成。那么我们可以在任务分析中将第一步设定为 50 秒；然后，在她达到标准后，我们可以设定为 40 秒，一直持续到她达到 20 秒的最终标准。这样的程序尤其适用于恒定时间延迟这类程序（见第 10 章）。表 5.3 和表 5.4 呈现了标准任务分析用于永久产品和潜伏期记录行为计划的示例。

**表 5.2　反应难度任务分析：举手**

| | |
|---|---|
| 1 | 表现出举手的能力 |
| 2 | 描述什么时间以及为什么在课堂上举手 |
| 3 | 先提示后举手回答老师的问题 |
| 4 | 举手回答老师的问题，无提示 |
| 5 | 课堂上适当的时间，在老师提示下自己主动举手 |
| 6 | 课堂上适当的时间，自己主动举手，无老师提示 |

**表 5.3　标准任务分析：作业完成**

| | |
|---|---|
| 1 | 学生将在周中完成并提交 50% 的作业 |
| 2 | 学生将在周中完成并提交 60% 的作业 |
| 3 | 学生将在周中完成并提交 70% 的作业 |
| 4 | 学生将在周中完成并提交 80% 的作业 |
| 5 | 学生将在周中完成并提交 90% 的作业 |

表 5.4　标准任务分析：遵从指令

| 及时遵从指令 | 按标准任务分析 |
| --- | --- |
| · 已经知道如何听并遵从指令 | 潜伏期 < 30 秒 |
| · 不需要将技能分解为多个组件 | 潜伏期 < 25 秒 |
| · 问题是增加反应效率 | 潜伏期 < 20 秒 |
|  | 潜伏期 < 15 秒 |
|  | 潜伏期 < 10 秒 |
|  | 潜伏期 <  5 秒 |

对任何一项特别的技能来说，最为高效、有效的任务分析都依赖于技能的性质。对于复杂技能，教师必须考虑每个可教的步骤是一个独立的技能还是剩余任务的先备条件。那些作为先备条件的技能必须首先教授，而那些非先备条件的则可以依次教授。如果所有的技能都已经在学生能力范围之内，任务分析就要更有逻辑性地朝着每个标准前进，使学生向更加熟练的表现靠近。

## 目的和目标：为教学和评价做的计划

将一个复杂的行为分解为一系列独立的行为，为指导教学提供了易于遵循的步骤，并为更个性化的具体教学计划创造了条件。思考一下之前呈现过的、课堂上举手的任务分析示例。假设一名教师想教学生——鲁珀特举手。这名教师必须思考任务分析中的步骤，从哪一步开始指导、鲁珀特需要举手的次数、在什么情况下应该举手并被测量，以及成功的行为表现的标准。这些思考的内容可以在教育目的陈述、长期目标和短期目标这三个层面进行阐明。

## 教育目的陈述

教育目的陈述应清晰地描述教学的最终目的。目的陈述是对一个行为的掌握——即我们在教学完成后对学生的期望——的一般描述。它们不指导每日的教学，而是提供日常教学应该聚焦的重点。虽然目的陈述是针对学生的，但它们并非一定要可测量，除非是要在更具体的组件行为方面取得成功。对鲁珀特来说，教育目的陈述就是"鲁珀特将参与适当的课堂讨论，并且遵从课堂规则"。要注意，这一陈述并没有具体描述举手行为，因此可以包含其他一些被认为达到这个目的所必需的个别组件行为和技能。

## 教学目标

比教育目的陈述更具体的是长期和短期教学目标。教学目标是对于教学计划的陈述，它反映出教什么、教谁、在什么条件下教以及成功表现的标准。学习者、行为、条件以及标准这些元素就是一个规范的教学目标的四要素。教学目标要特别精确，确切说明教师正在教学、评估的是什么。对于有个别化教育计划（IEP）的学生来说，教学目标是法定要求的内容，但是不管学生或者行为的性质是什么，教学目标都可以为实施和评估其他类型的教学提供帮助。

**长期目标**。长期目标（Long-term Objectives，简称LTOs）反映了教育目的陈述的任务分析内容，描述了学生在该分析中每一步上的成功。对于鲁珀特来说，长期目标就是"到月末，当老师向全班提问并提示鲁珀特举手时，他可以连续两天以上有80%的机会做到举手并安静地等待老师的示意"。表5.5分解了这个长期目标。

表 5.5　鲁珀特的长期目标

| 目标成分 | 示例 |
| --- | --- |
| 条件 | 当老师向全班提问并提示他举手时 |
| 学习者 | 鲁珀特 |
| 行为（前面任务分析中的第 3 步） | 举手并安静地等待，在老师示意后才说话 |
| 标准 | 到月末，连续两天以上在 80% 的机会中做出以上行为 |

**短期目标**。短期目标（Short-term Objectives，简称 STOs）反映每天的教学和教学评价。由于达到长期目标可能需要几天的教学，因此，短期目标能够让教师规定并评估学生在一节课结束时应该达到什么程度。成功的短期目标导向成功的长期目标，并有助于教育目的的达成。对鲁珀特来说，短期目标可以是"在这段时间结束时，当教师向全班提问并提示鲁珀特举手时，他有 50% 的机会做到举手并安静地等待老师的示意"。尽管，这个目标只是在一节课的时间里以一个较低的成功标准规定了一个行为，但是，通过不断积累成功的短期目标，可以在日常成功的基础上实现长期目标的成功，进而实现教育目的的成功。教学目标只是规定教学的开展和评价的路线图。

图 5.3 用图表呈现了目的和目标之间的关系。要记住，任务分析只是呈现了一个从我们目前所在之处通往我们希望到达之处的阶梯。就这一点而论，底层代表的是学生现在可以做什么（当前的功能水平），顶层则代表的是为学生设定的教学完成时的目的。该阶梯上的每一层都代表了学生为了前往顶层必须达到的长期目标。同样，每个长期目标的成功都来源于一系列反映教师每日计划、实施并评估的教学任务的短期目标。

**任务分析与教学目的**

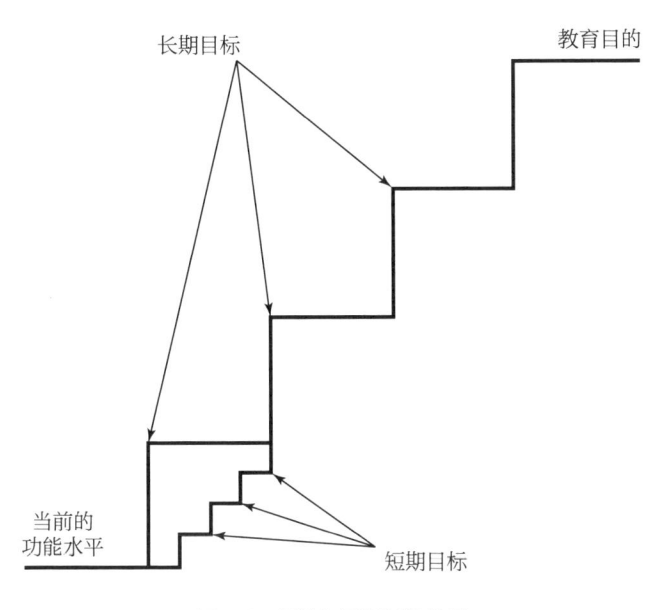

图 5.3　目的与目标间的关系

## 撰写教学目标：过程

我们可以运用任务分析的知识来制定一系列完成任务分析的关键步骤。而这个时间性任务分析则反过来提供了撰写完整教学目标的一系列步骤。

**第一步：明确要教授的具体行为。** 撰写教学目标的第一步就是确定要教给学生的行为，即作为替代问题行为的适当行为。从学业意义上讲，这是非常直截了当的。例如，假设一名学生在被提问"2+2"这个问题时没有说"4"。期望的行为就是这名学生在那些情况下说"4"，这就是我们要教和测量的行为。社会领域方面的替代行为将在第 10 章中进一步讨论，但可以简单地将它定义为与问题行为相同功能的一个适当行为。例如，假设鲁珀特大喊大叫地回答老师的问题是为了获取老师的关注，举手行为就能够作为大喊大叫行为的一种符合逻辑的替代行为，因为它在那个环境之中是适当的，可以体现获得老师关注的功能。每一个个性化的教学目标都着重于被教授且期望学生获得的技能。

第二步：确定期望行为发生的条件。在前面呈现的学业例子中，我们仅仅测量了学生在被提问"2+2"时说出"4"的行为。我们并不需要整天都跟随学生并监控他说出"4"的次数。用一个清晰的位点定义一个行为，可以让我们确定要求该行为出现的确切时间，从而规定收集数据的条件。我们可以期望在一个固定的时间（阅读期间）、一个具体的地点（在走廊），或者一个特定的条件下（被叫到名字时）收集数据。在每个例子中，被确定的位点告诉我们在什么时候进行测量。在鲁珀特这个案例中，当老师向小组提问时，所要求的行为应该发生。因此，这就反映了行为被测量的条件。

第三步：确定测量行为的最佳方法（选择一种方法）。一旦确定了要测量的行为和测量所要求的条件，我们就必须选择最适当的测量方法。回想一下，最适当的测量方法就是那些对关注的行为来说符合逻辑，并且在要求的情境中实施起来足够符合实际的方法。例如，要监控鲁珀特的举手行为，控制下呈现系统就是最合乎逻辑的方法，因为它控制了呈现机会的数量（比如，教师提出的问题）。同样，要监控离座行为，不管是持续时间系统还是基于时间的系统都是最合乎逻辑的方法。在选择一种记录方法时，注意记录方法的衡量指标尤其重要，它可以用于帮助确定最终表现的标准（第五步）。例如，如果记录方法是基于时间的，那么衡量指标将会是时间间隔的百分之几，并且必须用于目标标准之中。也就是说，"时间的百分之几"不可以用基于时间的系统来测量。

第四步：测量学生当前的功能水平。最初阶段对所选测量系统的使用提供了行为表现的一条基线，即学生当前的功能水平。这条基线在任务分析阶梯的最底层指明了第一节课要教的内容，并且为制定行为表现的标准提供了一个参考框架。例如，如果我们看到鲁珀特目前在老师所提供的提问机会中有50%的机会举手，那么他未来的表现必须超过50%才会被认为是成功的。

第五步：确定最终表现的标准。因为成功或失败由学生的表现决定，所以成功应该代表着LTO或者教育目的保持足够进步所必需的最低水平的表现。例如，对于鲁珀特来说，一个适当的目的可以是在80%的机会中举手回答教师的提问。

这一目的实现的适当时间区间是明天还是从现在开始的一个月或一年，这取决于鲁珀特行为表现的当前水平，以及对于鲁珀特来说什么是能够实现的。虽然从50%跳跃到80%对于鲁珀特来说可能难以在一个月内实现，但期望在本季度末或者八周后达到这个标准，就可能是合理的。

**第六步：用标准的格式撰写目标**。现在基础性工作已经全部完成，就可以将正式的教学目标写在纸上了。标准格式要描述在给定的一系列条件下学生将按特定的标准表现出一系列特定的行为。正如我们在第五步所看到的，达到标准的时间线也是目标的重要部分。没有这个时间线，我们无法对进步情况做出判断。如果不知道干预已经开展了多久，或者不知道我们期望它将在什么时候结束，那么知道一个学生已经朝着50%的目标进步了5%并不能向我们说明什么。在一个长达6个月的干预中，一天获得5%的进步看起来是非常有希望的，但在同样的干预中，5个月取得同样的进步就不是了。在本章后续内容中，这些问题还有更详细的讨论。鲁珀特的目标，如果按我们的标准格式撰写，就是这样：假设教师在课堂上向全班提问，在80%的机会中，鲁珀特举手并安静地等待，在老师示意后才讲话。

**有用的提示**。在撰写教学目标时，有一些简单的注意事项应牢记于心，这将帮助你撰写可为教学过程和标准化评估提供信息的教学目标。首先，在写关于学生的行为时，要确保主要的动词是可观察、可测量的。像"将会感到"或者"将注意到"这样的短语并不能为观察提供一个足够具有操作性的定义。如果用包括学生"感觉到"或"注意到"这样的术语来描述一个关心的行为，必须询问教师当这个行为发生的时候她或他是怎么知道的。这通常会产生更加具体的行为描述（"因为他将说或做……"）。其次，要确保标准、测量方法以及衡量指标全都匹配。一个常见的错误是测量方法和标准的不匹配。例如，如果数据收集使用控制下呈现记录法，那么目标中的衡量指标必须使用"机会的百分之几"。同样地，如果测量方法是基于时间的，那么目标就必须使用"时间间隔的百分之几"。与衡量指标不匹配的目标是无法被测量的。表5.6中呈现了更多有用的提示。

**表 5.6　撰写目标的有用提示**

要确保……
- 对主要动词进行操作性定义
- 对用于监控的条件进行清晰定义，有关联且可重复
- 标准与测量工具的衡量指标相匹配
- 对目标用积极的术语进行陈述
- 基线概率已经被用于设定标准
- 避免填充词（比如，将能够、将表现出），只说学生将做什么

## 对教学进行评价

任何对干预的评价只有在依据一个标准进行判断时才有意义。如果有人告诉你有一名学生在这一周里吼叫了三次，然后问你这种情况是好还是坏，你会怎样回应？毫无疑问，你会询问这一行为在更早的时候发生频率如何，以及目的是什么。没有这些信息，就没有用来评价行为表现的客观方式。因此，评价的第一步，就是获得一条基线或者是学生当前的功能水平。清晰且可测量的行为表现目标为判断干预与基线相比是否获得成功提供了一个衡量的标准尺度。这个目标反映了我们正在教授的技能，以及我们的成功标准，但它不是一个干预计划。也就是说，对于接下来如何开展教学、在环境中会做什么改变，或者将针对积极行为和消极行为采取哪些应急措施，该目标并不提供任何详细的信息。这些都是行为干预计划（Behavior Intervention Plan，简称 BIP）的问题，而后者是基于目标而制定的。

一般来说，目标要写明替代行为，也就是我们希望学生在他们通常会表现出问题行为的情况下使用的行为。将目标聚焦在替代行为上，让我们能够注重教学干预（教学生如何做某事），而不是减少型干预（用厌恶的结果回应不被期望的行为）。教学干预更为可取，原因是它们使用的策略绝大多数教师都赞同（使用提示、线索、直接教学、强化，以及错误纠正），而不是必须在正常教学常规基础上添加的策略（惩罚）。显然，在一些情况下，在有着减少问题行为这个目标的

同时，我们可能希望监控消极行为。一个替代性的方法就是为目标行为写下目标，同时仍然强调将教学干预作为主导策略。但是，强调替代行为是有利的，因为在教学模式中监控学生进步的程序可以更加直接。例如，计划让鲁珀特在 80% 的机会中使用替代行为，迫使我们以鼓励适当行为的方式进行干预（因此是积极的干预），并且在我们的教学中跟踪其进步。

### 用图表表示行为：行为表现的视觉呈现

**基于数据的决策**。由于成功或失败是由学生的行为表现来决定的，所以成功应该代表着朝向最终行为目标维持足够进展所必需的最低水平的表现。例如，假设我们在观察一些成功学生的表现之后，确定了鲁珀特当前只在 35% 的机会中通过举手来回答问题。然后我们可以确定一个适当的目标：当一周结束时，鲁珀特能够在 50% 的机会中举手回答老师的问题，当一个月结束时，能够在 80% 的机会中举手回答老师的问题。这些数字成为短期目标和长期目标的标准。回想鲁珀特当前的水平和表现，以及我们认为对于鲁珀特来说什么是可以实现的目标，这些决定了我们是将它设定为明天要实现的目标，还是从现在开始一个月后、一年后要实现的目标。

## 对行为表现进行评价

教学目标的制定为我们提供了一个评价进步的标准。由于简单的折线图提供了关于学生进展的最佳视觉呈现，因此，对评价的讨论就要从回顾一些基础的图表绘制规程开始。折线图描绘的是行为表现和时间之间的关系。正如图 5.4 所示，Y 轴被称作纵坐标，它代表行为的测量尺度；也就是说，纵坐标应该反映与用于监控行为的测量工具相关联的衡量指标。X 轴被称作横坐标，表示时间。通常，这根轴上的时间是按天来划分的，但是横坐标也可以表示每小时、每个月，或者以其他任意时间间隔收集而来的数据。当数据不是按常规时间间隔收集而来的时，横坐标上的时间可以表示观察的时间段。每一次评估的结果都被画在图表中恰当的点上，这些点表示收集数据的时期或时间段。这样，每个新的数据点都必须被画到前一个数据点的右侧。干预之前收集的数据点代表的是基线数据，并且可以被称作当前的表现水平。这一水平提供了确定教学目标标准的基准。

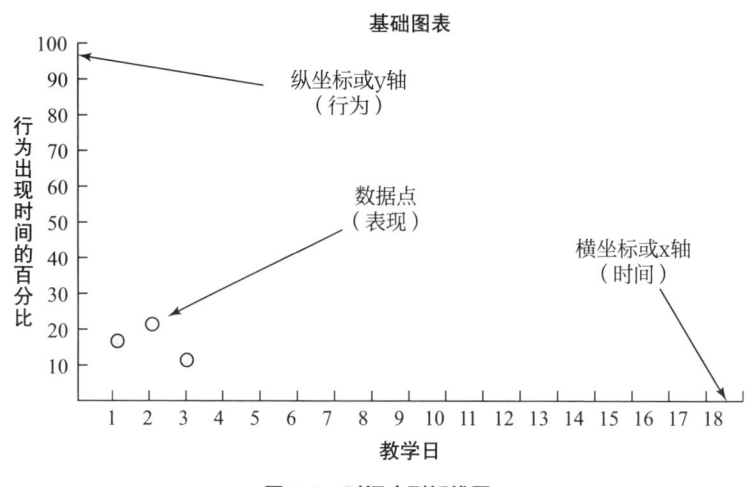

**基础图表**

图 5.4　时间序列折线图

**在图表上绘制进步线**。将进步线绘制在图表上，这条线既是评价未来表现的视觉标准，又是对用于预测未来行为的当前表现的总结。绘制折线要求对关于中位数或者一组连续数字的中间值这个概念有基本的认识。中位数常常被误认为是均值，也就是平均数。要记住，中位数仅仅只是在按大小顺序排列起来的数字串中处于中间位置的数。因此，在"1，3，8"这些数中，中位数就是3，因为它在这串数字中处于中间位置。同样，如果是"4，5，7，8，200"这个序列，中位数就是7。有两种情况还有必要进一步讨论。第一，当数字串中包含的数字个数为偶数时，中位数的计算就是中间两个数字的平均数。因此，在"7，8，9，10"这串数字中，我们就会将中位数计算为8.5（中间两个数字的平均数）。第二，当一个单独的数字在一个字符串中出现了多次时，每一个数字都仍要作为一个单独的项目进行计数。在"1，3，3，3，5"这个数字串中，我们要将3计算为中位数，因为在确定中间数字时每个数字都要计入。中位数被用来计算从哪里开始绘制进步线。

进步线使用的是以三个数据点为一组的中位数概率（中间数）和日期（中间日期）的交叉点。也就是说，在观察图表上的三个点时，我们首先要将它们看作纵轴上的（中间数）一串数字，然后寻找三个值的中位数。接下来，我们将它们考虑为横坐标上的（中间日期）一串数字，然后寻找那三个值的中位数。在图表上标记出两个中值，然后画出与两点相交的线。穿过这个点，就可以绘制出一条进步线。图 5.5 呈现了从一串 3 个数据点确定中间数和中间日期的过程。

## 目标线

简单来说，目标线就是图表上连接当前表现水平与未来指定点上的标准表现水平的一条线。首先，通过表示当前表现水平的最后三个点计算得出中间日期/中间数。随后，在图表上绘制一个点来代表教学目标中的标准。例如，若标准规定了在月末时表现要达到 75%，且这个月还剩下 3 周，在横轴上 3 周的位置就要做一个标记（每周 5 个教学日），然后在纵轴上 75% 的相应位置做标记（见图 5.6）。这一标记被称作目标星，它通常用一个大写的"A"表示。随后画出目标线，连接中间日期/中间数的交叉点与目标星。这条线代表学生的最小进步线。也就是说，只要位于这条线上或者在这条线的上方，就朝着达成目标取得了足够的进步。然而，如果数据没有跟上进步线，学生的进步就会被认为不足，就必须做出改变。衡量是否取得足够进步的一般经验法则是监控数据是否连续两天以上落在目标线的下方。行为表现连续三天位于目标线下方，则说明进步不够充分，必须改变方案。有的学生刚好有两天落后于目标线，但随后在第三天到达目标线或位于目标线之上，则仍旧认为该学生有能力达成目标。本章的后面部分将介绍更多关于基于数据的决策方面要注意的内容。图 5.7 提供了表明成功和失败的数据模式的例子。

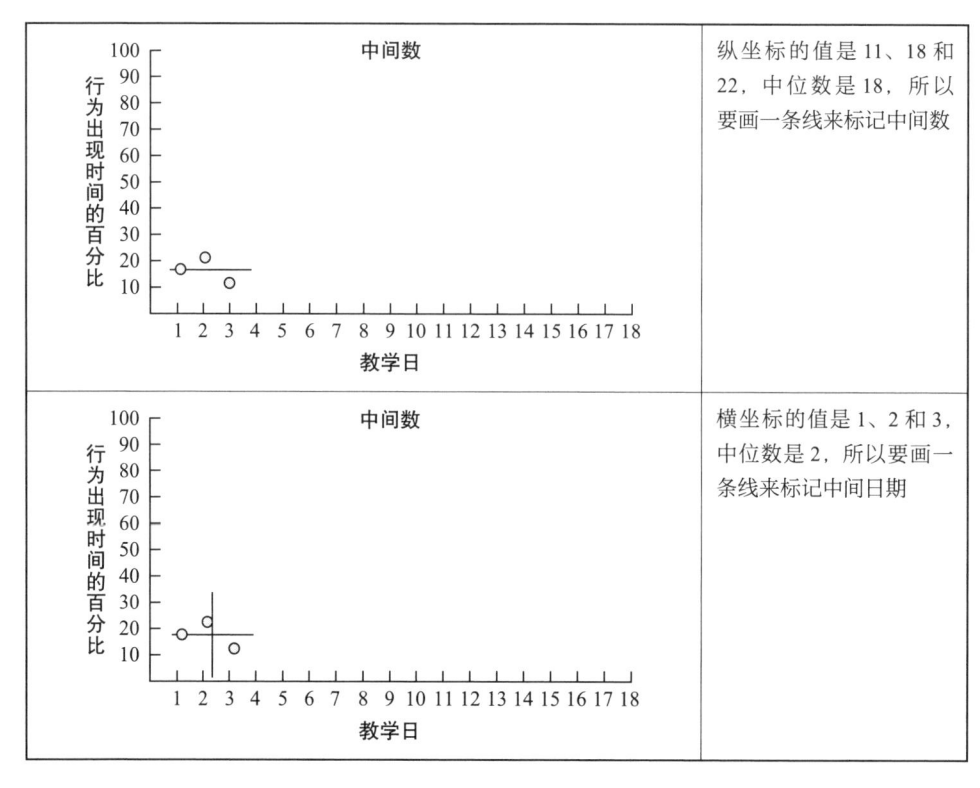

图 5.5　从 3 个点序列中确定中间日期和中间数的步骤

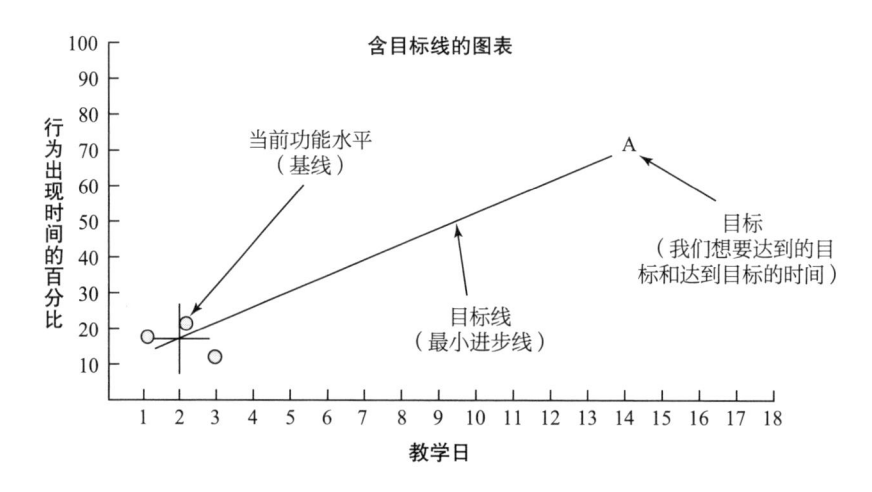

图 5.6　用目标线作图

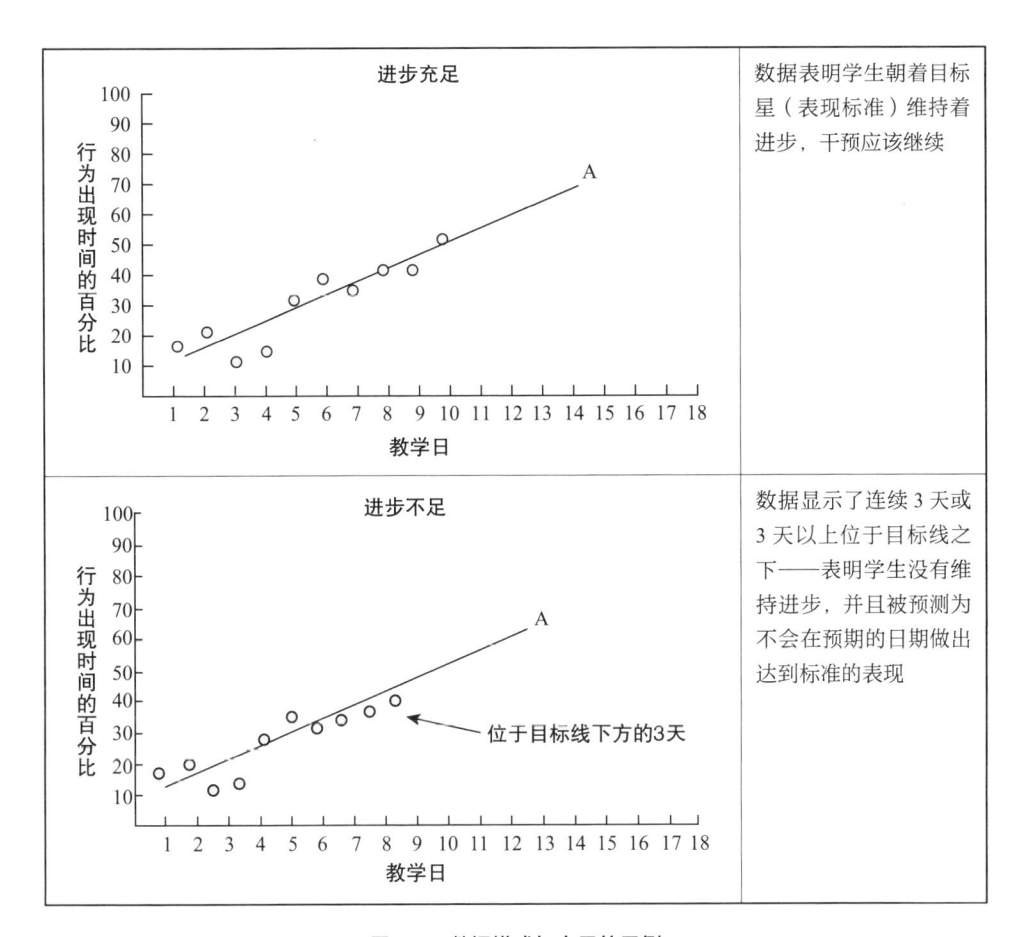

|  |  |
|---|---|
| 进步充足（图） | 数据表明学生朝着目标星（表现标准）维持着进步，干预应该继续 |
| 进步不足（图，标注"位于目标线下方的3天"） | 数据显示了连续3天或3天以上位于目标线之下——表明学生没有维持进步，并且被预测为不会在预期的日期做出达到标准的表现 |

图 5.7　数据模式与表示的示例

## 趋势线

趋势线就是通过一串已经存在的数据点来绘制的进步线，表示的是趋势和对未来的预测。趋势线可以通过基线数据绘制，用于确定是否需要干预，或者通过干预数据绘制，用于预测一个学生未来的表现可以达到的点。两种情况都要求相同的基础步骤，包括计算中间数和中间日期的交叉点并画出连接线。回想一下，目标线开始于基线的最后三个数据点。相反，一条趋势线的起点是任一数字串中前三个点的中间日期/中间数。然后终点就是这个数据串中最后三个点的中间日期/中间数。通过共享中间日期计算的中值点，只用五个点就可以画出一条趋势线，但是一条有意义的趋势线通常最少需要六个数据点。例如，要绘制一条基线数据的趋势线，我们会首先计算出基线上前三个点的中间日期/中间数，然后对最后三个点做相同的计算。图5.8呈现了如何绘制一条穿过基线数据集的趋势线。

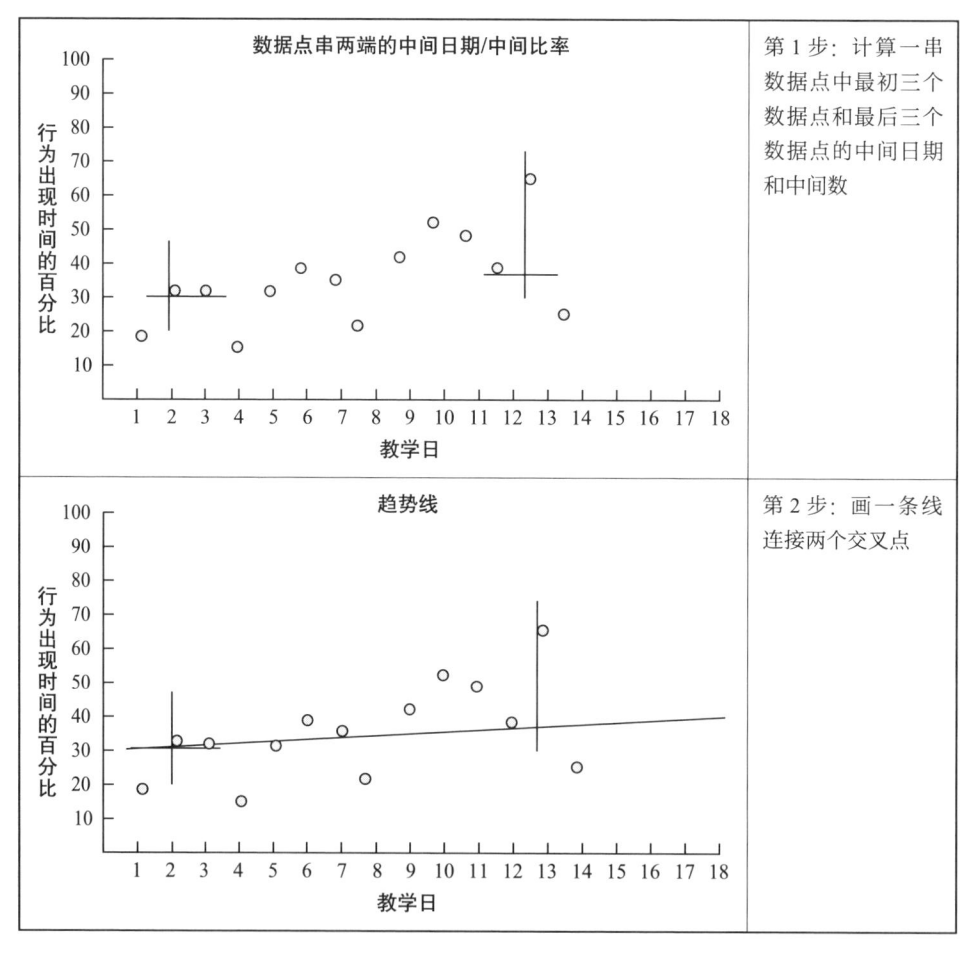

| | |
|---|---|
| 数据点串两端的中间日期/中间比率（图） | 第1步：计算一串数据点中最初三个数据点和最后三个数据点的中间日期和中间数 |
| 趋势线（图） | 第2步：画一条线连接两个交叉点 |

图 5.8　通过基线数据集绘制一条趋势线

# 基于数据的决策

无论问题行为的解决是通过小组系统、基于教师的干预、受支持的/小组的干预还是完整的 SCP 团队，干预的衡量指标都只能通过学生行为的可测量变化来进行判断。也就是说，不管干预被接受或者实施得有多好，如果学生的行为没有改善到学生失败或破坏环境的可能性降低的程度，就不能认为干预是成功的。必须将学生表现与明确的基于数据的成功标准相比较，并据此做出干预决定，才能做出这种判断。

## 确定计划的有效性

**成功的标准**。计划的制订过程包括根据学生行为确定干预目标。为此，团队首先要确定减轻问题所必需的成功水平，然后测量当前行为表现水平，以确定一个合理的成功时间线。同样，由于学生的行为表现决定着成功或失败，因此成功应该代表着维持朝向最终行为目标的充足进步所必需的最低行为表现水平。例如，假定观察一些成功学生的行为后，团队决定适当的目标应该是吉米在 90% 的机会中通过举手来回答老师的问题。吉米当前的行为表现水平，以及团队觉得对于吉米来说什么是一个可以实现的目标，这两者决定了团队是否将这个目标达成时间设定为明天，还是从现在开始的一个月或一年。

**使用数据为制订计划提供信息**。在 FBA 期间收集的数据表明，当前吉米在平均 40% 的机会中举手回答老师的问题。团队觉得，要在一个月内从 40% 提升到 90%，这样的跃升难以实现。然而，由于吉米已经拥有了先备技能（例如，他知道如何举手，并且经常做出这个动作），团队确定了一个合理的期望：在本季度末也就是 8 周后，目标将达成。在图 5.8 中，吉米的当前功能水平被画在了左边，他的目标日期和标准被画在 8 周后。有一条直线从他的当前表现开始，到期望表现的日期和数结束，这条直线表示了达成目标所必需的最低行为表现水平，这也让团队能够对他的进步进行过程性追踪。在给定的任何一天，吉米的成功由其每日的行为表现与图表中的线相比较而判断（Bender & Shores, 2007; Lewis, DiGangi, & Sugai, 1990）。

由于行为表现要持续进行监控，因此成功和失败的决策标准也要持续进行监控。成功的标准仅仅是学生达到干预的行为目标。在这些情况中，根据数据有几种行动方案可以考虑。一般来说，失败的标准被认为是连续三天的行为表现在最小进步线之下（Johnson, Mellard, Fuchs, & McKnight, 2006; Lewis, DiGangi, & Sugai, 1990）。同样，在这些情况下，根据数据也有几种行动方案可以考虑。

### 决定：成功的表现

当表现被认为成功时，团队就可以确定在那个点干预完成了并且可以撤除。在其他案例中，团队也许继续干预其他技能，或者继续干预同一个技能，但在不同的情境下或者在不同的学习阶段。这些决策都是基于数据呈现的状况而制定的（参见 Stecker, Fuchs, & Fuchs, 2008; Wolery, Bailey,& Sugai, 1988）。

**学生已经完全达到成功的标准**。一旦学生的表现达到了成功表现的标准，就没有理由再继续干预；然而，团队可能会决定转向一个不同的技能领域，依据已经确定的学生问题的优先级列表来工作。例如，一旦吉米的行为达到团队设定的标准，他们就可以将标准提高到更加接近100%，或者转向完成家庭作业或者其他技能领域。

**学生熟练地使用技能且在有限的情境中表现一致**。在一些案例中，学生也许达到了行为表现的目标，但在特定条件下仍然存在一些困难，例如，处于其他环境中或者与其他成年人相处时。这些情况说明需要制订干预计划来促进泛化。接下来团队就可以制定一系列自然环境中的成功标准，并改变干预措施，以便为这些普遍化条件下的适当行为提供自然的结果。例如，当吉米在他的教室里达到成功时，团队就可以在图书馆或者问题行为继续发生的其他情境中实施干预。

**在提示和强化下，学生一致地使用技能。**当学生依靠教学提示和人工强化物做出成功表现时，团队就可以决定继续干预，但要做出一些改变。为了促进维持，团队可以逐渐撤销干预的人工成分（比如，提示和结果），同时仍然监控行为表现并期待行为的发生达到最初的目标水平。例如，如果吉米在教师每天提供大量提示的情况下达成了他的目标，团队就可以设定一个在更少、更自然提示情况下做出成功表现的新标准。这个做法可以一直持续到吉米的表现仅在自然出现的提示下就能够达到期望的标准为止。

**学生已经达到技能的习得目标。**在学生已经达到了一个行为目标也就是习得了一个新技能的情况下，团队就可以选择继续对一个促进更多反应的新目标进行干预。在这些情况下逐渐撤销人工提示也许是比较恰当的。这样做的意图是促进技能的熟练性，从而让技能的发生更容易、更自主。例如，如果吉米是一个低功能学生，团队可以从教他如何举起手来开始干预。然后，一旦这个技能达到了标准水平，团队就可以根据反应数量或流畅度设定一个目标，对更频繁、无须提示的举手行为提供强化。

**学生正在取得令人满意的、朝向标准的进步。**如果目标没有达到，但学生已经取得了令人满意的进步（如，还没有达到失败的决策标准），团队就应该确保干预计划不做改变、继续实施。在学生达到目标或者达到失败标准之前，不需要改变干预。回顾图 5.8，在第五周时，吉米的表现为大约 68% 的机会出现——这个表现处于为他设定的标准下方。然而，如果看一看最小进步线，我们就会发现，若是吉米继续维持这个进步概率，他就处于达成自己目标的轨迹上。在这些情况下，团队就应该继续对吉米进行干预，直到他达成目标或者是无法继续进步。

决定：失败的表现

当表现被认为是失败的，团队就必须决定应该如何继续干预，或者干预是否应该继续。在一些情况下，表现也许离成功足够接近，以至团队决定什么也不做。而在其他一些情况下，团队也许会决定改变正在教授的行为，或者改变干预本身。

这里的每一个决策都是以数据呈现的状况为基础的（参见 Stecker, Fuchs, & Fuchs, 2008; Wolery, Bailey, & Sugai, 1988）。

**学生没有表现出行为**。当一个学生从来没有表现出这种行为时，这对团队来说应该是一个信号，意味着学生还缺乏基础的先备技能或者理解。在这些情况下，就应该调整干预，先教已经确定的先备技能。如果这被证明太困难或太复杂，团队也可以考虑其他适合学生的替代行为——一个更为简单的，可以为学生提供相同功能，同时更容易习得的初始替代行为。例如，如果在干预之后，吉米仍然没有表现出举手行为，团队首先需要确定他是否具备表现这一技能所需的先备技能和知识（即什么是手，举手看起来是什么样的，等等。）如果他还不具备，那么就需要教授那些技能。如果先备技能和知识已经到位了，那么团队就需要考虑其他更简单的、对吉米来说可能更有效的行为。

**学生有进步但停止了**。如果一名学生一直在持续地进步，然后突然停止了，团队应该考虑在表现突然下降之前环境中发生的事件，以及那个教学时间点上的任务性质或者标准。然后通过重新教授该水平所需要的关键技能或者继续教学，来帮助学生克服环境中出现的任何问题。假定吉米是一个低功能的学生，他正在被教授如何举起手来。假如团队非常成功地教会他认识一只手，将它拉到空中，并将它伸展至头顶；但在应该将它举过头顶的时候，进步减少了。团队也许要考虑吉米是否具备做出这一步骤所需的动作协调能力和肌肉能力。如果没有，干预就不仅要聚焦于发展这些技能，也要教授其他完成这个步骤的策略。

**学生表现出了行为但并不一致**。如果一名学生在一些时间内表现出了行为，但在其他时间则不做，无论是几分钟、几天或几星期，那么学生可能是因为感到无聊，或者行为没有得到充足的强化。在这些情况下，团队也许希望操控强化的量，或者通过提供一个活动或者项目的菜单来改变强化物。在评估中，团队也应该意识到任何可能预测表现变化的环境条件。例如，有一天，吉米来上课，然后在 90% 的机会中适当地举手，但第二天，他仅仅在 20% 的机会中表现适当，并且这种不一致的趋势一直持续着。团队首先必须确定是否有任何环境中的行动或事件可以预测这个行为。如果没有明显的行动或事件，团队就可以决定引入新颖的强化物，或者做一份可能的强化物清单，以供吉米在达到每天的成功标准时从中挑选。

**学生可以表现出行为但在某些自然事件中不能**。如果一名学生在特定环境条件下（比如，同伴在场/不在场、每天的某个时间、特定的学科等）的表现有问题，团队可以考虑改变环境，以移除或克服已经明确的障碍。此外，用于忽视无关刺激，以及区分适当与不适当行为的结果的指导也是有必要的。例如，当吉米坐在汉克（Hank）旁边时，他往往更少举手。团队注意到了这一点，他们首先将吉米和汉克分开，然后指导两名学生如何忽视不举手的学生。此外，还要再次提醒这两名学生，成功的表现会带来积极的结果。渐渐地，在教学时间里，在清晰地表达对成功的期望的情况下，两名学生能够被重新引导到同一个区域。

**学生仅仅短暂地表现得令人满意但并非取得进步**。有时，学生可能会非常接近成功，但还是达到了失败标准，即连续三天落在了最小进步线的下方。尽管已经达到了失败的标准，但也正在取得进展，并且看起来没有必要对干预做出实质的改变。在这些情况下，团队可能希望简单地制定一些教学提示，或者稍微降低一下目标中的标准，以改变成功标准。在第五周时，吉米的表现水平达到了68%，连续三天都在最小标准70%下方一点点。团队没有对这个所有人都认为已经非常成功的干预做出重大改变，而是决定将完成的日期推迟一周，并且重新绘制最小进步线。新的最小进步线恰好落在了吉米最近表现的下方，这意味着他现在正位于达到自己目标的轨迹之上——只不过比一开始预期的晚了一周。

### 本章回顾

1. 任务分析是一个将复杂任务分解为可教成分的程序。

2. 任务分析可以分为时间性的（按时间一步接着一步）、反应难度的（先做最简单的）或者标准的（提升速度或准确性）任务分析。

3. 教育目的陈述提供了教学完成后学生应该达到什么程度的总体陈述。教学目标则提供了学生在月末或者季度末（长期目标）或者一节课结束时（短期目标）应该达到什么程度的具体描述。

4. 教学目标必须包含学习者（写出名字）、行为被测量的条件（如，在数学课上或被同伴叫到名字时）、被期望的具体行为（如，安坐并等待老师或走开并告诉老师），以及成功的标准（如，4 或 5 次尝试或 80% 的时间）。

5. 撰写教学目标包含确定一个要教学的具体行为，确定行为应该在什么情况下出现，决定行为的最佳测量方法，测量当前的功能水平，确定最终的成功标准，以及用标准的格式书写目标。

6. 视觉呈现行为表现的图表必须有特定的特征，如标记（注：对变量命名）、阶段线以及连接线，并且必须遵循特定的绘图规则，从而确保一致性和效度。

7. 目标线表示任意一天教学的最低表现水平，而趋势线提供了基于当前表现对未来表现的估计。

8. 可以对数据模式进行分析来评价教学，并做出未来可以如何改变教学的决策。

### 应用

1. 描述两个你可能想要学生表现出来的典型行为，并制定最有逻辑性的任务分析表格来安排五节课的教学。

2. 琼斯（Jones）先生在课堂上教罗伯塔（Roberta）时一直存在困难。无论琼斯先生什么时候叫一名志愿者去擦黑板，罗伯塔都会脱下她的袜子并跑向黑板。琼斯先生希望她在这种情况下能安静地坐着、举手，他希望她在月末时能做到这些。他坚信他可以使用基于事件的测量方法来追踪这个行为。为罗伯塔写一份教学目标。

❸ 使用下述目标，在提供的图表上绘制一条目标线：如果教师的指令是屏住呼吸，拉尔夫将在 10 天内做到在昏倒前屏住呼吸至少 5 分钟。

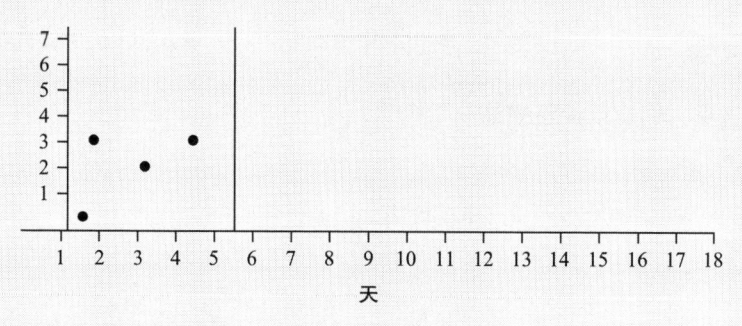

❹ 用下列数据画一条趋势线。

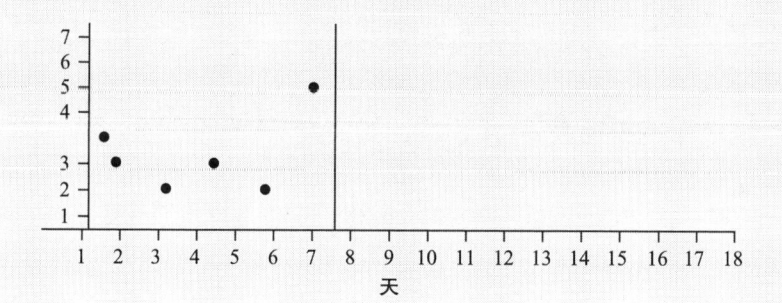

# 第 6 章

# 基于功能视角的课堂管理

### 本章目标

阅读本章后,你应该能够描述以下概念:

- ✓ 课堂行为管理
- ✓ 情境匹配度
- ✓ 教育行为管理
- ✓ 课堂功能性行为评估
- ✓ 功能性常规活动
- ✓ 散点图
- ✓ 课堂上的情境事件和辨别性刺激
- ✓ 结构化常规活动
- ✓ 课堂上的结果
- ✓ 假设陈述

### 你也应该能够:

- ✓ 针对课堂对目标行为进行定义
- ✓ 使用散点图来确定有问题的常规活动
- ✓ 实施课堂功能性评估以形成一个假设陈述

李（Lee）先生在哈里特·塔普曼（Harriet Tubman）小学教三年级。虽然他已经教书六年了，并且通常认为自己是一个好老师，但是这一届的三年级却让他不知所措。他决定去寻求所在学校教师支持团队的帮助。第一次与该团队见面时，团队让他描述他的忧虑。他告诉团队，他的学生普遍地具有破坏性，且"不守常规"。李先生说，从第二名学生走进教室开始，学生们就以吵闹而猛烈的方式开启这一天，并持续到一天结束。实际上，已经有相邻教室的老师告诉他让学生保持安静了，因为噪声会打扰到其他人。似乎这还不够，李先生说他的学生早晨常常上课迟到。他告诉团队，他已经做了各种各样的尝试来让学生安静下来，包括将学生送到办公室、对交作业的行为奖励贴纸、当学生表现不良时把学生的名字写到黑板上，以及课间不让学生休息。这些方法没有一个奏效。李先生说，他几个月前去了一个教学工作坊，学到了一种叫作"三振出局"的课堂干预方法，这种方法听起来很好，所以他采用了。很不幸，这种干预要求他每天至少花30分钟在社交课程上，他简直无法适应，因为他必须满足所有的学业要求。而且，这个项目要求他追踪在教室里根本不算是真正有问题的行为；也就是说，重点根本不在他所关心的事情上。因此，他很快地放弃了干预。李先生报告说，他通常只是采取威胁和吼叫的方式，因为这些策略至少能够在短期内暂时减少噪声和破坏性行为。

如果你是学校教师支持团队的一员，你能为李先生提供什么帮助呢？你会从哪里开始？面对一个似乎很大的问题——整个教室都呈现混乱的状态——你会从哪里开始？很多教师通过尝试不同的干预来处理这类情况，有时一次同时尝试好几种——事实上，这就是李先生采取的方法。他已经尝试了多种针对不适当行为及适当行为结果的干预，包括对交作业的行为奖励贴纸，以及把学生送到办公室，但看起来都没有起作用。幸运的是，如果我们从第2章介绍过并在第3章进一步扩展叙述的行为功能视角来研究课堂系统，我们就有地方可以着手了。这种功能性的视角为我们提供了以下关于课堂的假设，包括李先生的：（1）学生在课堂上出现的所有行为——适当行为和不适当行为都是习得的。（2）行为是有规律的：

学生持续做出以某种方式被强化的行为,我们要做的就是确定前奏事件和结果,从而理解学生为什么持续地表现出某些行为(比如,表现得很有破坏性)而不是其他行为(比如,按时完成任务,上课注意听讲)。(3)行为是可以改变的:一旦我们知道了行为为什么发生(什么规律正在影响行为),我们就可以教学生用更好的方式去行事;还可以重新布置环境,让更为适当的行为更有可能发生。

在本章,我们将描述如何将功能性视角应用于课堂上。我们首先会介绍从这个视角开展课堂评估的理由——从课堂的FBA中可以收集什么信息。其次,我们会描述用哪些步骤在课堂上开展一次简单的FBA,描述如何确定课堂目的,将这些目的转换为目标和客观明确的行为结果,接下来如何确定适当行为和问题行为的前奏事件,以及这些行为的结果。最后,我们将介绍如何运用这些信息去形成一个假设陈述,从而指导课堂干预计划的制订。在整个章节中,李先生的课堂都会被用来阐释FBA是如何开展的。

## 评估课堂的理由

教育者的首要工作是确保学生在学习。通常来说,重点在于学习学业技能。然而,学生在学校里同样会学到很多关于社会互动的东西。学生每天中的绝大部分时间是在学校度过的,正是在这种情境中,他们学会了诸如轮流、长时间出勤、冲突解决、妥协等技能。研究显示,学业技能和社交技能的有效学习更有可能发生在结构化的环境中,在这样的环境中,行为期望会得到清晰的传达,而且教师对学生行为的回应也具有一致性和逻辑性(Kehle, Bray, Theodore, Jenson, & Clark, 2000; Malone & Tietjens, 2000; McGinnis, Frederick, & Edwards, 1995)。**课堂行为管理**[①]是课堂上教师用来增加学生适当行为、最大限度地减少破坏性行为

---

[①] 课堂行为管理:教师在课堂上用于增加学生适当行为、最大限度地减少破坏性行为的系统。

的系统的一个最常用的术语。

很多教师都有一些非正式的课堂行为管理系统。这些系统使用的奖励物和结果并未进行提前计划，或者没有基于对需要什么和为什么的细致评估。对很多教师来说，这样的系统至少有时能很好地运作。然而，有这样几个理由需要考虑实施一个更为主动、正式的课堂行为管理系统，包括确保实施的干预措施与课堂的需求相匹配，以及增加使用教育性策略的可能性。

### 将干预与课堂相匹配

正式、积极主动的课堂行为管理系统使得课堂管理技术更有可能与课堂的需求相匹配。已经有很多正式的课堂行为管理系统了。其中很多都可以购买其工具包来获得，工具包中包括奖励物以及用于组织课堂的详细说明 [ 比如，ADHD 课堂工具包（Anhalt, McNeil, & Bahl, 1998）]，或者也可以基于那些公开的详细介绍的干预来开发设计 [ 比如，经验验证有效的良好行为游戏（Lannie & McCurdy, 2007; Tingstrom, Sterling-Turner, & Wilczynski, 2006）]。另外，快速的网上搜索也能提供上千条管理课堂的策略。这些干预包和策略中有一部分可能收效甚微，对课堂几乎没有任何改进，并且，虽然其中绝大多数做法如果依照设计去实施都会带来一些改善，但实际上，它们很少来自严谨的研究。如果教师拥有无限的时间和可用的资源，那么他们只要去实施不同的干预，直到找到一种有效的干预就可以了。但是，事实并非如此。教师们越来越多地被迫用更少的资源去做更多的事情：更少的资源，更短的计划制订时间，等等。很多预先设计的课堂管理项目的问题在于，对于任何一个特定的课堂来说，它们可能没有很好的**情境匹配度**[①]。

在制定干预之前开展一次课堂评估，可能看起来像"再多做一件事情而已"。然而，这个有价值的步骤可以节省相当多的时间和精力。评估的结果可以用于确定特定的干预策略，而这些策略可能会对确定的困难以及特定的课堂有效。因此，

---

[①] 情境匹配度：干预与实施者个体的技能、价值观以及资源的匹配度。成功的干预不仅仅要与课堂的需求相匹配，还要有良好的情境匹配度。

课堂评估可以帮助教师们确定什么时候需要干预、什么干预可能最有效，以及确定他们的课堂目标。看看贝塔森（Bertelson）女士的幼儿园课堂这个例子。

已经开学两个半月了，贝塔森女士崩溃了。她的幼儿园学生们看起来没有能力在不做出大量破坏性行为的情况下从一个活动转衔到另一个活动。她往往要花费15分钟的时间才能让绝大多数学生安静下来做事情。这让贝塔森女士很苦恼，她相信幼儿园的孩子在短促的"学习时间"里学习得最好，而且频繁地四处走动可以帮助他们集中注意力。确实，这种教学方法一直以来都能达到她的目的。她的教学日都围绕着她所说的"勤劳小蜜蜂工作站"而组织起来。在早晨的圆圈时间之后，学生们以小组为单位从一个站点转衔到另一个站点。小组的组织每周都会变换。每周一的早晨，学生们都通过寻找自己的图片在哪个组名下方，来得知自己现在属于哪一个小组。学生们在一个站点停留20分钟。在每个勤劳小蜜蜂工作站的时间结束前2分钟，贝塔森女士会通过打开灯来发出结束信号。随后，她会轻按开关再次把灯关掉，所有的学生迅速到教室中间来玩一个小游戏（通常大约30秒），例如红灯/绿灯，从而花掉多余的精力。接下来，学生小组会转衔到下一个勤劳小蜜蜂工作站。虽然学生们在勤劳小蜜蜂工作站的转衔中会遇到困难，但他们渐渐地都能成功地开始和结束圆圈时间的活动，以及适应休息、吃零食和午睡之间的来回转衔。不仅如此，所有学生都能够很好地相处，并且合作完成任务。

贝塔森女士可以随意选择一种课堂干预措施，毕竟有许多课堂干预措施是为幼儿园设计的。但是，想象一下，如果贝塔森女士开展了一次简短的评估，而不是从手册或者网上选一种干预，那么会发生什么呢？她首先会从定义困难开始。要注意，她并不担心学生的出勤，甚至活动表现，或者破坏性行为；她唯一关心的是学生们在勤劳小蜜蜂工作站之间的转衔问题。这表明贝塔森女士并不需要聚焦于全天或者甚至提升学生学业技能的课堂干预。相反，她只希望着重于如何转衔到新的工作站点这一点开展有效干预。课堂行为管理的一个基本规则就是，如果某件事情运转良好，就不要改变它。通过做评估，贝塔森女士已经从宽泛、一般的课堂行为管理干预转至只着重于对勤劳小蜜蜂工作站之间的转衔。正如我们将在下文中看到的,她将能够运用评估结果去选择可能提升转衔效率的策略。

## 强调教育性的行为管理

课堂行为管理策略可以宽泛地分为反应性/惩罚性或者教育性两大类。正如它们的名称所暗示的那样,反应性/惩罚性策略实施于不期望的行为发生之后,其目标是停止这些行为的出现。一般使用的方法包括谴责、办公室转介、课后留校、贬损性评论等。与此相反,教育性的方法首先强调制订积极主动的计划以预防问题行为的发生,让学生更有可能"做正确的事"。大量研究记录了教育性的策略——就如本书详细介绍的——是最有效增加学业和社会行为技能并减少课堂问题行为的策略(Darch, Kame'enui, & Crichlow, 2003; Lohrmann & Talerico, 2004; Schanding & Sterling-Turner, 2010; Sulzer-Azaroff, 1991; Sulzer-Azaroff & Mayer, 1991; Theodore, Bray, Kehle, & DioGuardi, 2004; Theodore et al., 2009; Witt, VanDerHeyden, & Gilbertson, 2004)。实施教育性策略要求在实际回应学生的行为(包括适当和不适当的行为)之前就投入时间来制订课堂行为管理策略的计划。计划的制订让课堂行为管理系统的实施更有可能着重于对社会性行为的主动指导和强化上,并对问题行为施加有效的结果。

## 开展课堂功能性行为评估

到目前为止,你应该相信开展干预前的评估来指导课堂干预是一个好主意了。在这一部分,我们将描述如何开展课堂功能性行为评估(FBA)。回顾一下第3章的内容,引入FBA的关键步骤是:(1)对行为进行定义;(2)评估可预测的模式;(3)形成一个假设陈述。

**第1步:对目标行为进行定义。** 正如前面所描述的,评估的目的之一是对课堂形成一个愿景。正如我们所讨论的,这可以从非常宽泛的陈述开始,比如"所有的学生都渴望学习""学生对上课感到兴奋"或者"学生学会阅读"。一旦明确了目的，下一步就是将这些目的转换为可观察的成果。例如，教师不要将"所有学生都了解化学"设为目的，而要确定"了解化学"是什么意思，以及上课时如何测量这个目的。有的教师可能会将"了解化学"的意思确定为所有学生在学期中90%的每周小测验中得到"B"或者更好的成绩。以这种形式定义成果，让教师能够判断对课堂管理做出的任何改变是否会产生预期的结果。尽管"了解化学"很难进行测量，但确定在测验中获得"B"或者更高成绩的学生比例却很容易。

**第2步：评估课堂上可预测的模式**。一旦对目的进行了操作性定义，下一步就是开始实际的评估。到此时，重点就会转移到对于课堂干预如何影响目标行为的理解上。在评估可预测的模式时，聚焦点可以是课堂上的所有活动和事件，或者范围可以更小一些（比如，一个特定的常规活动）。但是，不管聚焦点是什么，评估可预测的模式都要从了解全局然后缩小焦点开始。首先，要确定前奏事件，或是可能为问题行为提供机会的一般环境特征（比如，教室的布置是怎样的，教学是如何开展的），然后将焦点缩小到诱发问题行为的特定事件上（辨别性刺激）。其次，要确定可能强化行为的结果。

### 聚焦于功能性常规活动[①]

课堂活动可以被分解为多项功能性常规活动。回想一下第3章，功能性常规活动就是指规律性发生的活动，开展常规活动分析是为了确定这些常规活动，并注意到这些常规活动中问题行为发生的可能性。在一间教室里，功能性常规活动是问题行为最常出现的活动。例如，一名四年级的教师可能注意到她的学生在数学课、创意写作课以及科学课上表现出破坏性行为，但除非破坏性行为在这些课上几乎持续性出现，否则这些都不是功能性的常规活动，功能性常规活动是问题行为经常发生的特定活动。

教师现在必须确定，在这些教学时间段内，是否经常有特定的重复活动在问题出现前发生。也许破坏性行为在教学活动的小组任务期间出现得最多。在这

---

① 功能性常规活动：课堂上出现的有规律的、可预测的活动。

种情况下，不用考虑教学的具体类型，小组任务就是教师最要关心的功能性常规活动。有时候，很明显，只需要注意一个特定的常规活动。贝塔森女士在勤劳小蜜蜂工作站点间转衔上遇到的困难就是一个很好的例子，功能性常规活动就是转衔到新的工作站点。但在其他时间，应聚焦于哪一项或哪几项常规活动就不那么清晰。还记得李先生的那些被报告整天都有破坏性的学生吗？虽然这些学生可能整天都做出相似类型的破坏性行为，但也不能保证这些破坏性行为一直都由相同的前奏事件诱发、以相同的结果维持。例如，进教室时发生的破坏性行为可能是由他人的关注所维持——也许学生只是在继续早已开始于走廊的对话。相反，阅读教学时出现的不合时宜的说话以及其他破坏性行为可能实际上是为了逃避安排下来的活动。确定这一点的唯一方法就是将评估聚焦于不同的常规活动中。

### 使用散点图确定有问题的常规活动

开展课堂 FBA 期间，在尝试明确聚焦于哪些常规活动时，散点图就是一个有用的工具（Touchette, MacDonald, & Langer, 1985）。散点图可用于确定一天中问题最常出现的时间。为方便用于课堂，散点图的网格可被这样划分：在左边的一栏列出一天的时间或计划的活动，在顶部或底部列出一周的天数。图 6.1 呈现了一份空白的散点图。在确定如何分解每一天时，无论是使用一天中的时间，还是按活动来分解一天，教师都应该关注活动之间的逻辑间隔，而非时钟上的时间。例如，如果学校的一天开始于 8:15，课前在大教室集合的时间段为 8:15 至 8:45，第一节课的时间为 8:50 至 9:45，那么，从每个整点开始把一天分解为一个小时的片段就没有意义。替代的方式是，这样的一天可以分解为每个活动的时间间隔（如，8:15-8:45，8:50-9:45，等等），或者直接列出实际的活动。尽管列出实际的活动是最简单的，但这只有在日程不会每天变换的情况下才有用。否则，如果日程改变（比如，同样在第四节课的时间段，周一和周三做体育活动，但周二和周四是艺术课，周五是音乐课），那么更容易的方式是直接列出"第四节课"或者与之相关的实际时间。图 6.2 展示了每类散点的示例。

```
日期：从_____/_____-_____/_____/_____    观察课堂/课程时间：_____
观察者：_____
目标行为：
_____
说明：定义要使用的时间间隔，在最左边的一列（时间）记录下这些时间间隔。然后，基于行为平时出现的频率设计图示。使用散点图，在每个间隔结束时将你设计的图示填入与时间和日期一致的空格中。

图例：☐_____    ☐_____    ■_____
      ⸬_____    ⸬_____    ⊘_____
```

| 时间 | 星期一 | 星期二 | 星期三 | 星期四 | 星期五 |
|------|--------|--------|--------|--------|--------|
|      |        |        |        |        |        |
|      |        |        |        |        |        |
|      |        |        |        |        |        |
|      |        |        |        |        |        |
|      |        |        |        |        |        |
|      |        |        |        |        |        |

改编自 Touchette, P. E., MacDonald, R. F., & Langer, S. N. (1985). A scatter plot for identifying stimulus control of problem behavior. Journal of Applied Behavior Analysis, 18, 343–351.

**图 6.1　课堂散点图**

　　一旦形成散点图，教师就可以通过填充格子来表示问题行为发生在什么时候，而这些格子与一天中的时间以及问题行为的发生有关。这也可以用多种方式完成。一名教师如果只对是否发生问题行为感兴趣，那么只要简单地将一个标记放到问题行为出现的格子里，就可以完成散点图。图 6.2 揭示了这样做可能会出现的两种方式。上方板块展示了用不同阴影来表示不同的破坏性行为水平。下方的板块中，教师只表示了行为是否出现。

日期：3/13-3/17　　观察课堂/课程时间：早晨的幼儿园
观察者：哈雷女士
目标行为：破坏性行为——触摸他人的材料，发出的声音超过"室内水平"，被期望安坐时离座
图示：☐ 无破坏性行为　☒ 1~3次破坏性行为　▧ 4~6次破坏性行为　■ 7次及7次以上破坏性行为

| 时间/活动 | 星期一 | 星期二 | 星期三 | 星期四 | 星期五 |
|---|---|---|---|---|---|
| 开始 | ■ | | | | |
| 字母表 | | | | | |
| 艺术 | | | | | |
| 点心 | ✕ | | ✕ | | ✕ |
| 午睡 | | | | | |
| 休息 | | | | | |
| 放学 | ■ | ■ | ■ | ■ | ■ |

日期：10/3-10/7　　观察课堂/课程时间：三年级
观察者：琼斯女士
目标行为：活动开始时学生没有到位

| 时间/活动 | 星期一 | 星期二 | 星期三 | 星期四 | 星期五 |
|---|---|---|---|---|---|
| 一天的开始——响铃 | ××××××××× | ××××××××× | ××××××××× | ××××××××× | ××××××××× |
| 换至数学课 | | | | | |
| 换至科学课 | | | | | |
| 出去休息 | | | | | |
| 休息回来 | ××××××××× | ××××××××× | ××××××××× | ××××××××× | ××××××××× |
| 开始拼写 | | | | | |
| 出去吃午餐 | | | | | |
| 吃午餐回来 | ××××××××× | ××××××××× | ××××××××× | ××××××××× | ××××××××× |
| 换至阅读课 | | | | | |
| 放学 | | | | | |

改编自 Touchette, P. E., MacDonald, R. F., & Langer, S. N. (1985). A scatter plot for identifying stimulus control of problem behavior. Journal of Applied Behavior Analysis, 18, 343–351.

**图 6.2　课堂散点图示例**

# 前奏事件和结果

在确定了课堂 FBA 中着重的某个或者某些常规活动之后，下一个步骤就是弄清楚学生行为是如何被行为之前发生了什么（前奏事件）和行为之后发生了什么（结果）所影响的。对确定前奏事件和结果很有用的一个工具就是课堂环境的功能评估[简称 FACE，（Anderson & Scott, 2007）]，这个工具可以在本章末尾的附录 A 中找到。FACE 可以用于评估描述过的前奏事件和结果变量，并引导使用者形成学生行为如何被课堂上发生的事情影响的假设陈述。在接下来的内容中，我们首先介绍哪些前奏事件和结果可能会被评估，然后对使用 FACE 评估课堂的做法进行深入讨论。

## 前奏变量

在第 2 章和第 3 章中已描述过，前奏事件就是让问题行为更有可能或者不太可能发生的事件。前奏变量分为两类：情境事件和辨别性刺激。在明确了目的且确定了功能性常规活动之后，重点就要转向确定前奏事件上。这个查找要从确定可能影响行为的情境事件开始，然后转向确定辨别性刺激。

### 课堂上影响行为的情境事件和情境变量

正如第 2 章和第 3 章中讨论过的，情境事件就是在问题性常规活动中规律性出现并且影响目的达成进度的情境变量。如果这些情境事件不存在，问题行为就更不可能发生。可能被评估的情境事件包括：（1）教室的物理布局；（2）常规活动的结构；（3）监督的水平；（4）刚好发生在问题行为之前或者之后的活动。教学风格，虽然是另一个潜在的情境事件，但由于它是一个这么重要又广泛的主题，所以我们会专门在第 8 章中进行非常深入的讨论。在这一部分，我们将介绍这些变量在课堂上可能会如何影响学生的行为。

**教室的物理布局**。同时影响学生和成人行为的一个重要因素就是教室是如何布置的。教室布置包括墙面空间的使用、学生课桌如何放置、教师讲桌的位置、工作站（如果有的话）如何安排，以及动线是否有逻辑等。

教室墙面空间的组织和使用很大程度上是由教师个人的偏好决定的。绝大部分学校都要求在每间教室中张贴特定的文档（比如，安全计划，校规，等等）。除了这些文档之外，教师一般能够自由地按他们期望的方式使用墙面空间。在绝大多数情况下，教室墙面上张贴的文档对学生行为的影响很小。然而，如果墙面很杂乱，学生的学习也会受到不利影响。产生不利影响的一个原因可能是教学提示材料（比如，元音挂图很难安排在所有其他的墙面悬挂物之间）。对一些学生以及一些成年人来说，杂乱的环境（比如，墙上很多悬挂物，四处散落的课堂材料）会降低学生的专注力。如果学生在专注于课堂方面有困难，那么评估课堂环境是否可能刺激过多也许是有价值的。

关于教室布置的另一点考虑就是学生课桌的摆放方式。一些经典研究记录了课桌摆放对学生课堂活动参与和任务参与的影响（Axelrod, Hall, &Tams, 1979; Marx, Fuhrer, & Hartig, 1999; Rosenfield, Lambert, & Black, 1985; Wheldall & Lam, 1987）。例如，马克斯（Marx）等人比较了四年级学生在两种课桌摆放方式下提问的频率（参与的一个测量指标），一种是成排摆放，另一种是半圆形摆放，发现将课桌呈半圆形摆放时学生提问的比率更高。维尔多尔（Wheldall）和兰（Lam）评估了中学生（12~15岁）在排排坐和围桌坐这两种课桌摆放方式下表现出的破坏性行为。他们发现，在参与研究的三个班级中，围桌坐时破坏性行为的发生更加频繁。特别有趣的是，维尔多尔和兰还测量了教师行为，并且同样发现，相比于学生围绕桌子成组坐在一起，教师在学生排成一排坐时给出的正面评价更多、负面评价更少——可能是学生破坏性行为的一个功能。

除了课桌的安排，还应该考虑动线。如果一名教师担心活动转衔的时间过长，或者学生在教室里走动时出现相互碰撞这样的破坏性行为，或者是插手与他们无关的事情等，那么考虑这一点就非常重要。要评估动线，可以在一天之中比较担心的时间段内开展观察。例如，一名教师担心学生在开始上课时花很长的时间才进入教室，那么就可能会在课堂开始前几分钟和开始后很短的时间内开展评估。相反，如果问题最常发生在其他人安坐而一名学生需要在教室里移动（比如，去削铅笔）的时候，观察就可以开始于这名学生要求在教室里移动的时候，并且持续到这名学生坐下来为止。这些观察着重于是否期望学生以一个清晰、可预见的模式移动。例如,在教室的门和课桌之间是否有一个大的、开阔的空间?课桌间是否有充足的空间,让学生在对别人影响最小的情况下往返自己的课桌?本章末尾的附录 B 中由李先生完成的 FACE 访谈的第二页显示了他是如何评价他的教室布置的。李先生描述了他的教室布置让他能看到整间教室内的学生们,也让学生们能够轻松地看到教学活动。

**常规活动的结构**。对学生行为影响很大的第二个因素是活动结构化的程度。**结构化常规活动**[①] 就是那些对可接受行为的期望非常清晰、学生们知道他们应该做什么的活动。换句话说,结构化常规活动已经形成了一种提示,让学生们知道他们应该在什么时候做什么事情。

结构化课堂上的活动遵循一致的日程表,这样每个人都知道接下来会发生什么。在墙上或者黑板上张贴日程表常常是很有帮助的。此外,在结构化良好的课堂上,学生能意识到行为期望,因为行为都被清晰地定义和教授了。在第 7 章中我们将会更多地聚焦于如何建立和教授行为期望。

**监督**。课堂上学生的行为在很大程度上会受到教师监督程度的影响。监督不是一个被动的过程。完成这个过程的方式并不是"扮演救生员",即放松地坐在椅子上,观察教室里发生了什么。也不是必须在教室里几乎持续不断地移动。教师会运用他们在教室里的位置来鼓励适当行为、阻止不适当行为。例如,假设一名学生在上课铃响时总是不坐在自己的座位上。那么,在上课铃要响的时候,教师就可以站在学生旁边,以阻止学生跳起来。

评估监督的程度和质量是否影响学生的行为,可以重点看几个因素。首先,评估必须评价教师是否能够从他或她最常停留的位置观察整间教室。如果教师在一个特定的时间站在教室的某个位置,而从这个位置无法观察到学生是否在学习,那么,你就几乎可以肯定在这段时间里学生会偶尔表现出某些不被期望的行为。其次,评估可以聚焦在监督的质和量上。这个评估可以由教师或者观察员来开展。在预先确定的时间里,通常是在被教师认定为有问题的情境中,观察可以聚焦于

---

[①] 结构化常规活动:有清晰的行为期望并对适当行为有提示的活动。

监督的重要特征。例如，李先生相信他教室的物理布局有益于学习，但他不太确定学生的行为是否得到了清晰的描述。他意识到，他的课堂规则大部分都是负面的字眼（比如，不准跑），并且，他并没有向学生教过这些规则。要查看访谈的真实结果，请参阅本章末尾附录 B 的第二页。

## 作为可能的情境事件的活动

有时，一天之中某个时间段的问题行为与刚刚发生的事情或者即将来临的活动有关。例如，如果数学课之前学生们正在休息，那么在数学课刚开始的前几分钟里他们可能会相当吵闹或者出现破坏性行为。相反，如果集会在每周五下午的科学课之后举行，那么，科学课上不断升级的破坏性行为就可能与即将到来的集会带来的兴奋有关。如果目标问题行为在一天中的特定时间发生（或者如果期望行为没有发生），或许就值得探究一下问题是否由活动之前发生了什么或者即将到来什么而造成。要弄清楚这一点，不管即将发生的活动具体情况如何（比如，小组任务或者独立任务），都可以从确定目标行为是否在每天相似的时间发生（或者不发生）开始。例如，如果无论学生是否在做加减法、完成独立任务、参与小组任务还是在黑板上演示，数学课上的破坏性行为都在逐渐增加，那么，看一看更远一些的事件或者情境事件（比如，在这节课结束时发生了什么）也许是合理的做法。在这种情况下，重点就要转到课后发生什么上面，因为破坏性行为随着上课时间推移而增加，而且不管课上正在发生什么，问题都会出现。

李先生开展的 FACE 访谈中，有一些问题的设计意图是查明其他活动对问题行为的影响。以下是用于确定潜在情境事件的 FACE 访谈文字记录（见本章末尾的附录 B）。

面谈者：好的，我们正聚焦于上课开始以及结束时出现的那些缺乏结构化的常规活动。让我们想一想那些时间：一天的开始，一天的结束，还有艺术课、数学课以及英语课的开始和结束时间。

李先生：好的，但我认为艺术课上也许有一件不一样的事情——它就发生在午餐之前，我打赌那些孩子就是完全饿坏了！

面谈者：说得通，看看我们能不能把它弄清楚。那么，破坏性行为还会稳定地发生在其他活动结束时吗？

李先生：不，不太会。他们在早晨做的第一件事就是在走廊里和他们的朋友们说话，但是在其他时候却不这样。

面谈者：好的，当有一个特别的活动要来临的时候，破坏性行为经常发生吗？

李先生：是的，在艺术课上，我认为，他们变得很有破坏性是因为午饭时间马上就要到了。

面谈者：让我们多谈一谈这个。他们在艺术课的哪些时间表现出破坏性？

李先生：上课开始或者结束的时候——肯定是午饭。

面谈者：好的，让我们回顾一下我们已经知道了什么。破坏性行为出现在艺术课开始和结束的时候。艺术课之后就是午饭，这一点非常稳定。但是，相同的行为不会出现在数学课、英语课的开始和结束时吗？也不会出现在一个上学日的开始和结束时吗？看起来在那些时间里也有一个相似的行为在发生，但午饭并不总是下一个活动。

李先生：对，你说得对。我猜想，他们饿不饿并不是这里的关键因素。

## 辨别性刺激

一旦明确了常规活动，并评估了那些宽泛的情境变量的影响，重点就可以转到确定诱发问题行为的特定事件上。回想一下，辨别性刺激就是预示着某个特定结果将要——或将不会——来临的一个事件。一个经典的例子就是教师刚走出教室一会儿。教师的离开预示着破坏性行为之后没有被矫正或者得到其他结果。因此，当教师走出教室时，噪声水平常常会升高。

在开展课堂 FBA、查找辨别性刺激时，重点可以仅仅是确定问题行为的辨别性刺激——什么事件看起来会诱发已确定的问题行为？然而，明确产生适当行为的线索常常也是有用的。接下来我们将逐个探究这些内容。

**确定产生问题行为的辨别性刺激**。课堂 FBA 通常聚焦的是课堂上出现的问题行为。在开展课堂 FBA 时，重点是多名学生表现出来的行为。但如果仅有一两名学生有困难，那么个别化的 FBA（正如第 10 章中详细描述的）是最合适的。如果教师的目标包括减少一种问题行为，而且这个行为到现在为止已经进行了操作性定义，那么，接下来对辨别性刺激的查找就可能聚焦于确定课堂上什么看起来会诱发问题。

在开展课堂 FBA 时，不要仅仅只是记录最有逻辑性的前奏事件，或者首先想到的事物，而是要沿着问题来确定你是否识别了一个相关因素。下面是对李先生开展的 FACE 访谈的一份文字记录，其聚焦点在特定的前奏事件上。FACE 访谈在本章末尾附录 B 中，从第四页开始记录了他的回答。

面谈者：李先生，你能想想，一天当中缺乏结构化的时间中有什么事情看起来确实诱发了问题行为吗？

李先生：噢，可能是助教詹姆森（Jameson）女士在场的时候。会是这个吗？

面谈者：让我们来看看。在学生变得具有破坏性之前最常发生什么？

李先生：差异很大——这取决于在那之前开展的活动。

面谈者：好的。这样，接下来让我们思考一下这些缺乏结构化的时间。如果詹姆森女士在接下来的 10 次上课开始或结束时在场，破坏性行为会发生吗？

李先生：是的，绝对会。

面谈者：好的……有没有过她不在的时候？

李先生：有的，她有时会专门服务某一个特定的学生。

面谈者：这个破坏性行为仍然发生吗？

李先生：是的。噢，我猜这意味着她可能并不是一个决定性因素，对吧？

面谈者：听起来确实是这样的。好了，让我来问你这个。在一个活动开始的时候，你是否要求学生做一些真正具体的事情？

李先生：噢，有时在数学课开始的时候，我会立即开始一次小测验。我总是会提前一天告诉学生有这个测验，因为是限时测验，他们要全部进去，立即开始做测验。

面谈者：哇噢，这很有趣。所以，当你让学生做非常明确的活动时，他们就不会这么吵闹，也不会有破坏性行为。好的，听起来我们的聚焦点确实是那些缺乏结构化的时间，并且没有更为特别的诱发问题的事件了。

李先生：是的，我想你是对的。

面谈者：让我们再谈一谈与非结构化时间有关的事。请你告诉我，在数学、艺术以及阅读课开始和结束时，都有谁在场、发生了什么？

李先生：好的。当数学课开始时，通常只有我在教课。我在我的讲桌旁，直到学生们全都坐好，然后我开始当天的第一个活动。在铃响前五分钟，我就让学生把材料放到一边并准备离开。实际上，艺术课和阅读课上也是这样的。

面谈者：好的，看起来没有更特别的诱因了。那一天的开始和结束呢？

李先生：你知道的，我一想到它，我就能看到自己行为的一个模式。早晨，我一样等着学生坐好开始学习，问题是他们要花一段时间才能做到。一天结束时，我试着给他们时间准备离开，这时他们就开始大声喧哗。

面谈者：我想你找到了，李先生。

## 确定用于适当行为的线索

FBA 中被确定的第二类前奏事件可能是预示学生表现出适当行为的线索。用于适当行为的信号可以是类似课堂规则海报这样的永久产品，或者是教师的特定行为。

高效且管理良好的课堂都有已经明确规定的课堂规则。规则通常数量较少，并张贴在教室内可以观察到的位置。在第 7 章，我们提供了非常详细的有关建立和使用课堂规则的指导原则。在这里我们的聚焦点是评估课堂规则的存在程度以及在多大程度上起到了适当行为线索的作用。

要评估在给定的常规活动中是否使用了其他线索，要问一问你自己期望的行为是什么，或者学生本应该在做什么。一旦确定了期望的行为，就要问学生如何知道要做什么：是否有明确的课堂规则与这个行为有关？接下来，要确定教师在学生行为不符合预期时，是否使用了什么方法去"抓住"他们。例如，如果教室里的声音过于吵闹，一些教师会举起三根手指。如果教师没有任何这样的线索，一个线索会有帮助吗？如果教师使用线索，评估就应该聚焦于是否教室里所有的学生都理解这个线索，以及线索是否有效；也就是说，使用时线索有没有促使绝大多数学生按照期望的那样做。

## 结果

在确定目标行为以及明确目标行为出现（或应该出现）的常规活动之后，课堂功能性行为评估就要转向确定前奏事件和辨别性刺激上，并且还要决定情境事件是否影响了行为。而查找情境事件和辨别性刺激则直接与正确确定维持结果相关。回顾一下情境事件和辨别性刺激的定义。情境事件会临时改变结果的价值。换句话说，它会增加或者减少一个给定的结果影响（比如，强化）行为的可能性。相反，辨别性刺激预示着一个结果更有可能（或者更不可能）在目标行为之后到来。因为结果决定着一个行为是否会继续发生，因此，下一步是要确定行为之后跟随着什么结果，这样就可以形成一个假设陈述。对结果的评估通常是在确定的常规活动范围内进行的，目的是确定适当行为或不适当行为的结果。

### 不适当行为的结果

明确不适当行为的结果包括确定在问题行为之后会稳定地发生什么，以及这个结果可能会如何发挥强化物的功能。回想一下第 2 章的内容，我们已经描述过所有持续出现的行为是如何被强化的。通过使用 FBA，我们尝试确定正在体现强化物功能的是什么。同样在第 2 章，我们了解了强化可以分为正强化或负强化。

这两类强化都起到了增加一个反应的作用。然而，正强化需要在一个行为之后增加一些事件或活动；而负强化则在行为发生后移除某些事物。问题行为的强化结果是通过明确两点来确定的：（1）在这一常规活动中，哪一个结果最常跟随问题行为？（2）出现最多、最有可能强化行为的结果是哪一个？是如何强化的？对于课堂 FBA 来说，聚焦点就是班级中所有学生的行为。

什么结果跟随问题行为？

在确定了情境事件和辨别性刺激之后，FBA 就转向确定跟随问题行为的结果上。正如前奏事件中提到的例子，在我们尝试确定结果时，一开始很宽泛，然后再将聚焦点缩小到特定的结果上。第一步是通过提问"当_____时候问题行为发生了，在那之后发生了什么？"来收集信息。回想一下，对李先生来说，一般的常规活动是班级活动的开始和结束时间，这些时间并没有很多结构。对于李先生来说，为了确定结果，第一个要问的问题是："当学生进入教室、表现出破坏性行为时，发生了什么？"然后根据需要再提问后续问题，从而确保找到了明确的结果。例如，如果李先生说他重新给了学生指令，我们可能会问他是如何重新给学生指令的：他说了什么，做了什么，以及其他学生是如何回应的？这些问题的目的是用客观且可观察的术语来描述结果，就像我们对目标行为和前奏事件做的那样。通过提问，我们可能会发现李先生重复并大声地告诉学生们开始学习。他还会接近个别继续讲话且干扰他人的学生，告诉他们开始学习，提醒他们如果不开始学习就会被老师送到办公室。为了确定下课时破坏性行为之后的结果，同样的问题还会再被问到。

正如确定前奏事件时那样，为了增加我们找到最相关结果的可能性，还应该提问后续的问题。当然，这要求对课堂的结构和功能有一定程度的熟悉——对还有什么人在场以及正在开展什么活动有一个大致了解。很明显，正在为自己的课堂做功能评估的教师对这个教室有最详尽的认识。但是，如果你正在评估另一位教师的课堂，你将需要询问一些问题以确定这个教室是如何体现功能的。例如，李先生已经告诉过我们，他多次提醒学生他们应该做什么（成年人的关注）。还有其他什么事情可能发生在破坏性行为之后呢？你会问什么问题？其他应问问题的确定，依赖于考虑还有谁在场，以及还会发生什么。如果现场有其他成年人，要问一下问题发生时他们通常做什么；有没有其他学生在场，这些学生是如何反应的；或者，如果有特别的活动在进行，行为发生时这个活动会不会继续进行，或者会不会暂时停止。

### 什么结果正在强化这个行为？

一旦确定了跟随在问题行为之后的结果，下一步就是弄清楚这些结果中哪一个是最重要的，也就是说，哪一个结果看起来确实强化了行为。课堂上许多事件正在同时发生，可能很难确定它们中的哪一个确实在强化学生的不适当行为。例如，李先生的课堂上，当学生出现破坏性行为时，其他学生正在对他们说话，有几个学生看起来很恼怒，李先生正在与他们讲话，以及他们正在逃避完成作业：这些事情中哪一个正在强化破坏性行为呢？

确定强化结果包括对每个被确定下来的结果提出后续问题。要问的问题包括这个结果出现的频率，当学生表现出期望的行为时这个结果会不会出现，以及是否即使结果没有出现，这个行为也可能持续下去。在 FACE 访谈中，我们发现李先生有几个学生是以吵闹的方式进入教室的，他们大声地交谈。虽然有一些学生对这个感到很生气，但这些吵闹的学生看起来似乎没有注意到或者并不在意。他们不会立即开始学习，李先生不得不一遍又一遍地提醒他们开始学习。有时，他不得不把学生送到办公室。为了确定这些结果中哪一个看起来正在强化行为，面谈者问李先生："如果每次只有一名学生进入教室，并且所有其他学生都在安静地做事情，他们仍旧会很大声吗？"李先生做出了否定的回答，但是他说到，如果一名学生走进教室时很大声，其他学生就会和这名学生互动，随后行为就可能会继续。这意味着学生们在进入教室时可能很爱说话，因为他们喜欢互动。

### 适当行为的结果

与确定问题行为的结果同样重要的是确定什么结果跟随在适当行为之后：在学生做正确事情的时候，发生了什么？这个信息可以用于进一步指导假设陈述的形成，也为开展课堂行为管理干预提供了有用的信息。在确定适当行为的结果时，目的就是判断在学生表现出符合期望的行为时有什么会稳定地发生，以及这个结果是否强化了期望的行为。

为了确定适当行为的结果，要询问在学生表现出这个行为之后会发生什么。继续访谈李先生，他所期望的行为是学生安静地走进来，并且立即开始他们的课堂作业。面谈者可能会问李先生："当学生安静地走进来开始做作业时会发生什么？"李先生告诉面谈者："什么都不会发生。他们完成复习作业，或者其他我们正在做的任务，我会走来走去，回答问题。15分钟之后我们会检查答案，然后进入下一个活动。"当被问到如果学生安静地打扫卫生时会发生什么的时候，李先生给出了一个相似的回答："噢，他们快速地打扫完卫生，然后我们进入下一个活动；大概就是这样。"我们可以总结得出，这个结果对很多学生来说并不是在强化，因为每天大部分学生都没有快速入座、开始做作业。实际上，他们只要有机会就会拖着不开始做作业。此外，绝大多数学生都不会快速打扫；他们反而会相互打趣。在确定适当行为的结果之后，要想一想那些结果是否与看起来正在强化问题行为的结果相似。如果有所不同，这就有助于解释为什么问题行为会代替更多的适当行为而出现。在李先生的教室里，学生们在表现出破坏性行为时会从彼此身上获得大量的关注。但是当他们安静学习时会发生什么呢？什么也不会发生！他们仅仅就只是学习；他们并不会从李先生身上得到大量关注，而且肯定也不会从彼此身上得到任何关注。这并不能说明李先生的做法是错误的；独立的课堂作业和复习时间是绝大多数课堂的一部分，而且也是一个有价值的学习工具。但我们确实知道了为什么学生表现出破坏性行为而不是安静地学习。有一些结果产生了效果或者正在强化，而其他结果则没有。

**第3步：形成一个假设陈述。**从课堂FBA中收集的信息可用来形成一个假设陈述，也即FACE的完成直接导向了假设陈述；然而，假设陈述也可以从其他FBA方法中生成，因为它只是对通过FBA了解到了什么所做的一个总结。在本章的最后部分，我们将回顾可能用于课堂FBA的其他方法。正如第3章中所讨论的那样，假设陈述总结了行为与行为发生之前（前奏事件）和后续事件（结果）之间的关系。这对于形成一个关于问题行为和期望行为的总结性陈述往往是非常有用的。对课堂来说，假设陈述可能会使用图 6.3 描绘的格式。这个格式与用于个别学生的 FBAs（比如，O'Neill et al., 1997 所描绘的）很相似，但是，这里的问题行为出现在一群学生身上，而不仅仅是一位特定的学生。另外，假设陈述不仅确定了期望行为的前奏事件和结果，也确定了问题行为的前奏事件和结果。要使用假设陈述，就只要记录 FBA 的结果，从适当行为或者问题行为开始就可以了。要注意是否假设了情境事件或者其他环境特征（比如，没有用文字清晰写明的规则）会影响行为，然后记录下行为出现场合的诱因或事件。接下来，记录行为之后发生了什么，以及记下感知到的问题行为的功能（学生正在获取或逃避的事物）。为李先生形成的假设陈述呈现在图 6.4 里。这一假设陈述聚焦于"学业活动开始和结束时缺乏结构化的时间段"的常规活动。在这个常规活动期间，问题行为似乎受到了之前发生的事情的影响——走廊里学生们彼此说话。在这个案例中看起来并没有特定的辨别性刺激，因为被报告的破坏性行为出现在结构化学业活动开始和结束的时候。然而，课堂规则和用于活动转衔的规则的缺乏可能导致破坏性行为的发生。尽管李先生说破坏性行为偶尔会造成活动的延迟，但是他很有信心地认为，学生表现出破坏性行为的主要原因是他们很享受与其他人交谈、互相开玩笑。因此，假设的破坏性行为的强化结果就是同伴的关注。当然，李先生希望学生们安静地走进教室并开始做事情。不幸的是，当这些行为发生时，除了下一个活动开始，它们并不会产生任何特殊的结果。

一旦假设陈述形成，对于班级教师来说，实施一个简短的观察来确定假设常常是很有用的。观察应该在被确定的问题常规活动期间，以及被假设的辨别性刺激即将出现的时候进行。在这些情形下，教师只需要简单记录问题行为是否出现，以及行为出现之后发生了什么，目的是看看快速观察的结果是否与假设陈述相匹配。图 6.5 呈现的是一个观察表格的示例。通常来说，观察会证实假设陈述。但偶尔也会没有问题行为发生。在这种情况下，要开展更多观察，或者，如果教师对假设陈述很有自信，那么就可以开始设计干预了。然而，如果观察结果显示假设陈述是不对的，那么就要收集更多的信息。课堂 FBA 应该持续到每个相关的人都对假设陈述有信心为止。

诱因 → 期望的行为 → 结果 → 功能

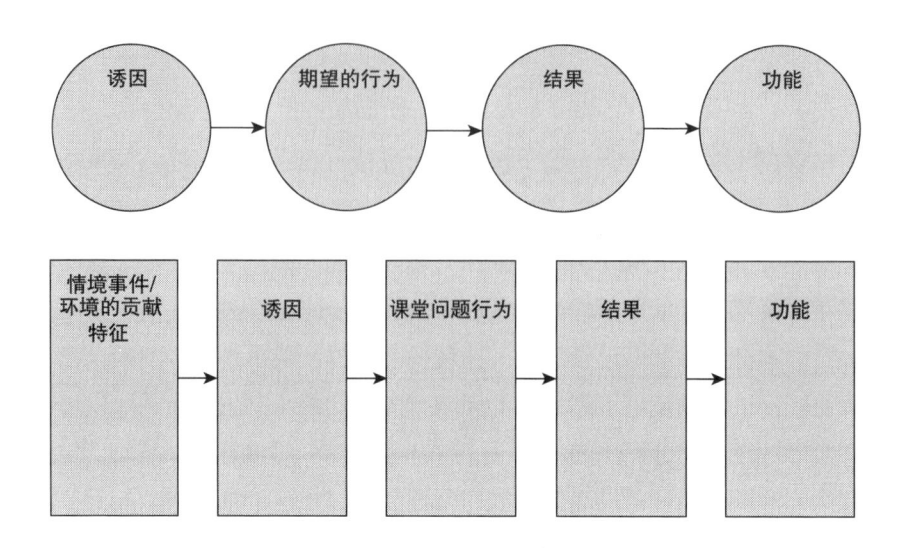

情境事件/环境的贡献特征 → 诱因 → 课堂问题行为 → 结果 → 功能

**图 6.3 用于课堂的假设陈述**

诱因 → 期望的行为（安静地开始工作或打扫）→ 结果（下一个学业活动按时开始）→ 功能

情境事件/环境的贡献特征
- 对一般的课堂或者活动开始和结束时没有清晰的规则

诱因
- 活动开始和结束时缺乏结构性的时间

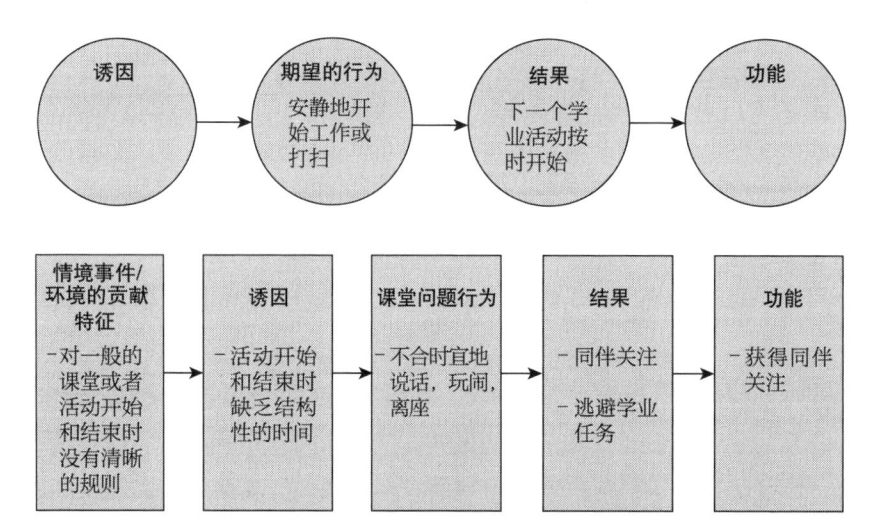

课堂问题行为
- 不合时宜地说话，玩闹，离座

结果
- 同伴关注
- 逃避学业任务

功能
- 获得同伴关注

**图 6.4 用于李先生课堂的假设陈述**

| 课堂功能评估观察 | | | | |
|---|---|---|---|---|
| 日期：_____/_____/_____　　　观察时间：从_____到_____ | | | | |
| 观察地点：_____　　　观察者：_____ | | | | |

说明：圈出你观察的问题行为和适当行为，然后在下方记录你的定义。为了使用数据观察表格，记录你正在记录的行为实例，然后把行为之前和之后发生了什么写下来。行为的每一次出现都使用新的一行。

问题行为（圈一个）：

| 离座 | 随意交谈 | 碰别人的东西 | 破坏性 | |
|---|---|---|---|---|

适当行为（圈一个）：

| 安坐 | 举手 | 用自己的东西 | |
|---|---|---|---|

问题行为定义：

适当行为定义：

| 前奏 | 行为 | 结果 | 笔记 |
|---|---|---|---|
|  |  |  |  |
|  |  |  |  |
|  |  |  |  |

**图 6.5　课堂观察表示例**

# 总结

这一章介绍了用于评估课堂优势和需求的一种系统性方法。对课堂的全面评估应该与问题行为为什么发生、期望行为不出现的原因联系起来，因此，它包含了课堂功能性行为评估。在这一章中，我们描述了课堂行为常见的前奏事件和结果，包括课堂的结构化特征和不同人员之间的互动。另外，我们提供了一个用于实施课堂功能性行为评估的有用工具，即 FACE。在随后的章节里，我们将详细描述从课堂功能性行为评估中收集的信息如何用于改变教室环境。

### 本章回顾

1. 情境匹配度，干预与实施者个体的技能、价值观和资源相匹配的程度，这是制定课堂管理方法的关键考虑因素。
2. 课堂上的功能性行为评估包含几个步骤：对困难进行定义，评估可预测的模式，以及形成一个假设陈述。
3. 课堂上问题行为可能的情境事件包括：（1）教室的物理布局；（2）常规活动的结构；（3）监督的水平；（4）刚好在问题行为之前或者之后发生的活动。
4. 在考虑课堂 FBA 中的辨别性刺激时，确定问题行为的线索以及适当行为的线索都是很重要的。
5. 课堂 FBA 中确定的结果就是那些会对绝大多数学生未来课堂上行为发生的可能性造成影响的事件。

### 应用

1. 为开展课堂 FBA 而不使用预先打包的课堂管理干预提供一个理由。
2. 至少确定课堂上可能诱发问题行为的两个情境事件和两个辨别性刺激。
3. 确定可能用于增加课堂上期望行为的结果。

# 附录 A　课堂环境功能性评估（FACE）

教师：_____　　班级/时间段/年级：_____　　日期：_____

## 第 1 部分：FACE 的背景信息

**第 1 步：确定目标行为**
目标行为（圈出或者写出所有目标行为）

| 要增加： | 要减少： |
|---|---|
| 出勤　_____ | 破坏性行为　_____ |
| 转衔效率　_____ | 离座　_____ |
| 专注于任务　_____ | _____ |
| 准时　_____ | _____ |
| 参与　_____ | _____ |

**第 2 步：定义目标行为**

目标行为 1：_____　　目标：　增加　减少
学生说什么或者做什么？行为发生时看起来是什么样的？



目标行为 2：_____　　目标：　增加　减少
学生说什么或做什么？行为发生时看起来是什么样的？



**第 3 步：明确常规活动**
完成常规活动分析或者散点图，确定要聚焦的常规活动
- 在什么活动中，目标问题行为最常发生？
- 你希望在什么活动中增加期望的目标行为？

常规活动 1：_____
常规活动 2：_____
常规活动 3：_____

对确定的每个常规活动完成一次单独的 FACE

## 第 2 部分：课堂上的情境事件和诱发事件

**第 4 步：确定情境事件**

常规活动：_____

评分等级：1= 一点都不
2= 稍微有点
3= 总是 / 绝对地

| | 评分 | 是否影响目标行为 | 更多信息 |
|---|---|---|---|
| **教室布置 & 监督** | | | |
| 1. 你能轻松地监督教室里所有区域的学生吗？ | 1<br>2<br>3 | 是<br>有点<br>否 | |
| 2. 学生能从他们的座位上轻松地看到你和所有教学材料吗？ | 1<br>2<br>3 | 是<br>有点<br>否 | |
| 3. 墙面空间按功能使用但不杂乱吗？ | 1<br>2<br>3 | 是<br>有点<br>否 | |
| 4. 座位安排最大限度地发挥了你的教学风格吗？ | 1<br>2<br>3 | 是<br>有点<br>否 | |
| 5. 动线模式被清晰地标记出来、发挥作用并且规律地使用了吗？ | 1<br>2<br>3 | 是<br>有点<br>否 | |
| **日程安排** | | | |
| 6. 每天的日程安排（或者常规活动）一致吗？ | 1<br>2<br>3 | 是<br>有点<br>否 | |
| 7.（对一整天或者一节课来说）日程安排张贴出来了吗？或者每天上课之前回顾了吗？ | 1<br>2<br>3 | 是<br>有点<br>否 | |
| **规则和期望** | | | |
| 8. 一般的课堂期望建立了吗？用积极的文字描述并且数量不超过四条？ | 1<br>2<br>3 | 是<br>有点<br>否 | |

| | | |
|---|---|---|
| 9. 形成三至四条课堂规则了吗？用可观察的术语清晰地陈述了学生应该做的事情吗？ | 1<br>2<br>3 | 是<br>有点<br>否 |
| 10. 规则是张贴在一个可接近的且容易观察到的位置吗？ | 1<br>2<br>3 | 是<br>有点<br>否 |
| 11. 期望和规则在一个学年开始时教了并且在整个学年至少还有三次机会重新教吗？ | 1<br>2<br>3 | 是<br>有点<br>否 |
| 12. 为功能性课堂常规活动建立了规则（关心的常规活动）以及是否有不超过五条进行了积极陈述的规则，且用可观察的术语对期望的行为进行了定义？ | 1<br>2<br>3 | 是<br>有点<br>否 |
| **其他活动** | | |
| 13. 在其他活动结束后立即出现了问题行为吗？ | 1<br>2<br>3 | 是<br>有点<br>否 |
| 14. 如果第13题的评分为2或3，问题行为仅仅在前面的活动发生之后稳定地出现吗？ | 1<br>2<br>3 | 是<br>有点<br>否 |
| 15. 如果第14题评分为2或3，无论学生被期望接下来做什么，问题行为都在前面的活动之后出现吗？ | 1<br>2<br>3 | 是<br>有点<br>否 |
| 16. 如果有一个计划之中的活动正要来临，无论学生正在做什么，问题行为总会出现在这个活动之前吗？ | 1<br>2<br>3 | 是<br>有点<br>否 |
| 17. 如果第16题评分为2或3，问题行为仅仅在活动在计划中时才稳定地出现吗？ | 1<br>2<br>3 | 是<br>有点<br>否 |
| 18. 如果第17题评分为2或3，有即将来临的活动时，不管学生在这个时间被期望做什么事情，问题行为都会出现吗？ | 1<br>2<br>3 | 是<br>有点<br>否 |

**第5步：确定直接诱发事件**

引导性问题：
  在你关注的常规活动中，什么事件会加速目标行为的发生？

### 5a. 大致确定诱发事件——了解它可能是什么

在已经确定的常规活动中，什么最常发生在问题行为之前？

[                                                                          ]

如果你安排这个诱发事件出现10次，它导致问题行为的频率如何？

[                                                                          ]

在其他时候（与诱发事件完全相反，或者诱发事件没有出现时）问题行为曾经发生过吗？

[                                                                          ]

基于你的答案，在下方勾选适当的诱发事件：

| ___ 任务 | ___ 批评 | ___ 结构化、非学业的活动 |
| ___ 转衔 | ___ 非结构化的时间 | ___ 独处，周围没有别人 |

### 5b. 通过回答以下相关问题确定诱发事件的具体特征

如果任务（如，团队任务、独立任务、小组教学、讲课）是诱发事件：

[详细地描述任务（比如，持续时间，任务的容易程度），它的什么特征可能会让学生感到厌恶？为什么是这个假设？]

如果非结构化的时间是诱发事件：

[描述情境、活动，以及有谁在周围。]

如果批评是诱发事件：

[描述是谁批评，批评时说了什么，以及目的是什么。]

如果结构化的、非学业的活动是诱发事件:

描述情境,谁在周围,在进行什么活动,期望的是什么。

如果转衔是诱发事件:

描述正要结束的活动以及要转入的活动。确定这些活动中有没有哪一个是学生高度喜爱或者不喜爱的,哪一个是结构化的、哪一个是非结构化的。

**5c. 确定适当行为的线索**
学生应该做什么?

有什么线索是告诉学生怎么做的?

## 第3部分:课堂上的结果

**第6步:确定维持行为的结果**
引导性问题:
在你关注的常规活动中,什么结果看起来最有可能维持问题?

**6a. 大致确定结果**
(在确定的常规活动中)当诱发事件和问题行为出现时,接下来会发生什么?
- 你会做什么?
- 其他学生会做什么?
- 会有什么活动发生或停止发生?

**结果**(圈出或写出所有符合的结果)

| 获得的事物: | 回避或逃避的事物: |
|---|---|
| 成人的关注 _____ | 困难的任务 _____ 成人的关注 _____ |
| 同伴的关注 _____ | 批评 _____ |
| 活动 _____ | 同伴的否定 _____ |
| 金钱/物品 _____ | 体力活动 _____ |

## 6b. 确定结果的具体特征

缩小范围。以上面确定的每个结果为例：

- 如果结果不出现，行为仍旧会发生吗？（比如，如果结果是同伴关注，但没有其他学生在周围；或者结果是你的关注，但你不在周围？如果结果是逃避，假如任务很简单，行为仍然会出现吗？）
- 你看到该行为最近10次的情况，这个结果出现得有多频繁？

如果获得或者回避了成人或同伴的关注：

> 描述谁给予了关注，他们说了什么，这个关注通常持续多久。关注之后学生会做什么——有没有来来回回的情况？行为升级的情况会产生吗？

如果一个活动或者请求紧随其后或被取消：

> 描述特定的活动，包括还有谁在场，包含了什么活动，以及活动持续多久。

如果获得或者移除了实物：

> 描述获得的特定物品，还有谁在场，学生使用该物品的时间有多久。

如果感觉刺激可能出现或者被移除：

> 描述情境。有谁在周围，在进行什么活动，期望的行为是什么。

## 6c. 确定适当行为的结果

当学生表现出期望行为时会发生什么？

什么会跟随适当行为发生？

- 这种反应与跟随问题行为发生的事情相同还是不同？

成人如何反应？

> 相同的反应
> 相似的反应
> 非常不同

| 同伴如何反应？ | |
|---|---|
| | 相同的反应<br>相似的反应<br>非常不同 |
| 学生是否获得或者回避/推迟了任何事情？ | |
| | 相同的反应<br>相似的反应<br>非常不同 |

## 第 4 部分：总结陈述

常规活动：_____

# 附录B　课堂环境功能性评估（FACE）

| 教师：李先生 | 班级/时间段/年级：四年级 | 日期：2007/11/17 |
|---|---|---|

## 第1部分：FACE的背景信息

**第1步：确定目标行为**

目标行为（圈出或写出所有目标行为）

| 要增加： | 要减少： |
|---|---|
| 出勤 _____ | 破坏性行为 _____ |
| (转衔效率) _____ | (离座) _____ |
| (专注于任务) _____ | _____ |
| 准时 _____ | _____ |
| 参与 _____ | _____ |

**第2步：定义目标行为**

目标行为1：_____　　目标：(增加)　减少
学生说什么或者做什么？行为发生时看起来是什么样的？
**学生们与他人互动，而不是准备材料或打扫。**
**转衔要花费15分钟。**

目标行为2：_____　　目标：增加　(减少)
学生说什么或做什么？行为发生时看起来是什么样的？
**学生们在应当安静时彼此说话，离座或者在教室里走来走去，和其他人相互逗乐。**

**第3步：明确常规活动**

完成常规活动分析或者散点图，确定要聚焦的常规活动。
- 在什么活动中，目标问题行为最常发生？
- 你希望在什么活动中增加期望的目标行为？

常规活动1：**在学业活动开始和结束时，结构化较弱的时间里。**
常规活动2：_____
常规活动3：_____

对确定的每个常规活动完成一次单独的FACE

## 第 2 部分：课堂上的情境事件和诱发事件

**第 4 步：确定情境事件**

常规活动：_____

评分等级：1= 一点都不
2= 稍微有点
3= 总是 / 绝对地

| | 评分 | 是否影响目标行为 | 更多信息 |
|---|---|---|---|
| **教室布置 & 监督** | | | |
| 1. 你能轻松地监督教室里所有区域的学生吗？ | 1<br>2<br>③ | 是<br>有点<br>(否) | |
| 2. 学生能从他们的座位上轻松地看到你和所有教学材料吗？ | 1<br>2<br>③ | 是<br>有点<br>(否) | |
| 3. 墙面空间按功能使用但不杂乱吗？ | 1<br>2<br>③ | 是<br>有点<br>(否) | |
| 4. 座位安排最大限度地发挥了你的教学风格吗？ | 1<br>2<br>③ | 是<br>有点<br>(否) | |
| 5. 动线模式被清晰地标记出来、发挥作用并且规律地使用了吗？ | 1<br>②<br>3 | 是<br>有点<br>(否) | |
| **日程安排** | | | |
| 6. 每天的日程安排（或者常规活动）一致吗？ | 1<br>2<br>③ | 是<br>有点<br>(否) | |
| 7.（对一整天或者一节课来说）日程安排张贴出来了吗？或者每天上课之前回顾了吗？ | 1<br>2<br>③ | 是<br>(有点)<br>否 | |
| **规则和期望** | | | |
| 8. 一般的课堂期望建立了吗？用积极的文字描述了并且数量不超过四条？ | ①<br>2<br>3 | (是)<br>有点<br>否 | |

| | | | |
|---|---|---|---|
| 9. 形成三至四条课堂规则了吗？用可观察的术语清晰地陈述了学生应该做的事情吗？ | ①<br>2<br>3 | 是<br>有点<br>否 | |
| 10. 规则是张贴在一个可接近的且容易观察到的位置吗？ | ①<br>2<br>3 | 是<br>有点<br>否 | |
| 11. 期望和规则在一个学年开始时教了并且在整个学年至少还有三次机会重新教吗？ | ①<br>2<br>3 | 是<br>有点<br>否 | |
| 12. 为功能性课堂常规活动建立了规则（关心的常规活动）以及是否有不超过五条进行了积极陈述的规则，且用可观察的术语对期望的行为进行了定义？ | ①<br>2<br>3 | 是<br>有点<br>否 | |
| **其他活动** | | | |
| 13. 在其他活动结束后立即出现了问题行为吗？ | 1<br>2<br>③ | 是<br>有点<br>否 | 无论是什么活动，破坏性行为出现在学业任务开始和结束的时候 |
| 14. 如果第 13 题的评分为 2 或 3，问题行为仅仅在前面的活动发生之后稳定地出现吗？ | 1<br>2<br>③ | 是<br>有点<br>否 | 当学习不再继续时 |
| 15. 如果第 14 题评分为 2 或 3，无论学生被期望接下来做什么，问题行为都在前面的活动之后出现吗？ | 1<br>2<br>③ | 是<br>有点<br>否 | |
| 16. 如果有一个计划之中的活动正要来临，无论学生正在做什么，问题行为总会出现在这个活动之前吗？ | ①<br>2<br>3 | 是<br>有点<br>否 | |
| 17. 如果第 16 题评分为 2 或 3，问题行为仅仅在活动在计划中时才稳定地出现吗？ | 1<br>2<br>3 | 是<br>有点<br>否 | |
| 18. 如果第 17 题评分为 2 或 3，有即将来临的活动时，不管学生在这个时间被期望做什么事情，问题行为都会出现吗？ | 1<br>2<br>3 | 是<br>有点<br>否 | |

第 5 步：确定直接诱发事件

引导性问题：

在你关注的常规活动中，什么事件会加速目标行为的发生？

**5a. 大致确定诱发事件——了解它可能是什么**

在已经确定的常规活动中，什么最常发生在问题行为之前？

> 没有一个特定的活动；它是从前一个活动向新活动的过渡，或者结束一个活动并准备开始其他事情。例如，学生常常在一节课开始或结束时具有破坏性。

如果你安排这个诱发事件出现 10 次，它导致问题行为的频率如何？

> 10

在其他时候（与诱发事件完全相反，或者诱发事件没有出现时）问题行为曾经发生过吗？

> 没有真的相反的事情，但是学生一旦坐下来了，就会安静地学习。

基于你的答案，在下方勾选适当的诱发事件：

| \_\_\_\_\_ 任务 | \_\_\_\_\_ 批评 | \_\_\_\_\_ 结构化、非学业的活动 |
| × 转衔 | \_\_\_\_\_ 非结构化的时间 | \_\_\_\_\_ 独处，周围没有别人 |

**5b. 通过回答以下相关问题确定诱发事件的具体特征**

如果任务（如，团队任务、独立任务、小组教学、讲课）是诱发事件：

> 详细地描述任务（比如，持续时间，任务的容易程度），它的什么特征可能会让学生感到厌恶？为什么是这个假设？

如果非结构化的时间是诱发事件：

> 描述情境、活动，以及有谁在周围。

如果批评是诱发事件：

> 描述是谁批评，批评时说了什么，以及目的是什么。

如果结构化的、非学业的活动是诱发事件：

> 描述情境，谁在周围，在进行什么活动，期望的是什么。

如果转衔是诱发事件：

> 描述正要结束的活动以及要转入的活动。确定这些活动中有没有哪一个是学生高度喜爱或者不喜爱的，哪一个是结构化的、哪一个是非结构化的。
> **破坏性行为发生在上课开始或结束时——当活动指导还没开始或者结束时，无论前面的活动是什么，或即将开始的活动是什么。此外，李先生在那些困难的课上的表现都非常相似。课开始时，他等学生安静下来才开始上课，课结束前（大约5分钟），他让学生停下手中的任何事情，然后为下一个活动做准备。**

**5c. 确定适当行为的线索**
学生应该做什么？

> 有什么线索是告诉学生怎么做的？
> **没有特定的线索，然而当李先生有一个非常特定的活动时，比如在课开始时有一个小测验，学生们通常会几乎立刻开始做测验。**

---

### 第3部分：课堂上的结果

**第6步：确定维持行为的结果**

引导性问题：
> 在你关注的常规活动中，什么结果看起来最有可能维持问题？

**6a. 大致确定结果**

（在确定的常规活动中）当诱发事件和问题行为出现时，接下来会发生什么？
- 你会做什么？
- 其他学生会做什么？
- 会有什么活动发生或停止发生？

**结果**（圈出或写出所有符合的结果）

| 获得的事物： | | 回避或逃避的事物： | |
|---|---|---|---|
| 成人的关注 _____ | | 困难的任务 _____ | 成人的关注 _____ |
| (同伴的关注) _____ | | 批评 _____ | |
| 活动 _____ | | 同伴的否定 _____ | |
| 金钱/物品 _____ | | 体力活动 _____ | |

**6b. 确定结果的具体特征**

缩小范围。以上面确定的每个结果为例:

- 如果结果不出现,行为仍旧会发生吗?(比如,如果结果是同伴关注,但没有其他学生在周围;或者结果是你的关注,但你不在周围?如果结果是逃避,假如任务很简单,行为仍然会出现吗?)
- 你看到该行为最近 10 次的情况,这个结果出现得有多频繁?

如果获得或者回避了成人或同伴的关注:

> 描述谁给予了关注,他们说了什么,这个关注通常持续多久。关注之后学生会做什么——有没有来来回回的情况?行为升级的情况会产生吗?
> 一群学生几乎一直在互相说话、玩闹,并没有大幅度的升级——他们停留在大致相同的破坏性水平。同样,他们不会进入一个与李先生的消极互动模式。他们通常会在李先生批评他们的时候安静下来,但仅仅是短暂的安静。

如果一个活动或者请求紧随其后或被取消:

> 描述特定的活动,包括还有谁在场,包含了什么活动,以及活动持续多久。

如果获得或者移除了实物:

> 描述获得的特定物品,还有谁在场,学生使用该物品的时间有多久。

如果感觉刺激可能出现或者被移除:

> 描述情境。有谁在周围,在进行什么活动,期望的行为是什么。

**6c. 确定适当行为的结果**

当学生表现出期望行为时会发生什么?

> 在学生立即开始学习时,除了他们开始学习,没有特定的结果。当学生们在活动之后打扫完毕,他们也仅仅是被期望进入下一个活动。

什么会跟随适当行为发生?

- 这种反应与**跟随问题行为**发生的事情相同还是不同?

成人如何反应?

> 我开始教课。　　　　　　　　　　　　　　　　　相同的反应
> 　　　　　　　　　　　　　　　　　　　　　　　相似的反应
> 　　　　　　　　　　　　　　　　　　　　　　　非常不同

| 同伴如何反应？ | |
|---|---|
| **没有真正的反应。** | 相同的反应<br>相似的反应<br>非常不同 |

| 学生是否获得或者回避/推迟了任何事情？ | |
|---|---|
| **否。** | 相同的反应<br>相似的反应<br>非常不同 |

## 第 4 部分：总结陈述

常规活动：_____

# 第 7 章

# 行为的有效教学

### 本章目标

阅读本章后,你应该能够描述以下概念:
- ✓ 教学的重要性
- ✓ 社会性行为和学业成功之间的联系
- ✓ 有效教学的关键特征
- ✓ 学习曲线
- ✓ 课程本位评估
- ✓ 教授规则的锚点

你也应该能够:
- ✓ 陈述有效教学的目标
- ✓ 对习得进行定义
- ✓ 对熟练性进行定义
- ✓ 对维持进行定义
- ✓ 对泛化进行定义
- ✓ 解释示范与提供示例的重要性
- ✓ 对反馈进行定义并说明反馈为什么对教学很重要
- ✓ 说明教师和课堂环境对促进教学的作用

这一章和最后一章可能是本书最重要的章节，因为它们为所有的有效干预提供了基础：理解功能与替代行为的有效教学。首先，理解功能为我们提供了选择最恰当的功能性替代行为所必需的信息。其次，有效教学为我们提供了提高学生使用这些行为的可能性的工具。回想一下，如果一个学生渴望被关注，并且除了发出噪声没有别的方法可以获得关注，那么无论教学本身的忠诚度如何，教该学生"安静"都可能是无效的。相反，我们可以教学生举起他/她的手来获得关注。行为功能告诉我们举手行为是一个替代行为，教学则会帮助学生做出这个行为。

## 教学的重要性

为什么教学要在课堂管理或学生的生活中发挥这么重要的作用？人类天生不就是好奇的吗？只要有机会，我们不就会学习吗？很显然，在很多情况下答案是肯定的：我们确实在发现和学习。但这种学习的环境和时间都是随机的，不足以教授复杂或者重要的技能。例如，每个人都同意，过马路是一项重要的技能，要教一个孩子过马路前看看两边。而且，绝大多数的人不会反对在把孩子抱回到人行道上的同时演示如何看两边。我们也可以让孩子自己去发现为什么这是一项重要的技能（当然，一次险些与一辆汽车相撞的经历会让他们明白这个道理）。但是，孩子们现在是已经具备了成功过马路的技能，还是仅仅只会避开马路呢？总之，没有掌握过马路的技能，其后果是很可怕的。类似地，如果没有掌握阅读、写作或者尊重他人的能力，那么，其在孩子生活中的后果也是同样可怕的。所以我们要教孩子刷牙、举手，或者表现出音素意识以及阅读流畅性，因为我们有能力获得成功，避免失败。

鉴于人类开发自己潜能的能力，具备必要技能的有创造性的个体显然可以指导他们自己的学习。然而，同样明显的事实是，不具备必要的技能，个体就不会偶然地获得新的技能和行为。不能阅读的孩子不会仅仅因为某一天他们决定要阅读而阅读。现今世界上确实有足够的证据证明这一事实。假设学生会在没有教学的情况下学习是不合逻辑的，也是毫无成效的。

换种说法，假设我们希望教生存技能。我们可以很容易地把一群孩子丢到荒野里，告诉他们自己找到出去的路。如果这群孩子能够执行这个任务，他们中的一些人可能最终会前往安全地带，而另一些人无疑会立即放弃、绕圈子走，或者以其他方式失败。然后，我们可以说，我们已经向一些人"教"了生存技能，或者说一些人现在已经自己"发现"了生存技能。但是，虽然有些人确实成功了，但是他们现在真的具备关键技能了吗？他们还能在新的荒野中重复自己的表现吗？更重要的是，那些没能成功的人呢？我们会找到他们吗？这一段经历会对他们未来接触自然的渴望产生负面影响吗？

这与教那些在学习和行为技能方面有缺陷的儿童的相似之处应该是显而易见的。当我们把所有没有基本技能或者方向感的孩子都扔进学校（不管学校可能有多有趣），一些孩子肯定会在学校中成功地生存下来，但他们会流畅地阅读吗？他们会对他人抱有尊重吗？他们会理解为什么这些技能很重要吗？更重要的是，我们会看到一些人干脆就放弃了，重复着无效的策略，或者以其他方式失败，以及最初的阅读失败会破坏孩子未来的阅读欲望或信心吗？

孩子是否已经或将要表现出成功或失败是一个经验性的问题，它的相关性是每个个案所特有的。但就像我们在生活中所做的任何努力一样，成功孕育成功，而失败孕育厌恶、回避和拒绝。由于我们的许多孩子已经面临着更低的成功概率，因此，我们不能让他们接受那些做任何事情都无法最大限度地提高成功机会的教育。未来持续的成功取决于现在的成功——我们有能力也有责任通过教学来促进这种成功。

### 教学 = 将成功概率最大化

教学的目的是在特定的教学环境中增加成功的可能性。如果我们把每一个学校情境定义为一个教学环境，那么我们的任务就是在走廊、卫生间、教室、操场等地方为适当的行为提供教学。我们的最低目标应该是利用我们的教学来创造一个环境，在这个环境中，学生有 80% 的机会是成功的（也就是每一次失败有四次成功）。如果我们实现了这个目标，我们就可以得出这样的结论：教学确实促进了学生在特定环境中的成功。因为在特定环境中的每一次成功都会增加未来在该环境中另一次成功的可能性，80%的成功为持续的成功或者有效的学习奠定了基础。不过，行为功能还必须告诉我们如何促进成功。例如，如果一个学生阅读不及格，那么所有的阅读活动都会使这个学生产生厌恶的情绪，所以任何不影响阅读成功的干预措施都不太可能影响学生的行为。因此，我们不仅要在整个上学日，而且还要在上学日遇到的每个教学环境中争取平均80%的成功概率；也就是说，即使在10个环境中的9个环境里都取得了80%的成功概率，但在第10个环境中失败的话还是可能会产生问题，要么影响其他领域，要么导致排斥性纪律回应。

当考虑到有挑战性行为的学生时，教学的作用很关键。研究表明，对这类学生最有效的干预包括清晰的行为教学，前奏和结果策略的一致应用，预防问题行为和提升亲社会技能，以及有效的学业指导（Kratochwill, Albers, & Shernoff, 2004; Kratochwill & Shernoff, 2003）。实质上，这三种干预都可以被认为是教学性的，因为每一种都涉及教学：解释、示范和提供练习的机会，对适当和不适当的行为提供即时和一致的反馈，并在给定的教学环境中在所有要求学生完成的任务上获得成功。因此，即使我们没有教师受过咨询师、社会工作者、治疗师或者其他专业的培训，教学也已经算是我们的专业领域了，在学校内我们也有其他具备这些技能的人。尽管如此，我们仍然必须学会以最有效的方式实施教学，以确保最大的成功可能性。

## 有效教学的关键特征

虽然有效的教学包括讲述、演示和提供反馈，但它大于各个部分的总和。有效的教学还涉及对范围和顺序的考虑：教多少与何时教、通过建立与现实世界的联系来提供学习的理由、生成有效的正面和反面的示例、对示例进行深思熟虑的排序以促进学生规则的习得、促进对成功的自然强化，以及有效的错误分析和纠正。这些概念对于社会性行为和学业行为都是相同的，但我们这里的重点仍将停留在社会方面。

## 行为的有效教学

有效的教学是深思熟虑的、有计划的和高效的。这意味着教师必须要对所教内容有敏锐的理解。我们所有人都知道如何阅读并不意味着我们所有人都是阅读课教师。有效的教学包括对关键技能的理解、如何在正确的时间恰当地使用它们，以及何时改变这些技能的使用方式。所有这些都是通过以有目的的方式设计教学来实现的。

**为课程提供理由**。在教育中，也许没有什么比投入教学的时间和取得的成就之间的联系更重要的了。我们为学生投入的时间越多，期望他们学到的东西就越多。因此，对于教学，我们首要考虑的必须是创建相关的有意义的课程，让学生接触内容。从教师的角度来看，这包括通过回答"我们为什么要这样做，它将如何帮助我们的生活"等问题来提供教学的理由。如果教师对这些问题的回答充满了冷漠（比如，因为我是这么说的，因为那是书里的下一部分内容，因为那是你父母想要的，等等），学生就会没有什么动力去保持兴趣。一个合适的理由应该与学生的生活、其他课程内容相关联，并举例说明该课程将如何应用于现实世界。表 7.1 呈现了针对不同教学领域的有效理由的示例。要注意，每一种情况下理由都要放在明确的技能示范或演示前面。

**表 7.1 课程理由的例子**

| 主题 | 可能的理由 |
| --- | --- |
| 除法竖式计算 | 有时你需要知道你可以买得起多少东西。比如你有 100 美元，你想要买尽可能多的 10 美元的 DVD。你可以用除法算出你可以买得起多少张，就像这样…… |
| 说话前举手 | 你是否曾经想要说什么，但是其他人都在大声叫喊，所以你说不出来？举手将会确保每个人都能得到机会说出自己想说的。所以我们可以这样…… |
| 写一封信 | 信是告诉他人我们心中所想的一种重要方式。假设你想要申请一份赛车手的工作——你将需要写一封信。写信时你需要考虑这些…… |
| 安静地排队 | 排队期间很吵的时候，就要花更长的时间来听我的指令。如果你在排队时保持安静，那么你就会更早听到我的话，我们就能更快出去，你也将有更多的休息时间。安静地排队意味着…… |

**确定教学目标：学习曲线。** 假设我们已经确定了教学的内容领域（比如数学、阅读、排队、交朋友、说"不"等），有效的教学要求我们还要确定课程的目的和目标。也就是说，我们想要的是让学生明白并记住步骤、快速完成任务、在新的环境下展示技能，还是做其他的事情？一般来说，教学目标属于与学习曲线保持一致的类别（见图7.1）。学习曲线是一种跨时间的对成绩的视觉呈现——从开始介绍一项技能开始，到精通一项技能结束。

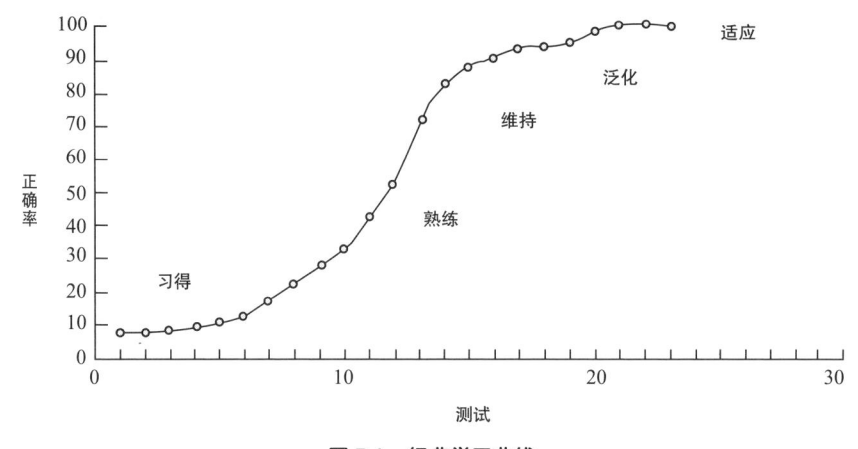

图 7.1 经典学习曲线

学习的最早阶段被称为习得，在这个阶段，学生第一次认识一项新技能，并对之进行练习，以获得最初的完成能力。在这一阶段，学生学习进展缓慢，因为其能力没有迅速得到提高。但是，如果学生的成绩水平头天是2，第二天是4，那么这就是能力翻倍。习得阶段的目标聚焦于学生表现出基本技能。表7.2提供了习得阶段的一些基本教学目标。

一旦成功地习得了技能，教学的重点就要转向熟练。这一阶段包含与学生一起更有效地演示新技能，速度和准确性都是同等重要的结果。要注意，在学习曲线上，熟练是学生表现提升速度最快的阶段。熟练的一个明显示例是使用记忆卡来记忆乘法口诀。虽然这个练习的重点在记忆和速度上，但在这之前，学生必须对乘法所包含的概念和技能有一个习得水平的理解。表7.3呈现了熟练阶段的一些基本教学目标。

表 7.2　习得阶段目标的示例

| 主题 | 习得阶段的目标 |
| --- | --- |
| 除法竖式计算 | 学生将按顺序说出除法竖式计算的四个步骤 |
| 说话前举手 | 学生将说明什么时候以及为什么在课堂上举手是重要的，并按要求举手 |
| 写一封信 | 学生将按要求说出一封信的五个基本组成部分 |
| 安静地排队 | 学生将说明为什么在教室里安静排队很重要，并识别三种关键的排队行为 |

表 7.3　熟练阶段目标的示例

| 主题 | 熟练阶段的目标 |
| --- | --- |
| 除法竖式计算 | 学生将在 2 分钟内正确完成 10 道两位数被三位数除的竖式计算题目 |
| 说话前举手 | 在有提示的情况下，学生会在 5 秒内举手 |
| 写一封信 | 在 15 分钟的提示下，学生表现出写出已给例子的 5 个关键书信内容的技能 |
| 安静地排队 | 学生将在提示下安静地排队 |

一旦学生表现出熟练，教师就必须将重点转移到维持上，逐渐撤销教学支持，并期望学生自己记住更多内容。这一阶段包括撤除提示和呈现结构更松散的材料。注意，维持性学习与曲线变平坦有关。也就是说，学生继续以很高的概率做出反应，但随着重点转向没有提示的表现上，成绩的增长会趋于平稳。表 7.4 列出了维持阶段的一些基本教学目标。

表 7.4　维持阶段目标的示例

| 主题 | 维持阶段的目标 |
| --- | --- |
| 除法竖式计算 | 在阶段性考试中，学生将正确完成 10 道两位数被三位数除的竖式计算题目 |
| 说话前举手 | 学生会在没有老师提示的情况下举手 |
| 写一封信 | 在本季度结束时给出写信的提示，学生能够成功完成一封信的 5 个关键内容 |
| 安静地排队 | 在没有老师提示的情况下，学生能够安静地排队 |

一旦学生在没有教师提示的情况下，表现出了一种能够长期保持某种行为的能力，教学的重点就要转向促进学生在一系列真实世界条件下成功地展示技能上。显然，教师不可能教授每一种可能使用该技能的情况，因此教学要呈现范围足够广泛的场景，学生可以利用这些场景将技能泛化到新的环境。比如，必须将阅读课文泛化到阅读报纸，测验中的数学必须泛化到商店的数学，在课堂上尊重他人必须泛化到操场以及其他地方。泛化可能是最难也最重要的阶段。如果一个学生只能在枯燥的课堂环境中做出表现，而在外面的任何地方都不能，那么他就不太可能在生活中获得成功。正如我们将要讨论的，前面各阶段考虑周全的教学为有效的泛化创造了条件。也就是说，教师为泛化所做的绝大部分工作都是有效教学的一部分，而不是事后才想到的。要注意，泛化不涉及进一步的成绩，因此，学习曲线是平坦的，有时甚至会随着技能在新条件下的练习而略微下降。表7.5呈现了泛化阶段的一些基本目标。

表 7.5　泛化阶段目标的示例

| 主题 | 泛化阶段的目标 |
| --- | --- |
| 除法竖式计算 | 在科学实验中，学生能够使用除法竖式计算解决相关问题 |
| 说话前举手 | 在所有的课堂情境中，学生都在发言之前举手 |
| 写一封信 | 学生能够根据报纸上广告的一个真实提示写一封信 |
| 安静地排队 | 在学校的所有区域，学生都能够安静地排队 |

泛化是教师有直接影响的最后一个学习阶段。曲线上的最后一个阶段是适应，或者说是创造性。其理念是，能够在一系列条件下熟练地将技能泛化的人，更能够以微妙的方式真正改变技能，并扩大其表现的影响。例如，优秀的作家通常会形成一种从未被教授过的风格和格调，但这又是教学着重的技能的延伸。虽然我们教师不能直接教授创造力，但我们当然能够对此进行鼓励，强化原创性。然而，很明显，适应或创造性只能发生在学习者已掌握所有技能的情况下。也就是说，我们不能指望一个没有数学技能的人会发明出使用数学的新方法。事实上，学习

是以学习曲线上所反映的同样的时间方式发生的：一个人必须先习得后熟练，先熟练后维持，先维持后泛化，以此类推。我们为激发和鼓励创造性所能做的最好的事情就是在学习的其他每一个阶段都促进高成功率。当学生对自己的能力有足够的信心，去冒险和尝试新的事物时，创造性就会出现。因此，试图把创造性作为一个孤立的目标来教授，既不合逻辑，也徒劳无益。

**选择适当的示例并按序呈现**。有效的教师经常对学生进行示范和演示。示范的目的是向学生展示他们要学习的技能的清晰示例。仔细想想，观看一个示例总是有帮助的。你能想象在没有看到别人先做的情况下学习滑雪、挥动高尔夫球杆或演奏一种乐器吗？我们的许多学生要么没有看到我们正在教授的适当行为，要么在它们发生时没有察觉到。因此，我们的工作就是阐明哪些行为是重要的，哪些是不重要的，哪些应该做，哪些不应该做，哪些有效，哪些无效。在这部分内容的教学中，教师的主要任务是选择适当的示例，然后向学生们按序介绍每个示例。

以下是选择示例时要考虑的关键因素。首先，教师必须充分考虑所有被认为适当的行为，以及在哪些情况下需要这些行为。例如，在教授握手行为时，重要的是要知道对学生来说在什么场合下握手是适当的，然后这些不同的场合下有关握手的所有变化也都是很重要的。我们不能教所有可能的示例，而只能教一组表明这一范围的示例。其次，每个示例都应该向学生呈现一些与之前示例不同的东西，要聚焦在规则的关键特征上，并且要避免那些放在一起比较时相差太远的示例。在这种情况下，好的示例可以让教师指出不相关的事物（比如，不管我们写的字母是全大写还是全小写，这都没关系；字母的发音保持不变）。要理解某种技能的表现方式受某些规则的制约，其关键是要意识到当某些成分不存在时，它是不正确的。精心挑选的非示例应让学生看到规则的关键组成部分之间的相关性。当然，大多数规则都有例外，这些必须作为例外单独教授。因此，我们先教规则，再教例外情况。但在所有的示例中，我们都被常规课堂范围内的实际情况所束缚。有些太复杂或者不适合班级讨论的示例，应该留到实地考察或者其他教学场所再进行教学。

记住，所有的示例都是对一个关键规则的说明（例如，"+"号表示加；在学校里，只有在操场上或体育课上才可以跑步）。为了提高教学效果，在教学中呈现示例时要具体考虑。首先，每节课都应该呈现多个示例。多个示例的优势在于它们是以学生能够识别出关键的、相关的和不相关的组成部分这样的方式进行并置的。教师的讲解可引起学生对差异的注意（比如，"注意，尽管这部分有不同，但这也是个例子，因为关键部分仍然在这里"）。最好的顺序是呈现各种表现出关键规则并改变了不相关信息的正例，然后是保留不相关的特征，但改变了相关特征的示例。表 7.6 中的示例呈现了这些原则（比如，"注意，这个和上一个是一样的，但是它不是一个例子，因为关键部分是不一样的"）。

**表 7.6  教授示例的顺序**

技能领域：上课时在座位上坐好
示例范围：学生能在课堂上坐的所有椅子
关键规则：在座位上坐好意味着你的臀部要碰到椅子中间

| 教师示例 | 具体描述 |
| --- | --- |
| 例 1 在学生的课桌处："现在看着我——我的臀部在座位上。" | 正例——总是阐述规则 |
| 例 2 在学生的课桌处：（在椅子上转 90 度）"现在看着我——我的臀部在座位上。" | 正例——关键规则仍然在，但是其他特征改变了。总是重申规则 |
| 例 3 在教师的椅子上：（教师侧坐在椅子上）"我现在还坐得对吗？你是怎么知道的？是的，因为我的臀部还在座位上——不管是什么样的椅子。" | 正例——改变不相关的成分（椅子类型）并让学生清楚这是不相关的。始终重申规则 |
| 例 4 在旋转椅上：（坐在椅子上，腿伸出来）"什么样子的椅子重要吗？对，不重要。我坐得正确吗？是的，因为我的臀部在座位上。" | 正例——再次说明一个不相关的改变来显示真实世界中的示例范围，用明确的术语来阐述并重申关键规则 |
| 例 4 在旋转椅上：（膝盖跪在椅子上）"现在呢？这样对吗？不，因为我的臀部不在座位上。我需要把臀部放回……"（改变）"在座位上才是对的。" | 非示例——和上一个示例相比只有一个地方改变了，就是关键规则。然后它又被改回去了，又重申了一遍关键规则 |

**评估并提供反馈**。在学生掌握教学内容之前，教学都不能被认为是完整的。虽然教师可能习惯于通过考试、小测验和项目来评估学生的掌握程度，但社会性

行为通常不适合这种总结性的评估。相反，社会性行为的掌握程度是通过在教学中定期观察行为进行形成性评估的。当教师每天根据每节课的目标评估学生的进步时，这种评估就被称为课程本位评估（Curriculum-Based Assessment，简称CBA）。当学生取得成功时，教师转向进一步的目标，沿着学习曲线向泛化发展。当学生不成功时，教师必须确定错误的性质，重新教学或者以其他方式教学。CBA的价值就在于，它能让教师立即识别失败，并在学生放弃之前制定教学常规和策略以促进成功。

反馈是教学中绝对关键的一个组成部分。没有反馈的学习是毫无逻辑的。假设你教一个学生在钢琴上弹一首歌，并告诉他或她去试一试。他或她弹对了，而你只是直直地盯着，拒绝说这首歌是弹对了还是弹错了。反过来，再想象一下，如果学生弹错了，你再次直直地盯着。在这两种情况下，学生都不知道自己弹得是否正确。因此，错误的反应很可能会被误认为是正确的而继续下去，而正确的反应则可能因为被误认为是错误的而被放弃。在习得学习阶段，教师的反馈必须随着学生的每一个反应即时发生。在这个阶段，反馈的一致性至关重要，因为学生必须以毫不含糊的方式区分正确反应和错误反应。这不需要糖果、贴纸或者其他可触摸的诱人物品，也不需要大喊大叫、扇耳光或隔离。教学过程中的反馈应该只是为学生提供有关他们表现的信息。

以数学教学为例。当学生在习得学习阶段中得出正确答案时，教师回答说："是的，很好。"当答案不正确时，教师可能会说："不完全是，再看一遍。"这些例子都是典型的学业反馈。我们没有理由认为，教授社会性行为时的反馈形式应该与一般教学反馈有任何区别。当学生被要求在大厅里走路并走得正确时，教师应该予以认可："谢谢你这样走。"当学生安静地排队时，教师可以立刻对他们表示感谢："哇，安静地排队真棒，你们真了不起。"当学生不能正确回答数学问题时，我们不会责备他们或者要求他们离开教室。相反，我们会让他们知道答案是错误的，重新教他们，并促进学生的成功表现，接着认可他们的成功："哦，2+2不等于5。看看我的手指，数2，再数2，等于？是的，2+2等于4，做得好。"因此，有效的纠正程序会提供即时反馈，指出一个反应是错误的，通过重新教学促进成功，并以认可成功结束。在走廊里，我们可能会说："哇，我们就是这样在走廊里移动的吗？不，没错，我们应该走。你能告诉我怎样做才正确吗？太好了，谢谢你这样走。"尽管这种方法的逻辑是正确的，但人们依旧经常认为学业和社会性行为需要不同的教学策略和不同形式的反馈。事实上，无论情境、条件或内容是什么，有效的教学都是一样的。

### 促进教学

**教师**。教师在有效教学中的作用不容小觑。仅仅精通一项技能并不意味着一个人能成为一名好老师，相比只理解任务分析、行为原则或者评估，他（她）还要掌握更多。教学是一项动态的职业，它要求具备内容技能、教学知识以及用真诚的方式沟通的能力。有效的教师能够理解所教的内容；能够确定目标，提供有效的示例，并通过适当的反馈和纠正进行评估；能与学生建立相互尊重和信任的关系。而第三部分是最难定义、描述和教授的。我们知道师生关系是有效教学的一个组成部分，但这是一个很难传达的概念。如果要描述这种关系的本质，也许最简单的方法就是对各种与学生高成功率密切相关的教师行为进行定义。

越来越多的研究已经确定了与学生成功率相关的特定教师行为。这些行为是独立的，但对前面已描述过的有效教学的组成部分是重要的补充。更具体地说，教师使用这些领域的行为使教学的组成内容更具吸引力且更有效。作为一般规则，这些行为可以包括教师为使教学更具吸引力而做的任何事情。例如，好的教师通常会频繁地向学生提问，但不是以纯粹学业的方式。也就是说，学生可能会被问到他们前一天晚上做了什么，他们在哪里买了一支特殊的铅笔，或者他们如何决定午餐吃什么；或者，他们可能只需要回答一个问题就能让教师有机会做出积极评价。这种提问技巧的价值体现在许多方面。首先，教师正在创造积极的参与，这种参与在让学生很放松的同时又形成与教师可以非常积极互动的印象。其次，教师正在强化学生，让他们在将来不那么害怕主动回答问题。最后，教师正在吸引学生，并抓住了他们的注意力，而这个注意力可用于可教的时刻。一旦我们以一种积极的方式吸引了学生的注意力，我们就有机会为当天的课程插入一个理由。

身体靠近是教师强调教学效果的另一个简单工具。好的教师会在教室里经常走动。这样的走动为教师创造了更多来为个别学生进行评估并提供反馈的机会。

纠正不当行为通常要求个性化的关注，这种关注最好是直接传达给学生，但不增加学生在全班面前被纠正的尴尬。而且，研究表明，当教师经常在附近时，学生更有可能保持对课程内容的投入。如果教师只是坐在课桌前，让学生单独学习，那么他就失去了一个让学生参与并激发他们兴趣的绝佳机会。

**环境**。我们可以把环境说成是促进学生成功的常规活动和物理环境安排。然而，在现实中，环境的设置完全由行为所控制，因此可以被视为教师实践的延伸。研究表明，教学环境的某些特征与学生的成功密切相关。每一个教师都熟悉基本的常规活动和环境安排。例如，学生在某个地点排队，午餐是在某个时间，甚至学生们可能已经被分配特定的座位。事实上，找到一间在常规活动和环境安排方面一点结构都没有的教室，那是很不寻常的。然而，就我们的目的而言，关键不在于结构的简单呈现，而在于它们的目的性、应用的一致性，以及用来教学生结构的教学。教师必须预测学生在一天中可能失败的情境，并设计结构来避免失败。例如，如果教师能够预测班级在排队时的问题，那么常规活动就可以改变为排成一行、有一个指定的队长，或者只有在教师认可的情况下才排队。对于个别学生（比如，比利），教师可能预测到比利排队时的问题，那么就可以建立一种常规，让比利第一个被点名、最后一个被点名，或者只有在他安静坐着时才被点名。只有当常规的制定是为了尽可能让学生成功时，常规才是最有效的。要将这样的常规清晰地教授给学生，且以高度一致的方式实施这些常规，从而使其成为学生的习惯，并创造出能被教师认可的成功。

某些区域或者某些情况，似乎常常可预测学生普遍会遇到的问题，对那些最容易惹麻烦的学生来说，甚至更有可能如此。例如，盥洗池，一个比绝大多数区域更能预测学生发生问题行为的教室区域，对于约翰尼（Johnny）这个频繁出现问题行为的学生来说，更是问题的预测物。教师必须建立常规，以避免学生在学习的区域里出现这种可预测的失败。类似的例子比如，在大家都使用盥洗池的时间让一个学生在那里，让他请约翰尼在使用盥洗池前得到教师的允许。对于教学环境中不必要的其他区域，教师可以只告诉他们这些区域是禁止进入的，或者对他们设置使用障碍。教学期间，教师常常会把特别令人分心的游戏或玩具放在一个安全的地方，以预防学生的注意力分散，甚至会规定某些物品不能被带到学校。

所有这一切都是基于这样一种理念：预防问题是确保学生成功的最有效方法。

教师和学生在教室里的位置是环境的另一个可以被操控的内容。绝大多数教师都遇到过对问题具有特别预测性的学生小团体。在这种情况下，通过分配座位让特别有挑战性的学生的位置靠近教师，或者组织将特别有问题的小团体分开的活动等方式，让这些小团体的人数最少化。其他值得教师考虑的环境安排还包括移走家具或者其他妨碍观察学生的物品、保持独立的学习与娱乐空间、在学生可能犯错的地方张贴明显的规则提示（比如，大厅里的停止标志，地面上的排队标记）。

总之，有效的教学不仅包括教学内容的设计和讲解，而且还包括环境的管理。有效的教学要根据课程内容、自然示例的选择和排序、学生的偏好以及一系列促进学生成功的教师行为进行周密的计划。

### 注意事项

有效的教学是一套基于科学的让学生在掌握内容和技能方面的成功概率最大化的实践和程序。我们已经讨论了有效教学的几个关键特征的应用，包括教师、教学以及环境变量。尽管如此，困难的情形常常迫使教师放弃有效的教学程序。无论是出于绝望还是习惯，在面临挑战的情况下放弃教学原则是不合逻辑的，在很大程度上也是无效的。

对于课堂上有多个具有挑战性行为的学生的教师，尤其是专门与有行为障碍的学生打交道的教师来说，本章所呈现的有效教学原则不仅仅是最佳实践，它们还是绝对必要的。对于这类学生来说，每一条规则都必须被清晰地教授；也就是说，必须呈现所有的理由、讨论、示范、示例顺序，以及带有反馈的实践。这意味着排队的规则、举手的规则、什么时候以及如何使用盥洗池、怎样坐着、如何应对挫折等都必须教授。很显然，管理着学生在整个课堂上的动作、同伴互动、教师常规以及教学期望的大量规则代表着完整的教学流程。回想一下，有效的示例选择要求示例在各种期望的范围内进行取样；也就是说，教师必须提供可以涵盖学生期望范围的示例。最好的办法是建立一个所有的期望都可以与之挂钩的锚点。例如，教师可以建立并定义以下三个锚点：（1）尊重自我——保证自身的安全和学习；（2）尊重他人——你希望别人怎样对待你，你就怎样对待别人；（3）尊重财产——你希望别人怎样对待你的财产，你就怎样对待别人的财产。

根据定义，这三个锚点为每一天中的时间、地点和情境都提供了规则。一旦学生理解了这些锚点，所有更次要的规则和期望都只是其中一个锚点的示例。图7.2提供了一个如何使用锚点来制定全班或全校性规则的示例。

|  | 尊重自我 | 尊重他人 | 尊重财产 |
| --- | --- | --- | --- |
| 早晨到达时 | 上交作业<br>找到座位并坐下 | 只拿一本书<br>轻声 | 挂外套 |
| 上课时 | 完成任务<br>注意力集中 | 举手发言 | 椅子的四条腿都在地板上<br>纸上只有铅笔 |
| 午餐时 | 吃自己的食物 | 轻声<br>闭着嘴巴咀嚼食物 | 结束时清理干净 |
| 操场上 | 只在操场上跑步 | 队伍的领头者做裁判 | 用球比赛<br>石头留在地上 |
| 在公共汽车站 | 准时 | 排队等候 | 拿好自己的外套 |

**图7.2　用于教授规则的锚点**

从某种意义上说，这个方格反映了一门行为课程。对于矩阵中的每个方框，都有一个或一组必须被教授的行为。锚点为每个单个的规则提供了理由，但教师必须确定每一个规则所必需的教学水平。例如，"队伍的领头者做裁判"指的是在任何比赛中，当出现任何分歧时，由排在队伍中的第一个人担任裁判。这种行为要求不仅仅是简单的提及，还可能需要与学生实际讨论每一场比赛的规则。其他类似"准时"这样的规则就相当简单明了，并且需要更多的教师进行常规和环境安排而非教学来促进成功。

对所有期望行为进行的教学都应该在期望行为发生的时间或者情境之前进行。可以肯定的是，我们不会在第一次考试时才决定第一次教数学，所以我们不应该等到学生已经在操场上玩了才开始讨论。教学是从理由以及课堂上可以进行的讨论开始的。随后，示范和练习可以转到自然环境中，无论是走廊、操场、公交车站，还是课堂上的下一个活动。此外，所有的规则和期望将在整个学年中被反复教授，因为教师会继续在自然环境中提供对表现的反馈。每次教师像"哇，你们在这里真的很尊重彼此，让队伍的领头者当裁判"或者"约翰尼，你真的很擅长清理你的区域"这样惊叹观察结果时，学习就发生了。

### 本章回顾

❶ 清晰的教学是确保学生表现出期望的学业和社会性行为的关键。
❷ 在制订教学计划时，应该为初始技能习得、发展熟练性、维持新习得的技能以及泛化制定目标。
❸ 无论是学业还是社会性行为，反馈都是教学的关键内容。
❹ 有效的教学依赖于卓越的教学和有利于学习的环境。

### 应用

❶ 为数学问题、课堂规则和阅读任务分别提供一个习得目标的示例。
❷ 为每个你制定的习得目标设计一个熟练目标。
❸ 为每个你制定了习得和熟练目标的任务设计维持和泛化目标。
❹ 根据全校对期望行为的普遍预期，依据锚点制定一张规则表。

# 第 8 章

# 课堂上的前奏干预

### 本章目标

阅读本章后，你应该能够描述以下概念：
- ✓ 课堂期望
- ✓ 教室布局与学生行为之间的联系
- ✓ 课堂规则
- ✓ 积极的监督
- ✓ 使常规活动中性化

你也应该能够：
- ✓ 区分期望和规则
- ✓ 列出用于制定课堂规则的策略
- ✓ 描述教授学生课堂规则所涉及的步骤
- ✓ 确定发生在课堂之外的情境事件，以及尽可能让其减少的方法

到目前为止，我们已经描述了如何进行课堂的 FBA。在完成评估并形成对问题行为发生原因的假设后，FBA 的结果要用于制订课堂管理计划。所有课堂管理计划的一个关键内容都是改变前奏事件来促进适当行为，并让问题行为更不可能发生。这是本章的重点。研究表明，有效和无效教师之间的关键区别在于他们是否使用前奏干预；换句话说，就是他们是否使用教学和环境技术来预防问题行

为并促进适当行为（例如，Marzano, Pickering, & Pollock, 2003; Watson, Gable, & Greenwood, 2010）。预防问题行为要求提前做好计划。因此，在本章我们提供了有关如何布置教室的指导原则，以鼓励适当行为并阻止问题行为。首先，我们着重于改变情境事件来影响学生的行为；然后，我们将讨论辨别性刺激可以如何被操控。当然，教学设计和教学风格是适当行为和不适当行为的关键前奏事件。

## 改变情境事件以改善学生行为

正如第6章所述，学生在课堂上的行为会受到各种广泛的情境变量的影响。预防问题行为通常需要通过以下几种方式来改变情境：（1）改变房间的物理布局；（2）对期望的行为进行定义并开展教学；（3）鲜明地对常规活动进行结构化；（4）改变监督风格；（5）改变或者控制课前或课后的活动。

### 改变教室的物理布局

如果课堂 FBA 的结果表明，教室的环境布置可能导致问题行为，那么任何干预首先都应该聚焦在改变教室的布局上。教室布局可以包括墙面空间的使用、教师课桌和材料的位置、学生课桌的安排以及动线。

**利用墙面空间**。墙面空间和公告板不仅是展示重要信息的有用区域（比如，稍后讨论的课堂规则），而且可以让教室个性化。一些教师花大量时间用复杂的艺术作品和其他装饰物让他们的教室变得独特。然而，在我们看来，制作布告栏展示品可能不是对教师时间的最好利用。即使学年开始的时候布告栏是空的，但随着时间的推移，这个空间肯定会被学生的作业填满。在考虑使用教室里的墙壁和公告板时，要确保你已经确定了一个空间，一直用于并易于查看这些信息：（1）课堂规则；（2）每日课程表；（3）每月或每年有重要活动的校历。此外，还要确保墙上的每一样东西都与你要教的内容有关。当你完成了一节课，就要去掉墙上或者板上任何与这节课相关的东西，这将帮助你保持这个教室不杂乱。

**确定教师桌子的位置。**教师桌子的位置几乎和学生课桌的位置一样重要。许多教师把他们的桌子放在教室的前面以及正中间，他们认为这样能最好地让他们查看整个教室。遗憾的是，这样摆放桌子实际上可能会对课堂行为产生有害影响。首先，当学生在教室里时，有效的教师很少花时间坐在桌前（Colvin, Sugai, Good, & Lee, 1997; DePry & Sugai, 2002）。相反，他们会不断地在教室里走动，监督他们的班级，并在学生需要时提供反馈和帮助（有效教师的行为将在第10章中进行更深入的讨论）。其次，教室的前部往往是人来往频繁的区域。因此，桌子可能会阻碍动线，因为它处于动线的位置，实际上也许还会"吸引"学生去翻看桌子上面和里面的物品。因为有效的教师主要是在学生不在教室时使用他们的桌子，所以桌子更好的位置是在主要动线之外。

**教室里的材料。**当我们考虑教室里有什么时，首先提到的通常是教师的桌子、黑板和学生的课桌。然而，一般情况下，教室里有更多的东西。教室里通常包括至少一个文件柜、书架、一台或多台电脑、视听设备（高射投影仪或者液晶显示器投影仪），可能还有其他教学工具，比如水族箱或者植物。作为一名教师，你的工作就是组织你的教室，使所有这些东西都能促进而不是阻碍学生的学习。

文件柜和其他储物家具应该放在一个实用的且不会妨碍学生在教室里活动的地方。要考虑将经常使用的物品与不经常使用的物品分开区域存放。经常使用的物品最好放在它们将要被用到的地方附近。例如，耳机可以放在电脑工作台下面的小箱子里。

许多教师会把个性化的物品带进教室，比如植物或者水族箱。这些物品为教室增添了视觉吸引力，也可以作为学习工具。如果你把这些东西带进你的教室，要确保让学生提前知道，并教授他们特定的规则，说明如何与你带来的东西进行互动。例如，如果你在教室里放了一个鱼缸，你可能会教学生不把手贴在玻璃上。要制定规则，规定学生何时可以与你带来的物品进行互动，并将这些物品放置在一个不会分散他们注意力的地方。

**学生课桌的安排。**如前一章所述，研究表明，教室的物理布局会显著影响学生的学习和不当行为（例如，Axelrod, Hall, & Tams, 1979; Baines, Kutnick, &

Blatchford, 2008; Reinke, Lewis-Palmer, & Merrell, 2008; Simonsen et al., 2008）。然而，并没有一种正确的确定课桌位置的方式。相反，教师应该利用评估来决定当前的安排是否有利于他们的班级目标，以及为什么这样或者为什么不这样。例如，如果教师的目标是增加合作性的问题解决（由学生测量，一起学习），那么分组安排课桌（或者学生坐在桌前）可能是最有效的。相反，担心学生在教学过程中窃窃私语的教师可能会考虑把课桌排成一排，以减少学生与学生之间的互动。常见的课桌排列方式如图 8.1 所示。

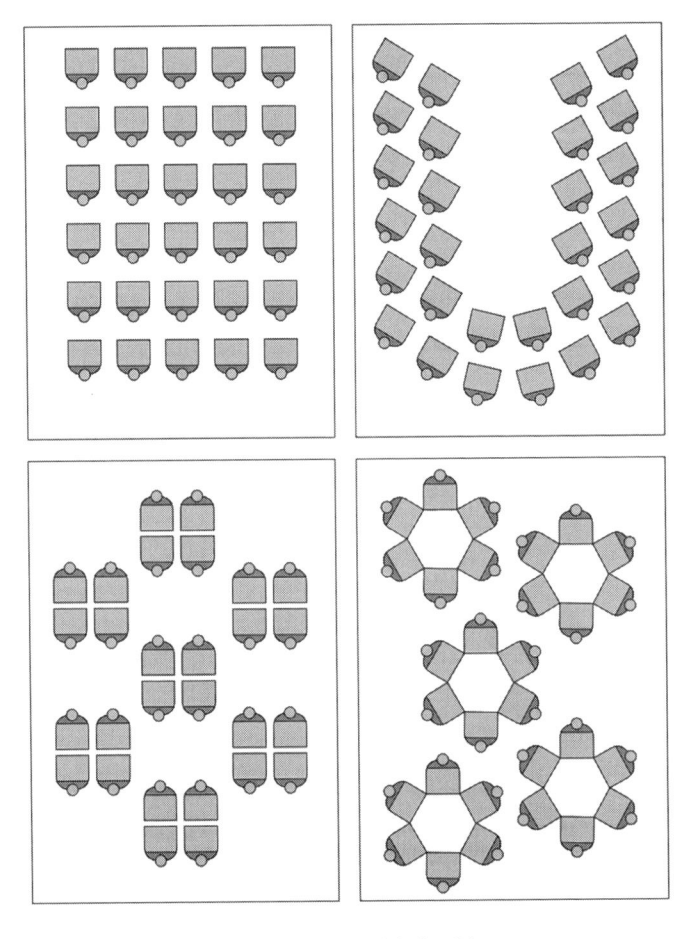

图 8.1　课桌排列方式示例

每一种安排都有优缺点。应该由教师或实施评估的人来确定座位安排是否可能造成课堂上的困难。如图 8.1 左上角所示，将课桌排成一排可能最适合包括独立作业和/或教师主导教学这样的班级活动。右上角的方框描绘了一个半圆形的座位安排方式。这种座位安排方式就像使用横排座位一样，能够让教师主导的教学和独立作业很容易进行。马克斯等人（Marx et al., 1999）提出，半圆形的座位安排方式会让学生更频繁地向教师提问，这表明学生的参与度可能受到这种安排的影响。图 8.1 的下面两个方框描绘了可以促进更多学生互动的课桌安排方式。这对学生常常开展合作学习的课堂或者活动是很有用的。

**教室内的动线。** 与课桌安排方式密切相关的是教室内的动线。首先，课桌之间应该有足够的空间，让学生们可以很容易地在课桌之间来回走动，并且不会打扰到其他学生。其次，学生应该能够在教室周围的工作站之间来回移动。最后，教师应该认真考虑所有分隔教室的东西。房间分隔物包括很明显的分隔物，如大型面板和墙壁（可移动和不可移动的），但也可以是只挡住教师和学生视线的物体。有效的课堂可以让教师从任何位置观察教室里的所有学生。这样，不管教师站在哪里，他或她应该都能够看到学生在做什么。此外，所有学生都应该能够看到和听到教师在讲课。

许多教师在教室里使用工作区（或者工作中心）。工作区是教室内供某项特定活动进行的一个特定区域。例如，一年级的教师可能会把教室后部的桌子指定为艺术区。对于所有的工作区，要使用以下指导原则：

1. 把需要的材料放在靠近工作区的地方，以尽量减少教室内的走动。
2. 确保你能够在教室的所有位置监督工作区的学生，如果你在工作区帮助学生，你也能够看到整个教室。
3. 根据需要制定专门针对工作区的规则。
4. 规定学生什么时候可以进入工作区，什么时候不可以。

## 定义和教授期望行为

当我们希望学生展现一种新的学业技能时——比如，两位数乘法——我们要在学生进入教室之前就开始这个过程。我们首先要确定学习目标,然后明确如何测量学生的进步。此外,我们还要说明通常通过教学、频繁的练习机会和反馈来教授学生新技能的精确策略。一旦准备就绪,我们就要实施这些特定的教学策略,以指导技能的发展并培养熟练性。虽然这一过程对绝大多数教师来说是显而易见的,但它很少应用于社会性行为的教学中。许多教师没有事先确定他们想要在课堂上看到学生表现出的亲社会行为,也没有清晰地教学生这些行为——要么开始时要么通过重复的方式来培养熟练性。这是令人遗憾的,因为大量的研究表明,有效的教师既要建立清楚明了的行为规则,又要清晰地向学生教授这些规则(Kern & Clemens, 2007; Lohrmann & Talerico, 2004; Reinke et al., 2008)。因此,课堂规则的制定和直接教学是增强可预见性的方式。规则不仅应该为一般的课堂制定,也应该为课堂评估揭示有问题的特定常规活动而制定。我们首先聚焦于课堂的一般规则,再是聚焦于特定常规活动的规则。然后我们要为制定、教学以及强化规则提供策略。

  回顾一下我们在第6章开头讨论过的李先生的课堂。回想一下,在活动开始和结束的时候,李先生的学生都表现得非常有破坏性,他花了很长时间才让学生投入下一节课中。当你读到这个例子时,你是否认为"他需要采取严厉措施。那些学生需要纪律处分"?也许你会想,"李先生要做的就是奖励那些做正确事情的学生"。通过实施结果策略来减少不期望的行为或者增加期望的行为是一种常见的对问题的反应。但问题是,如果学生没有被教授过期望行为,那么仅仅尝试通过结果来教学生会导致他们需要很长时间来学习要做什么。在这种情况下,学生会进行试错来弄清楚要做什么,并且只有当结果对学生来说非常不愉快,以至于盖过了任何对不期望行为的强化时,才会发生这种情况。因此,即使李先生试图使用奖励系统,他也可能无法改变很多学生的行为。

  在上学日的一天伊始,所有的学生都在教室里,几个学生在自己的座位上,但大多数人都是三五成群地站着说话。几个学生望着窗外,教室后面有两个学生弯腰做着什么,李先生看不见。李先生决定奖励那些在活动开始时就坐在自己座位上的学生,于是他大声说:"简(Jane),比尔(Bill),我很高兴你们都坐在自己的座位上，你们每人得1分。德斯特妮（Destiny），谢谢你坐在你的座位上，你也得1分。"三个学生看着他，德斯特妮问他分数可以用来做什么。李先生告诉他们，拿到15分的学生可以利用课堂的最后5分钟休息一下。德斯特妮、简和比尔似乎对此很满意，然而，李先生注意到其他人似乎并不在意。在这周剩下的时间里，他都在尝试同样的方法，每天这三个学生都能得1分。偶尔其他学生也会坐在自己的座位上，但总的来说，李先生发现这个问题还在继续：上课铃响的时候，绝大多数学生都没在座位上。

你可能会反驳说，大多数学生根本不知道新的奖励制度，或者奖励不够吸引人，不足以发挥强化的作用。这两种观点可能都是对的。如果李先生向所有人解释这个制度，并且如果他选择了一个对学生非常有价值的奖励方式，他可能会在几天或者一周内看到结果。然而，如果李先生除了强化学生的适当行为之外，还会先教学生要做什么，那么，他就可能更快地取得成功。换句话说，李先生需要建立并教授那些重点在于活动开始时要做什么的课堂规则。当学生确切地知道对他们的期望是什么以及为什么被期望时，他们就更有可能表现出期望的行为。

在下一部分，我们将提供用于制定课堂规则的指导原则。首先，我们将讨论对亲社会行为的一般期望的使用，以及这些期望如何与全校范围内的纪律制度进行最佳结合。接下来，我们将介绍如何将对亲社会行为的期望转化为规则，明确规定学生应该说什么和做什么。

**将行为期望作为课堂规则的基础**。确定课堂规则的一个有用的方法是广泛地考虑什么行为是被期望的。在这一点上，重点在于对适当行为的一般陈述（比如，"要尊重"或者"要合作"）。行为期望是对亲社会行为的一般描述；也就是说，它们为课堂建立了行为规范。所谓期望，就是用于陈述更为特定的规则的一种有用的缩写方式。接下来我们将描述如何从期望形成规则。因为这些特定规则与期望相关联，因此，有3~5个简单的亲社会行为期望，就可以让学生和教师更容易记住多条规则。例如，"做好准备"这一期望可以被定义为：上课时把作业拿出来，手里有纸笔，第一次听到指令时就按照指令去做。所有这些行为都可以快速概括为"做好准备"。因此，如果一个学生表现出所有这些行为，教师可以这样感谢他："谢谢你今天做好了准备。"同样，如果一个学生需要被提醒如何完成作业，教师可能会说："胡安（Juan），你需要努力做好准备。告诉我下次你怎样才能更好地为朗读做准备。"如果你的学校采取了着重改善校园氛围的干预措施，你就可以采用全校性的期望来制定你的课堂期望。或者，你也可以只是确定你想更多看到的一般社会性行为。当你想象你的完美课堂时，要用下面的问题来指导你：

1. 在你的课堂上进行的各种教学（比如，独立作业、小组作业和教师讲授）中，学生们在做什么、说什么？
2. 在活动间转衔的过程中，学生们在做什么和说什么？
3. 学生们怎样进出教室？
4. 学生们如何互动？他们与你如何互动？
5. 当学生需要帮助的时候，他们会做什么？
6. 学生如何让你知道他们需要离开教室？
7. 如果来访者来到教室，他们会如何描述你的教室？你希望他们说什么？

根据你对这些问题的回答，列出一张期望行为的清单。例如，上课铃响时，所有学生都在座位上吗？当他们有问题的时候，他们会举手吗？来访者会形容你的教室是活跃的还是安静的？一旦你有了一张行为清单，要将这些行为分类，然后思考用宽泛的词句来描述这些行为。例如，如果你期望的许多行为都是类似"上课时把材料拿出来""把作业带到课堂上""第一次就按照指令做"这样的活动，你也许可以用"做好准备"来命名。你也可以通过观察自己或同事的课堂来形成期望行为。观察学生如何表现、彼此之间如何互动以及如何与教师进行互动。你可以把你的观察着重放在前面提出的问题上。我们的目标还是要列出一份行为清单，这些行为可以被概括为广泛的社会性行为期望。

**制定整体的课堂规则。**如前所述，课堂规则为学生的适当行为提供了指导。规则是期望行为的具体表述，它们描述了一个人在课堂上应该说什么或者做什么。期望行为是一种整体的构想，而规则聚焦的是的确应该发生的事情。在制定课堂规则时，要考虑以下几点（总结见表 8.1）。

**表 8.1　制定课堂规则的指导原则**

1. 让规则与全校性期望以及校规保持一致
2. 描述人们说或做了什么，要聚焦在可观察的行为上
3. 为每个期望制定 3 到 5 条规则
4. 规则要适用于课堂内的所有领域以及所有活动
5. 规则要适合学生的发展水平
6. 规则要公开张贴

**与校规保持一致**。制定你的课堂规则，要从审查你学校的期望（如果有的话）和规则开始。你会希望你的课堂规则与学校的规则保持一致。例如，如果校规是"把手机放在家里"，那么手机显然不被允许进入你的课堂。使用你学校的期望有助于保持一致、积极的学校文化，但它并不强制你为你的课堂制定特定的规则。相反，要创造性地思考你想要的行为如何符合学校的规则。表 8.2 描述的是一个可能的期望和规则的矩阵。表中的例子仅作为示例。教师不应该觉得有义务在他们的课堂使用这些规则或者期望，它们仅仅只是指导。而且，表格里所包含的期望和规则可以比你在任何一个课堂里都要多得多。

**用可观察的术语描述人们将做什么或者说什么**。规则的目的是阐明人们会做什么或者说什么。期望是整体的陈述，而规则告诉人们应该怎么做。此外，规则规定了学生应该做什么，而不是他们不应该做什么，它们的措辞都是积极的。要从教学的角度来考虑这个问题。当教学生一项学业技能时，我们通常会提供与如何完成该技能相关的教学——学生应该做什么。消极陈述的规则告诉学生一件他们不应该做的事情。这就为其他多个行为打开了大门，而其中只有一个行为是你希望看到的。例如，想象一下如果李先生的规则是"上课铃响后不许站着"会发生什么。学生们可能仍然不在座位上，尽管他们可以坐在地板上、桌面或工作台上。此外，他们可能只是跪在椅子上。为了和朋友聊天，他们可能会坐在对方的

椅子上。但是，如果李先生的规则是"上课铃响时坐在座位上准备学习"，这些问题中的许多问题就可以避免了。当然，李先生还要教学生"准备学习"是什么意思。这凸显了消极陈述规则的第二个问题：学生可能不知道他们实际上应该做什么。如果你的规则是正面陈述的，并教给学生，这个问题就解决了。告诉学生不做什么的规则会导致更消极的氛围，因为你会不断地寻找消极的行为，而不是关注学生做得好的地方。

**为每个行为期望制定一些规则**。每个行为期望可以由大约三条规则来定义。如果每个行为期望有 3 条以上的规则，学生就很难记住所有的规则，你也会这样。因此，要把重点放在能提高学生课堂参与度和学业成就的关键行为上。

表 8.2　课堂期望和规则示例

| 小学 ||
|---|---|
| 期望 | 可能的规则 |
| 有责任心（尊重财产、成为一个好的学习者） | ・做好准备<br>・上课铃响时坐在座位上<br>・说话前先举手<br>・当教师鼓掌时，闭嘴、往前看并鼓掌 |
| 注意安全（尊重自我） | ・管好自己的手和脚<br>・保持自己的整洁<br>・就座时，背靠椅背，屁股在座位上，脚着地<br>・让椅子的四条腿都在地上<br>・轮流<br>・走路时保持身体安静 |
| 有礼貌（尊重他人） | ・别人说话时，嘴巴要闭紧<br>・只拿属于自己的东西<br>・在室内轻声说话 |

续表

| 高中 ||
| --- | --- |
| 期望 | 可能的规则 |
| 有责任心（尊重财产、成为一个好的学习者） | ·做好准备<br>·上课铃响时坐在座位上<br>·按时、整洁地完成作业<br>·把计划本带来课堂并放在自己课桌上 |
| 注意安全（尊重自我） | ·坐在椅子上，面朝前方，脚放在地上 |
| 有礼貌（尊重他人） | ·倾听他人说话<br>·使用合适的声音和语调<br>·离开前拿到走廊通行证，一次只能一个人走<br>·只有教师不向全班讲话时才使用卷笔刀<br>·小心对待教室中的物品和他人财产<br>·尊重他人的空间和财产 |

**规则要适用于教室内所有区域**。一般的课堂规则需要适用于课堂的所有常规活动以及教室的不同区域。之后你可以再制定用于特定情境的规则。然而现在的重点应放在一般的课堂规则上。所以，想一想你希望一直看到的一般行为。再看一下表 8.2 中关于一般课堂规则的示例。正如该表所示，一般规则聚焦的是你希望在教室里始终看到的社会性行为规范。

**规则要适合学生的发展水平**。在确定规则时，要考虑学生的年龄和发展水平。确定的行为以及规则的措辞都应该与学生的发展水平相匹配。高中对学生的期望与小学对学生的期望往往是截然不同的。例如，幼儿园的孩子一般不可以未经允许就离开教室。然而，在许多高中的教室里，学生被认为是能够管理自己的青少年。因此，教师只需在教室门口留下一张走廊通行证。例如，如果学生需要离开教室去喝水，他们就会拿起这张通行证，当他们回到教室时，再把通行证还给教师。因此，在小学"有责任心"这一期望可能包括离开前获得允许，而在许多高中则不是这样。除了实际的规则之外，规则的措辞应该与学生的发展水平相匹配。对于年幼的学生来说，教师可能发现用图片描述规则比把规则写出来更容易。

**规则要公开张贴**。一旦你制定了自己的规则，就要把它们张贴在教室里容易看到的地方。可观察到的规则可以作为适当行为的提示。学生会频繁看到规则，这将有助于他们遵守规则。此外，公开张贴的规则也可以作为对你的一个提示，让你可以经常参考它们，重新教它们。如上所述，对于不识字的学生，可以使用图片而不是文字，张贴规则的目的是促进亲社会行为，而只有在所有学生都能理解张贴内容的情况下，亲社会行为才会发生。一些高中教师可能会选择把规则打印出来给学生，而不是把它们张贴出去。如果你选择这种方式，就要在你的桌子附近放一份规则的纸质材料，这样你就可以很容易地参考它们。不过，我们鼓励所有的教师，甚至是高中教师，至少在一个地方张贴这些规则。有些教师担心在教室里张贴规则太"小学化"了。然而，想一想就业场所。许多雇主会在一些特定区域张贴规则。例如，许多餐馆都有提示顾客在用餐后自行清理以及禁止吸烟的标志。

**用于特定常规活动的规则**。总体上，课堂规则对于形成一致、积极的课堂文化很重要，它们告诉学生在你的课堂上该如何表现。在所有的课堂上，都有各种各样的活动在进行，这些都是功能性的常规活动。正如第3章中所定义的，功能性常规活动是指经常发生的活动，比如进出教室、小组任务以及计算机时间。用于这些常规活动的规则让学生知道在每个常规活动中应该发生什么特定行为。

要制定用于特定常规活动的规则，首先要考虑与你在一起时学生要参加哪些常规活动。表8.3列出了一些常见的课堂常规活动，不要仅仅依赖于这个列表。其中一些常规活动可能在你的班级中不太适用，而其他一些常规活动则可能没有在这里列出。一旦你有了一份常见的课堂常规活动清单，还需要逐一考虑每项常规活动。对于每一个常规活动来说，你希望你的学生表现出什么行为？例如，学生应该如何进入教室？当上课铃响时，他们应该在哪里？他们应该在做什么？要列出学生为了完成活动应该做的所有行为。当你做完之后，要问自己："学生可能会犯什么错误？"例如，如果上课铃响时学生要去排队，他们可能会从座位上跳起来，跑到门口去排队。所以你要特别教他们在被叫到之前要待在座位上，直到被叫到才起身走到门口。

**表 8.3　课堂常规活动示例**

- 上课开始和结束时进出教室
- 上课过程中离开教室（比如，去喝水）
- 广播播报时的行为
- 独立任务
- 小组任务
- 计算机时间以及其他特殊区域（比如，阅读角）
- 排队
- 当你在活动结束前做些什么
- 获得教师的帮助或者获得关注
- 从一个活动向下一个活动的转衔
- 在走廊上行走
- 自由活动时间
- 提交家庭作业或其他作业

**教授期望行为。**一旦制定了期望和规则，下一步就是教授它们。人们很容易想当然地认为学生"知道如何表现"。然而，事实往往并非如此。而且，与其他教师的期望相比，学生们并不太可能知道你的期望是什么。许多教师试图通过在上课第一天向学生发放一份包含所有规则的纸质材料或者在第一周简单回顾这些规则来解决这个问题。这个方法类似于通过在纸上给学生一个示例来教学生如何变化动词的词形，或者给他们读一遍步骤，然后期望他们能够成功变化所有的动词词形。事实上，我们应该用与教授学业技能同样的方式来教授期望和规则。教授规则的方法是：（1）陈述规则；（2）提供规则的简短理由；（3）给出示例和反例；（4）给予练习的机会并提供反馈。在绝大多数情况下，最好是在行为将发生的情境中教授规则。例如，如果你的规则是"上课铃响时做好准备"，你可以在你教室外的走廊上或者当学生坐在课桌边的座位上时教授。提供理由可以帮助学生理解规则为什么是有价值的。要将理由聚焦在遵守规则将如何为每个人改善课堂以及学习环境上。你甚至可以要求学生提供他们认为遵守规则很重要的理由。教授规则的第三步是提供示例和反例，可以口头进行，这通常对行为的示范也很有用。很多时候，学生会自愿出示示例，说明遵守规则和不遵守规则意味着什么，这就提供了一个练习的机会。当你教了这些规则之后，学生们需要一个练习的机会。你可以在教学结束后这样做，例如，说："好了，同学们，让我看看你们明天会怎么进教室。"当学生们表现出正确的行为时，要提供清晰的积极反馈；也就是说，告诉他们，他们所做的是正确的。例如，你可以说："太棒了！每个人进入教室时都没有发出很大声音，而且当铃响时大家都坐在座位上。"如果学生犯了错误，要使用像纠正学业错误一样的方法纠正他们：指出错误，询问、告诉或者向学生描述遵守规则的正确方法。如果上课铃响时劳拉（Laura）没有坐下，你可以说："劳拉，你今天早上没有准备好。请告诉我上课铃响时你应该在哪里。"

使用规则教学矩阵表有助于制订如何教规则的计划。一个完整的矩阵表如图8.2所示。在这个示例中，规则是"上课铃响时坐在座位上"。

要使用这个矩阵表，首先要确定你要教的内容，遵守规则是什么样子的。弄清楚这一点，要问问你如何"看到它时就知道它"，学生们会说什么，会做什么。其次，要记录你将如何教授这条规则。你可以像这个示例中的教师一样提供理由。或者，你可以问学生为什么这条规则很重要。再次，要弄清楚你如何能确保学生做正确的事情，你能做些什么来促进成功。为了让学生在上课铃响时更有可能坐在座位上，这个示例中的教师决定，她可以定期重申这条规则，并询问学生在上课铃响时应该做什么。而且，她还把上课铃响时经常跳起来的学生安排在教室最前面、离她更近的位置上。最后，她决定在上课铃声即将响起时在教室里来回走动，靠近那些难以遵守规则的学生。表8.4给出的是促进规则遵守的提示。矩阵

| 规则：上课铃响时坐在座位上 | |
|---|---|
| 将要教的内容 | 教规则的方法 |
| 上课铃响起时坐在你的座位上，"背靠椅背，屁股在座位上，脚着地" | 1. 解释规则和理由（端正地坐着可以确保没人忘记东西或受伤） |
| | 2. 请学生对遵守和不遵守规则进行角色扮演 |
| | 3. 在第一天教学结束时，奖励所有遵守规则的学生 |
| 促进成功的方法<br>1. 当开始上课/临近下课时，陈述规则或让学生陈述<br>2. 让难以遵守规则的学生坐在教室里靠前的座位上<br>3. 当上课铃声快响时在教室里巡视——站在难以遵守规则的学生边上 | |
| 成果 | 回应 |
| 成功：坐在座位上 | 1. 口头表扬，"谢谢大家都坐在自己的座位上" |
| | 2. 课堂游戏——每周一次 |
| | 3. 在座位上坐好的学生可以先离开 |
| 失败：离开座位 | 1. 第一次，"让我看看你们应该怎么样" |
| | 2. 一周内的第二次："你们离开座位了，你们明天将失去5分钟的休息时间，用来练习你们需要做的事" |
| | 3. 一周内的第三次："好的，你们需要更多的帮助来记住规则，明天休息时间你来办公室写一写为什么在教室里遵守规则很重要，写满两页纸" |

| 规则： | |
|---|---|
| 将要教的内容 | 教规则的方法 |
| | |
| 促进成功的方法 | |
| 成果 | 回应 |
| 成功 | |
| 失败 | |

图 8.2（a）和（b） 教学矩阵示例

### 表 8.4　促进规则遵守的建议

学生在教室里看到的东西
- 列出规则的标志
  - 需要的图片
  - 学生画规则标识
  - 在靠近常规活动的区域张贴问题，询问学生他们应该有什么以及做什么
- 在地板上标出行为应该发生或不应该发生的区域
  - 围成一圈时学生应该坐的位置上的圆点
  - 一条让学生排队的线
- 画有学生遵守规则的图片

你可以表现的行为
- 为某项活动设定时间（比如，自由活动时间）
- 发出信号以引起注意
  - 拍手
  - 开灯关灯
  - 摇风铃
  - 说让学生做出回应的话（例如，"一到三，看着我"，学生说，"一二，看着你"）
- 让难以遵守规则的学生坐到靠近你或者预示适当行为信号附近的位置
- 在该遵守规则的时间之前，让学生告诉你规则是什么

表的下半部分包含了遵守规则的结果。

教学不仅应该在学年开始时进行，而且应该在整个学年中定期进行。你可以考虑一年中的困难时期，比如假期前后或全校活动之前，来预先计划什么时候要重新教授规则。此外，当学生难以遵守规则时，教师可以重新教授这些规则。如果你注意到，许多学生已经有几天或者一周的时间都没有遵守课堂规则，你也可以在接下来的几天里花几分钟的时间与学生一起复习这些规则。

还有一个教授课堂规则的重要方法是自己遵守规则。观察别人做什么也是一种学习方式，所以学生会看他们的教师表现给他们的什么是可接受的，什么是不可接受的。因此，要保证你遵守自己的课堂规则。例如，如果有一条规则是"在别人说话时倾听"，你应该避免打断你的学生，或在学生说话时与另一个学生说话。

**结果要与课堂规则有关。**一旦你建立了课堂规则，并把它们教给了学生，你

需要对遵守和不遵守规则的行为提供结果。第 9 章对此进行了更深入的讨论，描述了奖励期望行为和应对行为挑战的综合性系统。但是，考虑根据特定的规则要如何回应学生的行为的时间正是你设计这个系统的时候。图 8.2 所示的教学矩阵表对确定结果是很有用的。在学生行为发生之前花时间制订回应他们行为的计划是很值得的，因为这有助于你的回应更加具有一致性。首先，你应该考虑当学生遵守规则时，你将如何回应。这里的目标是确保遵守规则的行为会继续下去，所以你要提供学生喜欢的结果。当然，当学生不遵守规则时，考虑如何回应也是很重要的。这在第 10 章中也有更深入的讨论。要做到这一点，要思考什么是合乎逻辑的结果，合乎逻辑的结果通常会提供重新教学的机会。其次，要考虑如果问题出现第二次或第三次，你将如何回应。例如，考虑"说话前先举手"这条规则。合理的结果是告诉学生他们需要举手，然后再请人发言，这样就提供了一个教学的机会。当这种行为第一次发生时，这是有道理的。但如果学生在一节课内七次都是随意发言，这种结果很显然没有什么作用。另外，这种行为很可能是对其他学生的干扰。因此，与其每次行为发生时都重复这条规则，教师还不如在第二次时就告诉学生："你举手有困难。我们需要用 5 分钟的休息时间一起练习这个动作。"在设计结果时，要确保你愿意并能够持续地实施它们。这意味着无论什么时候这种行为发生，你都要做出回应。此外，无论谁违反了规则，你都要做出类似的回应。一致性是减少违反规则的关键。继续我们的例子，如果教师有时但却不总是容忍不举手的发言，学生就永远不会知道什么时候该举手，而且可能会很少举手。

### 常规活动的结构

在任何班级中，学生的行为都更多受到常规活动的可预见性以及对学习和社会性行为的期望是否得到清晰的陈述这两点的影响。可预见性是通过依照每天的日程表活动来得到提升的。

课堂日程表说明了活动的顺序。课堂日程表需要足够灵活，以纳入一天中可能发生的许多教学活动。因此，日程表不会指定具体的活动（例如，从 10:00-10:20 复习代数作业单），相反，它提供要涵盖的一般主题。因此，一节代数课的日程表可能会分配每天的前 10 分钟用于复习作业，接下来的 30 分钟教授新技能或者进行小测验，最后的 10 分钟则是检查学生的理解程度。这样的日程表可以安排各种具体的活动。例如，在某些日子里，复习家庭作业可能涉及与其他学生交换作业和评分；在另一些时候，可能会涉及集体回答正确答案；而在另一些日子里，它可能会以游戏节目的形式出现。

制定日程表时，要从考虑有多少时间可以用来上课开始。通过分解学生与你在一起的时间里已经安排要进行的其他活动，你可以确定这个时间。例如，一个三年级的教师可能每天有 7 个小时的工作时间，然后减去 45 分钟的午餐和休息时间，以及 50 分钟的艺术、音乐或体育教学时间。这样一来，教师就剩下 325 分钟，也就是 5.5 小时左右。这与有关学校教学时间分配的研究是一致的，该研究表明，实际上只有不到 80% 的可用时间用于核心学业领域的教学（Hoffmeister & Lubke, 1990; Metzker, 2003）。当然，不是所有剩下的 5.5 小时都必须用于教学，因为时间还需要分给休息和活动之间的转衔。虽然休息和转衔时间应该被包含在里面，但是应该避免大量的休息时间，这至少有两个原因。第一，也是最明显的一点，就是在这些时间里没有任何教学发生，所以这里额外的几分钟就代表着失去教学的机会。第二，长时间的休息以及延长的转衔时间意味着学生们只能自己找事情做。这通常会导致破坏性的活动，比如相互交谈。一旦吵闹或者破坏性行为开始，让班级安静下来准备上课所需的时间会比其他情况下要长得多。制定日程表的建议如下，图 8.3 给出了日程表的一些示例。

要记录下学生与你在一起时他们参与的所有教学活动，并写下你愿意在每项活动上投入的时间。在纸上或者用 Word 做一个表格。将比你认为你需要的更多的行插入到这张表格中，用三列，并命名为"时间""活动"和"教师"。

1. 分别在第一行和最后一行记录上课时间或一天的开始时间和结束时间。

2. 开始将列表中的活动填入剩下的格子中。考虑把核心领域（如阅读、数学）安排在早上，因为大多数学生在早上注意力更集中。这也可以让这些领域的第二层级（小组教学）干预在下午进行，这些干预是以课堂上的材料为基础的。

3. 记录下每个活动的主要负责人（只有当其他人，比如助教，定期提供教学

课外活动所占的时间
- 艺术、音乐、体育——每天中午到 12:30
- 午餐和休息时间：12:30–1:30

日程表中要包括的活动和活动要花费的时间
- 阅读和写作：100 分钟，包括为阅读第二层级（Tier II）的学生开展的小组教学
- 数学：60 分钟
- 自然科学：60 分钟
- 社会科学：60 分钟

| 时间 | 活动 | 教师 |
| --- | --- | --- |
| 7:45–7:55 | 早晨欢迎 / 晨检 | 我 |
| 7:55–8:00 | 转衔到阅读 | |
| 8:00–9:00 | 阅读 / 写作 | 我 |
| 9:00–9:05 | 转衔到数学 | 我 |
| 9:05–10:05 | 数学 | 我和实习老师 |
| 10:05–10:10 | 转衔 | 我 |
| 10:10–10:50 | 独立阅读 / 小组教学 | 实习老师、阅读老师 |
| 10:50–10:55 | 转衔到自然科学 | |
| 10:55–11:55 | 自然科学 | 我和实习老师 |
| 11:55–12:00 | 转衔到特殊活动 | |
| 12:00–12:30 | 特殊活动 | |
| 12:30–1:30 | 午餐和休息 | |
| 1:30–2:30 | 历史 / 社会科学 | 我 |
| 2:30–2:45 | 复习，打扫 | |
| 2:45 | 放学 | |
| | | |
| | | |
| | | |

**图 8.3　课堂时间安排**

时，才需要记录）。

4. 如果你有一个助教，要考虑他或她的休息时间，并确保你能独自完成这些时间安排的活动。

关于日程表，最后要考虑的是应不应该张贴出来。一般来说，小学课堂通常要求将日程表张贴在墙上。这样，学生们就可以查看他们这一天都做了什么，接下来要做什么。此外，幼儿园和一年级的教师可以将日程表作为教学的一部分，在制订计划中帮助学生学习有用的技能。初高中教师一般不需要贴日程表。不过，日程表要经常查看，这一点很重要。不管日程表是否张贴出来，教师都应该在每天一开始就通知任何打乱日程表的事情，比如集会或小测验。

### 监督风格

预防问题发生的一个很好的方法就是使用积极的监督（Colvin et al., 1997; DePry & Sugai, 2002; Lewis, Sugai, & Colvin, 2000; Oswald, Safran, & Johanson, 2005）。监督，其中一部分内容在本章前面已经讨论过，是确保你可以在所有区域观察教室。然而，同样重要的是你监督的方式。先为积极的监督下个定义。德普利和苏盖（DePry, Sugai, 2002）指出，积极的监督有三个特征：在各个区域走动、与学生互动以及对亲社会行为表示认可。在课堂上，还需要额外的内容：经常检查学生的学习情况。

成功监督的关键是经常在教室里走动来预防问题行为发生以及鼓励适当行为。成功的教师很少在同一个地方待很长时间；相反，他们会不断地在教室里走来走去。在教室里走来走去使教师能够观察所有的学生并监控他们的行为。教师可以经常站在需要更多监督的学生附近。此外，在开展教学时在教室里走动还有助于保持学生的注意力。想想你听演讲时的经历，最为吸引人的演讲者不会站在一个地方，而是四处走动。

积极的监督还包括经常与学生互动，检查他们的学习情况。在教学过程中，这可以采取经常提供回应机会的形式，以及使用集体回应和个别回应。当学生参加活动时，你要在教室里走动，经常在学生旁边停下来，与他们一起进行检查。要确保他们理解并成功完成了作业。

积极的监督还包括对遵守规则使用频繁的强化。如之前讨论过的，为遵守规则提供奖励物有助于确保学生表现出期望行为。

### 课前或者课后的活动

教室里可能影响学生行为的情境事件包括发生在学生上课前的活动或者学生知道的即将发生的活动。假设你接到了一个多年未见的好朋友打来的电话。你的朋友告诉你，她今晚会路过你所在的城市，很想见见你。这一天随着时间的流逝，你可能会变得越来越兴奋，甚至发现很难集中精力去完成手头的任务。你朋友的预期来访是你难以集中注意力的情境事件。对于学生来说，课前发生的事件可能会影响他们在课堂上的行为，包括课间休息或其他没有什么结构但有很多活动的时间，或者意外事件，如消防演习。预期的事件也可能增加破坏性行为和兴奋。在这种情况下，这些事件通常是学生们感到兴奋的事情，例如一个流行音乐团来学校开音乐会或假期前最后一天上课。

第6章中描述的功能性行为评估过程能够让你确定发生在课前或者课后的事件是否影响了学生的行为。如果你确定了这样的事件，你需要采取措施尽可能减少其影响。这可以通过回顾规则、改变教室里的活动或者使用中性化的常规活动（Horner, Day, & Day, 1997）作为前奏干预来实现。此外，你可以增加对适当行为的强化（一种结果干预）。

第一种尽可能减少情境事件影响的方法是回顾规则。如果情境事件是在课后发生的一个预期的事件，这个策略是最有效的。要使用这种方法，就要在学生进入教室时与他们一起回顾规则（使用你选择的一种方式：你可以告诉学生规则，或者让他们告诉你规则）。如果与其他方法比如改变教学或增加强化一起使用，这种方法将是最有效的。

第二种预防破坏性行为的方法是调整教学。这种方法改变了手头任务的一些特征。例如，你可以让学生们分组学习而不是单独学习，或者你可以减少任务。这种方法可以很容易地应用于只偶尔发生的情境事件上，例如，即将到来的假期。然而，如果一个情境事件在课前或者课后例行出现，那么这个方法显然是不合理的。毕竟，你不会仅仅因为学生在你的课后去吃午饭就把每天的数学教学缩短10

分钟。

第三种用于情境事件的方法是使用中性化的常规活动。霍纳等人（Horner et al., 1997）揭示了由特定情境事件（例如，父母意外取消来访）引发的问题行为可以在情境事件发生后通过开展特定的、令人愉快的活动来减少。假设你的学生在周一和周五上课前去了体育馆，所以在那些日子里他们进入教室时吵吵闹闹的，需要长达 10 分钟的时间才能安静下来。在这种情况下，可以设计一种中性化的常规活动来消除体育课的影响。学生们可以花几分钟时间参加什么活动来产生这种效果呢？一个办法可能是让体育老师将体育课最后的 5 分钟作为"安静、专注的时间"。或者，你可以让你的学生在上课的前 5 分钟进行安静的正念练习。你也可以利用上课前的 10 分钟来复习，教你的学生进入教室并立即开始做作业。所有在规定时间内独立完成作业的学生都可以获得表扬。

正如这个例子中描述的，对期望行为提供强化是减少情境事件负面影响的重要内容。在情境事件会发生的日子里，要考虑增加对学生的强化。例如，你可以给那些达到预期的学生两分而不是一分。

到目前为止，我们已经讨论了几个有关问题行为的不同的情境事件，提供了用于预防问题和鼓励亲社会行为的指导原则。现在我们将注意力转向辨别性刺激或者诱因。

### 操纵辨别性刺激的效果

辨别性刺激是在问题行为之前发生的事件，因为它们预示着结果更有可能发生，所以诱发了问题行为。使用功能性行为评估，你可以确定诱发学生问题行为的辨别性刺激。正如第 6 章所述，可能的辨别性刺激的类别包括教学风格、社会结构或者活动，包括其持续时间或其他特定特征的变化。

当考虑对一组学生进行干预以操纵辨别性刺激的效果时，请回答以下问题：

1. 辨别性刺激能被撤除吗？
2. 强化问题行为的结果可以尽可能减少或者撤除吗？
3. 你能添加或增加对适当行为的强化吗？

在假设教学没有受到损害的前提下，改变教室或者教学的某些特征以撤销诱因，可能是预防问题发生的最简单的方法。例如，如果你的学生在相互交谈，而你坐在后面的桌子旁批改试卷，你能在学生在场时多走动走动吗？或者你可以坐在更中间的位置，或者只在学生不在场的时候批改试卷，反之在学生独立做作业时在教室里来回走动。

如果辨别性刺激无法撤除，你就需要改变跟随在这个行为之后的结果。这包括尽可能减少问题行为的回报，或者增加对适当行为的强化。维特默（Witmer）先生的代数概论课就阐述了这种方法。

在秋季学期，维特默先生知道他大约每周会缺课一次，因为要在这段时间帮助校长完成一项特殊项目。他安排了一名代课老师，他们一起检查了教案和材料。此外，维特默先生曾多次观察过这位代课老师，对她的教学能力很有信心。不幸的是，在替维特默先生上了两次课之后，这位代课老师告诉他，她发现学生们非常爱捣乱。此外，学生经常在她背后窃窃私语，写作业拖拖拉拉。她显然不喜欢教这群人，另外，学生们的学习也受到了影响。在这个例子中，代课老师的存在是破坏性行为和作业分心行为的一种辨别性刺激。这个行为在她在场的时候比维特默先生在那儿的时候更有可能得到强化。维特默先生左右为难。他对他的班级投入了精力，但他也非常享受自己参与的项目。而且，他坚信，不管他在不在，他的学生都应该举止得体。因此，仅仅回去上课并撤除辨别性刺激并不是一个选择。在认真思考之后，维特默先生决定改变代课老师在场时行为的结果。他给代课老师一张数据表，让她在每节课后填写。通过使用这张表格（如图 8.4 所示），代课老师评估了学生的行为在多大程度上符合学校期望：做一个好的学习者；有责任心；尊重自我，尊重财产，尊重他人。维特默先生和他的学生一起查看了数据表，告诉他们，如果他们连续两天的代课日在所有期望中都得到 4 分或更高的分数，那么在下一个周五的下午就不会布置作业。然而，如果学生在任何一天的任何期望中得到 2 分或 2 分以下的成绩，那么他们第二天晚上的作业就会加倍。这种干预的效果甚至超出了维特默先生的预期。学生们从来没有得到过 2 分或更低的分数,而且在第一周之后,他们几乎在所有可能的情况下都获得了自由活动时间。此外,在学期末,代课老师告诉他,这个班是她教过的所有中学班级中表现最好的。

|  | 1<br>非常差——几乎没有学生达到期望 | 2<br>差——只有少数学生达到期望 | 3<br>可接受的——至少在一些时候,绝大多数学生达到了期望 | 4<br>优秀——在今天的课堂上绝大多数学生都达到了期望 |
|---|---|---|---|---|
| 成为一个好的学习者 |  |  |  |  |
| 有责任心 |  |  |  |  |
| 尊重自我、财产和他人 |  |  |  |  |

图 8.4　维特默先生的代课老师使用的评分表

在尝试改变结果时,要记住,可能无法简单地撤除强化的结果。特别是像维特默先生的课堂那样时,强化物是来自同伴的关注。因此,更为现实的目标往往是尽可能减少强化,或者增加对适当行为的强化。此外,你还可以添加一个消极的结果(惩罚)来减少不期望的行为。维特默先生采用了这种方法,给那些被报告在代课老师在场的日子里捣乱程度很高的学生增加了一倍的家庭作业。

# 总结

本章聚焦于课堂情境中的前奏干预。前奏干预是在开展了课堂 FBA 后实施的,包括改变看起来可以预测问题行为发生的事件。前奏干预的目的在于减少问题行为发生，同时增加学生表现出适当行为的可能性。我们的重点是如何安排教室以促进教学和适当的行为。我们首先回顾了改变环境事件的方法，最后讨论了如何调整辨别性刺激。

**本章回顾**

❶ 学生的行为受到教师可以控制的几个非教学变量的影响，包括墙面空间的有效使用、教师讲桌的位置以及学生课桌的安排。

❷ 期望行为可以通过制定和教授相关的课堂期望和规则而被促进。期望是表述期望行为的一种简略表达方式，而规则精确地告诉学生说什么、做什么。

❸ 课堂期望和规则应该采用良好教学的原则来教授。也应该教给学生遵守规则和违反规则的结果，这些结果应该一致地实施。

❹ 发生在课堂之外的事情——比如学生在课前或者课后参加的活动——会影响学生的行为。有各种有效的策略来管理这些事件，包括回顾规则、改变期望，以及使用中性化常规活动。

**应用**

❶ 想想你曾经待过的一个课堂，课堂上，学生并没有像他们应该的那样投入。你能制定什么样的课堂期望和规则来改善学习环境？

❷ 你的课结束后有一个集会，对于这个集会，学生们已经盼望了好几个星期了。在课上到一半时学生们就都非常兴奋，几乎无法集中注意力听课。针对你课后的这个情境事件，确定至少两个你可以使用的策略。

❸ 确定可能影响学生行为的辨别性刺激。对于已确定的每一个辨别性刺激，决定是否可以撤销刺激，改变问题行为的结果，或改变期望行为的结果。

# 第 9 章

# 用结果鼓励学生课堂上的行为

### 本章目标

**阅读本章后,你应该能够描述以下概念:**

- ✓ 强化
- ✓ 渐隐
- ✓ 强化后停顿
- ✓ 比率损害
- ✓ 全班奖励系统
- ✓ 代币制

**你也应该能够:**

- ✓ 提供使用课堂强化系统的理由
- ✓ 解释在课堂上使用强化的两条"规则"
- ✓ 区分正强化和负强化
- ✓ 确定三种主要类型的强化物
- ✓ 列出使用活动型强化物的潜在问题并提出避免这些问题的策略
- ✓ 解释全班系统何时合适和不合适,何时应考虑代之以个别化的干预现在是 8 月，埃尔哈特（Earhart）女士正在为新学年布置五年级的教室。她刚刚经历了有史以来学生课堂行为最糟糕的一个学年。而且那些频繁出现的问题行为并不是"重大量级"的行为（即立即导致办公室纪律转介的行为），而是一些轻微的不良行为。在过去的一年里，学生们大声讲话、不服从她的指令、作业分心，这些都让她很头疼。学生们似乎从没有在做她想让他们做的事情。在一些特定的时间，尤其是一天或一周快结束时，他们变得很有攻击性，随之而来扰乱课堂的叫嚷声，即使在走廊上也能听见。这些行为问题甚至让学生无法完成阅读和数学课的单元学习。埃尔哈特女士不知道该如何做。学校实行了一个系统：只要学生在公共区域表现出亲社会行为，就可以获得"金钱券（gotcha bucks）"的奖励。这个"金钱券"让学生能够从学校商店购买各种奖励物，另外，所有"金钱券"都可以参加每日、每周、每月和整个学期的抽奖，以获得更大的奖励。但这个全校范围内的系统并不是为课堂行为设计的，所以埃尔哈特把它引入自己的课堂上使用并没有意义。此外，她已经用尽了所有的课堂惩罚措施，把很多学生送到了办公室。校长最终不得不在她的教室里和她一起解决这个问题。埃尔哈特女士不知道今年她该做些什么改变，所以她决定咨询她的导师帕里什（Parish）夫人。

在上面的例子中，埃尔哈特女士创建了一个专门关注学生问题行为的课堂程序，但这对她确认学生是否按照她的要求去做毫无用处。埃尔哈特女士只关注她不希望发生的事情，因此也失去了教育学生和强化学生的宝贵机会。缺乏对自己所希望发生的事情的关注，导致她和学生们走向了失败。仅仅依赖于课堂上的惩罚结果，让埃尔哈特女士自己面临了更多的挑战性行为。

在本章中，我们将介绍应用于多个学生（全班和小组）的两种奖励系统：用于奖励学生期望行为的非正式策略和正式的全班强化系统。在第 12 章中，我们将呈现更高强度的个别学生强化系统。首先，要介绍全班强化物，本章将从回顾强化物的定义并列出反对意见开始，这些意见是许多教师（包括埃尔哈特女士）在讨论课堂程序中强化物的使用时提出来的。其次，将根据非正式强化系统的使用讨论三种主要类型的强化物。再次，结合主要类型的强化物对课堂内的正式强化系统进行回顾和讨论，这里我们将介绍一个有三十多年研究支持的正式强化系统，即"良好行为游戏"。最后还将讨论对教师和学生都提供强化的必要性。

## 教师对强化的反对意见

当考虑在课堂上使用强化时，教师们常常提出以下看法：
- "强化是贿赂，而贿赂是不对的。"
- "我们不需要因为学生做了正确的事而强化他们，这是他们该做的。"
- "如果我们强化学生，那么我们将夺走他们的内在动机。"
- "结果应该由家长在家里对学生使用，而不是教师。"
- "学生在校表现出不良行为是因为糟糕的家庭生活，我们没有办法改变它。"
- "我没有时间去实施一个复杂的课堂系统，我一整天都在教学和处理学生的行为问题。"

对于一些教师来说，一提到强化程序就会让他们想到这样的画面：教师在学校里东奔西走，不分青红皂白地向眼前的每一个学生发放一大袋巧克力豆；或者他们会认为这是只有道德品质有问题的人才会使用的行贿手段。这样的误解可以归结为两个因素。第一，对课堂上强化的担忧是由一场蓄意的运动煽动起来的，而这场运动表明学生会受到教师使用强化系统的有害影响（Noddings, 2005; Kohn, 1993）。第二，不同的人在研究和实践中使用的术语似乎有很多混淆。例如，当人们把强化看作贿赂时，他们似乎并没有意识到贿赂被定义为让人做出违法或不诚实行为的诱因或者奖励，当在行为发生之前一个人通过支付金钱或者提供其他奖励这样的方式很不诚实地说服另一个人去做某件事，那么，贿赂就发生了（McKean, 2005）。相反，强化被定义为一个结果在一个反应出现后被发放，并能导致这个反应将来发生的可能性增加。因此，贿赂引诱一个人去做一件事情，而强化则跟在一个反应之后并使得这个反应更有可能再次发生。本章将首先着重于阐明术语，然后说明如何能不通过分发巧克力豆或者实施贿赂对课堂的成功进行有效的强化。

正如之前的定义，强化是指一个行为发生之后跟随一个给定的结果，并且这个结果将增加这个行为再次出现的可能性。换句话说，当我们通过给予或者拿走环境中的东西，让某人在未来更可能表现出某个行为时，我们就是在强化这个行为。举个例子，如果一个教师在学生每次提问时都责骂学生，而学生之后开始问更多问题，那这些责骂就是强化物。回想一下，尽管我们期望或者相信责骂会减少学生的问题，但实际上责骂就是强化物，因为它增加了未来提问行为的发生率。这就是强化和奖励不同的地方。奖励是在一个人表现出某种行为后给予其的物品或对其采取的行动，它们并不会决定这种行为今后出现的概率。卡普兰（Kaplan，1996）用奥运会金牌的例子来描述奖励。想想一个游泳运动员获得了金牌，并认为他的游泳生涯已经圆满了，决定不再游泳。在这个例子中，金牌当然是奖励但绝对不是强化物。在本章刚开始的小故事中，埃尔哈特女士使用了她认为的惩罚措施来减少学生的挑战性行为，但事实上学生的行为更加糟糕了。这表明她对学生挑战性行为的反应其实是在强化它们。

教师们常常坚信学生就应该表现出适当的行为，因为这是他们该做的。这没错！如果每个人都遵守这个规则难道不是很好吗？但不幸的是，现实状况并不是这样的。无论我们是否实施强化的结果，学校里总有一些学生会遵守规则，但另一些学生却并不是这样。在这点上，我们有一个选择。我们可以说："好吧，他们应该做正确的事情，如果他们不这样的话，那也不是我的问题。"或者我们可以实施干预来帮助学生学习做正确的事，而这就要求使用强化。如果你还不确信的话，想一想你在平常的一天或一周内做的所有事情：你在早上起床，去上班，你花时间和家人朋友在一起，等等。无论你有多爱你的工作，如果你没获得工资，你是不会继续工作的，工资强化了你去上班的行为。当然，工作也会被每天发生的其他事情强化，包括更隐蔽的一些事情，比如当我们帮助一个孩子时感受到的快乐。类似地，为什么我们花时间和一些人在一起而不是和其他人在一起，那是因为我们享受这些人的陪伴——也就是说，他们的陪伴是对我们的强化。我们更少花时间与那些陪伴不是强化的人待在一起。因此，人们继续表现出被强化的行为，而停止表现那些不被强化的行为。

我们每天表现出的行为并非总是或者经常被强化，但是我们做这些事是因为这样做让我们自我感觉更加良好。这个观点将会在本章的最后一部分"教师也需要强化"中进一步讨论。对于我们的学生，我们的目标是帮助他们做正确的事情，让他们成为所在学校、社区和世界中更好的公民，因为这是要做的正确的事情。但是灌输这个动机，常常要求使用外部的结果或强化。我们用有价值的结果来强化行为，来教会学生表现出这样的行为——做正确的事情——是有回报的。随着时间的推移，当个人情感如成就感开始变得更为强大的时候，我们往往会减少这种外部结果的使用。

很多人表达了与此相关的一种担忧，就是使用外部强化将减少内在动机。也就是说，学生会停止做自己喜欢的事，因为他们现在期待强化物了。这个观点在教育领域被广泛提出（如 Burton et al., 2006; Deci, Koestner, & Ryan, 1999a, b; Kohn, 1993; Vansteenkiste et al., 2004）。简单来说，这个观点的拥护者认为，给学生提供强化物会导致他们失去表现出这种行为的内在动机，因此一旦强化物撤销，就会停止表现出期望行为。尽管争论激烈，但这一观点被一项几十年的研究以及最近对此项研究的元分析证明是错误的，研究表明强化不仅能有效地增加行为，还能有效地维持行为（Cameron & Pierce, 1996; Eisenberger, Pierce, & Cameron, 1999; Lepper, Henderlong, & Gingras, 1999）。假设强化对内在动机有不利影响的研究表明，用于增加期望的行为的强化是有效的，即使强化被撤除，也不会降低儿童继续表现出期望行为的可能性（与完全不实施强化时发生情况相比）。

一些教师会犹豫或者不愿意在学校对学生行为进行回应，因为他们相信家长应该在家里管理儿童的行为。这在某种程度上是正确的，家长当然应该帮助他们的孩子学习如何与他人相处。但是我们知道，结果往往是在行为发生之后立即实施而不是几小时之后才会最有效。想象一下，在学校教一个孩子数学，要依赖于家长反馈学生的表现正确与否。反馈可能会在学生做完数学作业的几小时后给出。在这种安排下，学生可能要花很长的时间来学习数学。同样的逻辑在教学生社会行为时也适用。如果我们只是等待着让学生了解他们表现得很好或者改正他们的错误行为，行为和结果之间的延迟时间会很长，以至于可能并没有效果。这并不意味着家长不需要参与学生教育。事实上，教师应该发展多样性的策略与家长沟通并让他们参与到课堂中来。这可能包括简讯、电子邮件、电话（不仅是学生表现不好时，也可以是他们表现很好时）以及家长教师座谈会。此外，也可以鼓励家长来教室做志愿者。教师应该在学年初就告知家长课堂规则和期望，这样在接下来的一整年就可以让家长在家专注于特定的期望或者规则。例如，一位教师可能会发送这样的信息给家长:"本周我们将着重于尊重。你可以通过与你的孩子谈论尊重自我、尊重他人和尊重财产是什么意思来帮助我们。当你看见孩子表现出尊重时,请一定要谢谢他(她)并指出他(她)所做的事情。"

许多教育者相信,在学校表现不好的孩子在家庭生活中也存在困难,他们并没有为学校生活做好准备。遗憾的是,在很多情况下这是真实的。一些学生往往生活在不利的情形下,包括极端贫困、父母酗酒或吸毒、被虐待或忽视。这些孩子通常只关注生存,可能没有学习到对学校和社会成功非常关键的社会技能。当缺乏关键技能的孩子们来到学校,我们教育者的责任就是帮助他们学习这些关键技能。

一些教师说他们无法实施全班范围的行为管理系统,因为他们忙于教学和应对问题行为——他们没有时间去做任何别的事情。这些教师似乎没有意识到课堂系统能够以非常省时、高效的方式实施,并且运行良好的课堂可以让教师花更少的时间在管理行为上,更多的时间用于教学(如 Alric et al., 2007; Little, Akin-Little, & Newman-Eig, 2010; Poduska et al., 2008; Reinke, Lewis-Palmer, & Merrell, 2008; Schanding & Sterling-Turner, 2010; Simonsen et al., 2008; Watson, Gable, & Greenwood, 2010)。这可以解释为什么在课堂上进行有效行为管理和学业指导时,强化程序一直是课堂中最被误解、常常不被充分利用的要素之一。对于课堂上的强化,学生继续表现出行为挑战的模式显然是学校等待他们做出错误的事情,然后我们对此做出反应。我们不仅得等待学生表现出错误的行为,还得等待他们多次这样做。这使得干预更难有效,因为在行为刚发生时——就在问题出现以后不久进行干预是最有效的(Albers, Glover, & Kratochwill, 2007; George, Kincaid, & Pollard-Sage, 2009; Severson, Walker, Hope-Doolittle, Kratochwill, & Gresham, 2007; Sprague & Walker, 2005; Sugai & Horner, 2009)。

但是,如果学校改变这个观点,开始强化他们希望学生做的事情,而不是他们不希望学生做的事情呢?换句话说,一些教师可能说他们不相信强化,但他们真正想说的是他们不相信刻意对期望的学业和社交表现进行强化。这就引出了使用强化的第一条规则:

> 强化规则一:学生将会找到获得强化的方法,这取决于教师调整环境以便对期望的行为而非不期望的行为进行强化。

一些教师避免对确定的行为采用特定的、有意的强化策略，仅仅只是让环境来强化任何一种或所有类型的行为——通常是学生的挑战性行为。学生关注并互相嘲笑不良行为或者表现出高强度的破坏行为，因而被请出教室，他们仅仅是在使用获得类似关注的强化和逃避的策略。但足够强有力并且可以按照密集的时间程式系统提供的强化，会让课堂成为学生能够因表现出期望行为而获得关注的一个地方，也是他们想要留下来而不是离开的一个地方。本章中，我们使用"密集强化时间程式"和"稀疏强化时间程式"这两个术语来指代频繁和不频繁的强化在环境中是如何提供的。

## 正强化

选择用于课堂的正强化物对教师来说是关键而复杂的决定。无论年龄大小，学生的品味和兴趣都在变化，且几乎所有强化物的新奇程度（以及相应的强化力量）都会逐渐降低。因为学生的偏好一直在变，不同的强化物不断地得到或失去强化力量，教师可能会感觉自己像在打一个移动的靶子。而且，虽然研究表明典型的强化物如有效的表扬往往并没有得到充分利用，但是教师可能会陷入与之相反的困境，也就是因为学生变得很难应付，教师对于让学生表现出期望的行为非常焦虑，因此对学生的行为采用了过于强烈的、大量的或者复杂的强化物（如完成一张作业单就休息60分钟）。因为这些情境与提供过少强化的课堂一样有问题，所以我们介绍强化规则二：

> 强化规则二：我们应该根据时间、精力或者金钱，在增加行为再次发生可能性的必要条件下尽可能少地使用强化。

最终的目标是没有人为或教师发放的强化物，让环境自然强化适当行为。使用尽可能少的强化非常重要，因为我们的目标是培养独立的、自发的个体，他们受内在驱动去完成任务，遵守社会规范，行为适当，而不是依靠外部的、教师提供的强化物。不愿意在课堂情境中使用强化的部分原因可能是教师和其他成人没有遵循这条规则。这条规则也和另外两点考虑有关。首先，所有的强化物都应该逐渐撤除，让反应的出现不依赖于强化物的呈现。这个过程被称为渐隐——系地撤销涉及提示、强化物等在内的刺激，促进目标行为在没有这些刺激的情况下也能出现。换句话说，被放入环境中的强化物最终必须被撤除，所以你放进去的越少，你需要拿出来的就越少。其次，强化物越自然、越真实，在跨各种情境的情况下就越好。换句话说，教师应该使用与其他情境（比如，其他课堂、工作环境等）很接近的强化物。再次说明，这条规则的最终目标以及忠告，是让学生受到内驱力的强化来表现出亲社会行为。

## 负强化

使用负强化的课堂系统包括撤除学生想要的一些物品或特权。例如，每个学生在上课开始时都有 15 个积分，如果违反了规则，比如在课堂上随意讲话将会被扣分。在一节课结束时，所有还拥有超过 10 分的同学将获得 10 分钟的自由时间。这样的系统已经被证明是有效的，且在许多情况下和正强化系统一样有效（Poduska et al., 2008; Theodore, Bray, & Kehle, 2004）。负强化系统的一个潜在问题是，因为教师被要求关注问题行为，他们可能会更少地注意和强化期望行为。一般来说，使用负强化系统的教师应该将其与正强化系统结合。

当埃尔哈特女士遇到帕里什夫人的时候，帕里什夫人礼貌地询问其当前使用的课堂程序。"所以，告诉我，当学生在数学课上做对了题目或者在社会科学课上正确回答了问题时，你会怎么做？"

"哦，我告诉他们'对啦'或者'做得好'。"

"好的，当他们正在很努力地完成作业，专注于学习任务或者听从了你的指令时，你会怎么做呢？"

"不做什么。我总是想如果我说些什么，可能会打扰到课堂或者让他们完成任务时分心。"

"是的，但是如果在他们表现出良好行为时你不告诉他们，就像他们在正确解决数学问题时不告诉他们一样，这意味着你把所有的注意力都放在了他们的错误行为上，这就给你的课堂奠定了一个基调。我想要你在这几周先这样试一试。在你右手边口袋里放一把别针，每当你对学生的行为说出鼓励的话语或因为他们的良好行为而让他们参与到有趣的活动中，你就放一个别针在你的左手边口袋。"帕里什夫人这样指导。

"好的，这听起来足够简单。"

"当然，还有一件事：每当你说或做了什么来阻拦或惩罚一个行为，你要拿一个别针放回右手边口袋。"

"哦，这会很难。我怎样能找到不同的事情去说或做来鼓励行为呢？我知道我不能一整天就只是说'做得好，做得好'。"埃尔哈特女士问道。

"我想如果你考虑用三种主要类型的强化物来鼓励行为，这会有所帮助。"

## 奖励适当行为

教师在课堂上可以使用的直接强化物有三大类型：（1）关注作为一种强化物；（2）活动型强化物；（3）实物型（或者触摸型）强化物。这些强化物可以通过多种方式来组合，从而强有力地影响行为。任何课堂管理系统的基础都是高频率地奖励适当行为的非正式系统。有效的教师通常使用一种以上的奖励系统（例如，一个个别化的系统和一个全班系统），并变换所提供的三种类型强化物的使用方式。我们需要非正式强化系统的原因，是因为教师们并不"记得"要去像促进期望行为一致发生所需要的那样经常奖励学生。事实上，研究表明，绝大多数教师的非教学性评论是纠正或者负面的陈述（Brophy, 1981; Kalis, Vannest, & Parker, 2007）。奖励系统有助于教师更常提供积极的反馈。我们将介绍这三类强化物和提供强化要遵循的一些基本原则。然后，我们将讨论全班和小组强化物的具体使用策略。

### 关注作为一种强化物

使用教师和同伴关注是教师增加或者维持学生特定行为很有价值的工具。被注意到、得到表扬或者课桌一角放一张写着"……做得很棒"的便利贴，都是学生从教师那里获得的第一类强化物的例子。言语强化、社会认可以及身体动作（如拍一拍背）可以轻易且频繁地提供。这些更为自然的强化物通常可以在各种情境中出现，且提供时花费的努力更少。但是，教师必须确保当期望的替代行为出现时，能够频繁、及时地给予这些强化物。比如，史密斯（Smith）女士对鲍比（Bobby）的举手行为可以通过立即做出的描述性言语夸奖（"鲍比举手了，真棒"）来进行强化，最初要特别警觉地去捕捉鲍比的每一次举手。她也需要提供一些预纠正的提示（"鲍比，如果你想获得我的关注，记得举起你的手"）。虽然所有人有时都渴望独处，但所有年龄的学生都普遍有被注意、认可、表扬和接纳的需求（即使年长的学生否认自己渴望这些强化）。而且，虽然相比学前学生，我们会以不同的方式向高中生给予关注，但来自成人和同伴的关注在幼儿到高中的全年龄段都会是强有力的强化物。教师使用关注来强化期望行为，可以采取多种形式。一位教师详细叙述了他五年级班上的男生有多喜欢专业摔跤。所以虽然他对此不感兴趣，但他知道，了解专业摔跤的相关知识并在学生表现出期望行为（比如完成作业）后和他们讨论专业摔跤，会高度强化并增加学生们各种任务的完成度。

在此讨论中，我们把有效的表扬作为教师可以用来增加学生期望行为的主要强化物。但是应该注意到，在学校的一天中，关注也可能是不经意的。所以在很多情况下，关注会同时成为期望行为和非期望行为的强化物。例如，当学生做出不良行为选择时，教师可能会重新指导他，或者送他去办公室与人谈谈破坏性行为。在这些例子中，学生因为非期望行为而得到了关注，所以教师可能在不经意间强化了行为。对于引导出学生高频率亲社会行为这样高效的教师来说，有策略、有意识地使用关注策略是至关重要的工具。

有效的表扬可以被定义为针对适当行为并结合奖励行为的原因一起给予的表扬。它通常不只是说"做得真棒"。有效的表扬可以是口语或者书面陈述，既强化了一个给定行为，又教授这个行为要出现的情境（Sutherland, Conroy, Abrams, & Vo, 2010）。使用有效的表扬作为期望行为的强化物有很多优点。首先，就教师的时间、精力而言，它都是非常高效的。换句话说，几乎不需要花费多少努力进行陈述就能增加这个行为将来的发生概率。其次，关注是在环境中自然发生的强化物。表扬可以在任何类型的工作环境中出现（我们希望）。再次，有效表扬在师生间建立了积极的关系与和谐的氛围。这是很有必要的，尤其是对于那些长期存在挑战性行为的学生来说。这些学生常常与教师、其他成人之间只经历过压迫性的关系。有效的表扬是打破这些互动模式的工具。最后，有效表扬对其他学生来说是一种信号（或者辨别性刺激），表示如果他们表现出同样的亲社会行为，那么他们也将获得表扬。有效的表扬可以轻松地实施，研究也表明有效表扬的话语应该按4：1比例超过纠正和惩罚话语（Stichter, Stormont, & Lewis, 2009）。

使用有效表扬的步骤很简单。包括行为发生时，身体靠近学生的同时说出学生的姓名、行为以及认可。面部表情、语调和肢体语言要与话语相匹配，要真诚可信。最初可从选择一个行为进行表扬开始，并对多个学生使用一系列口头和书面表扬语。然后根据个别学生的反应所需来调整表扬的类型、方式和频率。就新技能而言，对每个行为要立刻进行表扬。随着技能被掌握，逐渐减少表扬。教师们有时会认为，对正在做其应该做的事情的学生给予关注将会打断他们，并会让他们停止表现出期望行为。事实上，如果教师走向正表现出期望行为的学生并对其滔滔不绝地大声说话，这种情况确实可能会发生。然而，有效地提供表扬和关注有许多方式。迅速竖起大拇指、眼神接触或轻声陈述，所有这些都可以是对期望行为表示关注而不打断学生良好势头的有效方式。

俗话说"任何关注都好于不关注"，这句话通常用来解释为什么学生会表现出挑战性行为。这样的情况经常在学生不能因为期望行为而获得教师关注的课堂上出现，在有挑战性行为的学生的课堂上尤其如此。研究表明，有情绪行为障碍的学生实际上获得的表扬远远少于同龄人，且在学业成就上获得的表扬远少于建议的表扬次数。其他达不到建议表扬次数的阻碍包括许多教师认为表扬的话语是不自然、傲慢或不真诚的。要克服这种给予关注的偏见，没有什么比练习和尝试发现效力于个别教师的陈述以及/或者策略更加有用的了。对实际的观察进行陈述（比如，"我看见几乎每个人都完成了作业单"）也许是一个很好的开始。

关注作为一种能够与其他类型的强化物结合使用的强化物，也是很有用的。例如，一个教师可能会加入学生的下棋游戏或者踢球比赛，这样就将活动型强化物与关注相结合作为强化物。在幼儿教室里，教师可以对每一个听从指令的学生奖励一个手戳。这种情况下，教师将关注和实物型强化物结合在了一起。

### 活动型强化物

电脑游戏、额外的休息时间，以及每节课结束前与朋友聊天的自由活动时间都是活动型强化物的例子。活动型强化物包括范围很广的个人和小组强化物，都是教师可以用来强化未来期望行为发生的。甚至课堂上的工作也可以成为很多学生的强化物。一个教师提到他四年级的学生难以安静地从一个活动转衔到下一个活动，为了强化安静地转衔，他发起了一个比赛，给能够恰当进行活动转衔的每位同学一个成为"紧急援助人员"的机会。"紧急援助人员"负责在出现紧急情况时站到教室前面。然而，具有讽刺意味的是，尽管并没有需要"紧急援助人员"服务的紧急情况发生，但这并没有减弱这项课堂工作的强化作用。当活动被用于强化期望的亲社会行为时有多个优点。包括：

- 相对比较便宜（比如，棋盘游戏或一副纸牌的价格）
- 有助于在课堂上发展良好关系和创建积极环境
- 有助于教授社会技能
- 容易操作

活动作为课堂上的强化物是很有效的，因为它不需要很多钱，而且让教师和学生能够通过不仅仅是与学业指导有关的方式进行互动。很多活动要求同伴之间，或者同伴和成人之间的互动，这为在情境中提供社会技能教学创设了"可教育的时刻"或者机会，这也是最适合提供这类教学的方式。最后，虽然教师不该带着这种心态走进教室，但当挑战性行为发生时，活动型强化物为教师提供了可以拿走的东西。这将在第13章"惩罚"中进行更深入的讨论。不过，虽然活动型强化物很有价值，但还是需要承认有一些限制和缺点。

活动型强化物主要有三个主要的被注意到的缺点。第一，它们是耗时的。因为教学时间很宝贵，教师很难覆盖到要求的所有内容，因此，他们可能发现让学生参与非教学的活动是很困难的。但是10分钟的自由活动时间会让学生更有可能完成40分钟的学习，这当然比50分钟的作业分心行为要好。除了时间限制这个问题。许多教师可能会把有趣的活动视为挑战性行为的前奏事件。换句话说，学生去参加一个喜欢的活动，比如15分钟的自由体育活动，但是当15分钟过去后，学生依旧特别兴奋，并且不能转回到学习活动。这个现象有时用行为术语描述为"强化后停顿现象"（post-reinforcement pause），即强化给予后立即减少了获得强化的行为的倾向。这是一个经过充分研究的现象，但它可以通过一些策略来预防，比如预纠正（比如，"当你们走回课桌时，我希望你们做些什么？"），从活动中逐渐回到学习中（比如，"8分钟后，我希望每个人安静地走回自己的座位……"，"4分钟后，我希望每个人……"，等等），以及使用更小、更频繁的活动型强化物而不是一个大的强化物（比如，三次10分钟的休息而不是一次30分钟的休息）。

这就导向了活动型强化物的第二个缺点，那就是它们需要教师付出精力和注意力。教学当然不仅仅是为了心中的信念，监督以及参与活动（有效地将关注与活动结合起来）比起布置作业、坐在课桌边要困难得多，也累得多。但接受这些挑战并让活动变得有趣，能够让教师显著地增加他们想要的行为，并减少他们不想要的行为。

活动型强化物的最后一个缺点是，它们不能总是在学生表现出行为后立即使用，这会降低它们影响行为未来发生的有效性。为了克服这种限制，教师应该在口头上将行为与获得的活动联系起来，即使这个强化物并没有立即跟在行为后面，也应该不断提醒学生为什么他们能够参与这个活动（例如，"不要忘了是因为每个人都上交了数学作业，所以你们才会在这节课结束前有5分钟能和朋友在一起"）。

### 实物型强化物

第三类强化物是实物型强化物。实物型强化物可被定义为针对特定行为、可以增加该行为未来发生的一个实物的呈现（相对于活动或者仅仅只是关注）。这类强化物的过度使用可能造成了一种错误的观点，即行为主义的教学方法主要是向每个学生奖励巧克力豆。尽管存在这一误区，但有很多原因可以解释为什么实物型强化物应该是教师向学生提供直接强化物的最后手段。然而，在某些情况下，这类强化物是唯一能将事情完成的。

实物型强化物比活动型强化物需要花费更多的时间、精力和资源，这意味着应该谨慎地使用它们,特别是根据强化规则二,即教师应尽可能少地使用强化物。但实物型强化物也是最有力的强化物,对于引导一些学生的期望行为可能是必要的。这种力量使得选择合适的实物型强化物特别困难。

社会的可接受性往往会对教师应该选择和避免什么作为实物型强化物产生不利影响。例如,使用糖果不仅会助长不良的饮食习惯,还会招致家长、公交车司机以及其他成年人的愤怒,他们认为糖果会让学生兴奋起来。虽然这可能夸张了,但是把糖果和期望行为配对,会在食物和强化之间产生有害的关联。而且,食物是一种很容易产生饱厌的强化物,一旦学生感到饱了,他(她)就不再想要吃什么了,食物甚至可能会变得令人厌恶。同样地,也应该避免从商品目录单上的公司批量订购廉价塑料玩具,以保持与家长和学校其他工作人员的良好关系。这些物品容易损坏或丢失,常常会造成学校和家里的混乱。一些不具有这种社会污名的良好实物型强化物的例子是学校用品(铅笔、钢笔、笔记本、纸张等)、美术用品(蜡笔、素描纸),甚至是促进主动性或想象力游戏的玩具(小魔术道具、木制滑翔机)。对于许多学生来说,一支崭新的刚削尖的铅笔会让他们对学习变得稍微可以忍受一些,而对于经济条件相对不好的学生来说,这些物品可能既是一种犒劳,也是一种必需品。最后,一些学校在学年结束时会赠送新自行车和其他"大额"的物品作为实物型强化物。这种做法的困难在于,纯粹的经济因素就要求类似这些强化物要少之又少,这会给许多学生造成比率损害(ratio strain)。当对期望行为的强化过少,这些期望行为发生的频率就会减少或完全消失,这时比率损害就发生了。

这学期开始的几周后,埃尔哈特女士和帕里什夫人坐下来讨论事情的进展。埃尔哈特女士先说:"到目前为止,情况比去年好多了。我每天都在尝试使用不同类型的强化物,但是我遇到了一些问题。"

"比如?"

"嗯,首先,即使有你的回形针系统,当学生做得很棒的时候我有时还是会忘记表扬。我觉得我很惊讶,每个人都按照指令做事,这让我猝不及防。然后,我认为我只是需要更多的'系统',以确保当我提供强化物时,没有人被遗漏。还有一个问题是，总是由我来决定谁能得到哪种类型的强化物，他们能做什么活动，或者谁能得到削尖的铅笔之类的东西等。如果学生们可以在他们喜欢的强化物方面有一些选择，这似乎会更好。"

帕里什夫人想了想，说："你知道，当学生们在学校里做得很好时，我们都会用'金钱券'……"

"当然，但如果我开始在课堂上给我的学生发'金钱券'，就会抛弃这整个系统。"埃尔哈特女士插嘴说。

"是的，不过如果是另一个不同类型的系统怎么样？它能系统性地强化学生的某些行为，并最终导向不同的活动和实物奖励。这可以是一个像'金钱券'这样的系统，但它只适用于你的课堂。"

"这听起来可能行得通。它会提醒我要给予强化。我可以让学生每次做我要求做的事情时获得分数，我也可以监督他们，以确保每个人一整天都在获得分数。我要试一试。"

## 全班奖励系统

一个最简单的奖励系统是当全班表现出一种行为的时候提供强化物。全班奖励系统的一个例子如表 9.1 所示。

良好行为游戏（比如，Barrish, Saunders, & Wolfe, 1969; McCurdy, Lannie, & Barnabas, 2009; Poduska et al., 2008; Tingstrom, SterlingTurner, & Wilczynski, 2006）是一个经过充分研究并经常使用的系统，用于强化课堂上的期望行为。超过 30 年的研究表明，它能增加期望的亲社会行为并减少挑战性行为。在使用任何像良好行为游戏这样的正式奖励系统之前，有几点需要考虑。首先，要明确你想让学生做什么，并确保正确的行为很容易被识别。其次，要确保你愿意并且能够在每次行为发生时都发放奖励物。如果你是这样的话，要考虑一下你可以用什么作为奖励物：你是想在每次期望行为发生时为学生提供喜欢的活动或者物品，还是想使用代币制，让学生慢慢努力获得更大的强化物？在代币制中，学生获得代币或象征物，然后用它们来换取强化物。例如，假设你在黑板上画一把尺子，每次所有学生都交作业的时候，你就标出一英寸。那么，当达到一英尺时，就有了"无作业"日。在这种情况下，划出一英寸就是"代币"，之后兑换为"无作业"日。你可以看到，在这个全班系统中，学生朝着更大的强化物努力，用学生在学习过程中获得的记号或标记来记录他们的进步是有帮助的。

**表 9.1　全班奖励系统的例子**

1. 在布朗（Brown）先生的第二节代数课上，学生们通常在上课铃响时才来上课，甚至还要稍晚一点。当布朗先生想开始上课时，他们很少会坐好并准备开始学习。布朗先生决定激励他的学生准时到班上。他在教室前面放了一个大罐子，并在罐子上约四分之一、一半高和四分之三高的地方各画了一条线。他告诉他的学生们，当每一天上课铃声响起全班都已就座时，他会在罐子里放一颗弹珠。当弹珠到达每一条线时，学生们将获得一个"不上代数新课的周五"。在那周的周五，他们可以在课堂上玩一个复习游戏。他告诉学生们，如果他们每天都准时的话，大概需要两周的时间才能到达每一条线。如果他们能填满整个罐子，他们将获得一个"自由周五"，在这一天他们可以在课堂上看电影。此外，那个周末不会有家庭作业。布朗先生的学生们对这个计划很有热情，在大约 2.5 周内就获得了他们的第一个"不上代数新课的周五"。他们在年底前获得了一个"自由周五"。布朗先生对这个制度非常满意。对他来说，这几乎不需要额外的时间，现在每天上课铃一响，学生们就坐好并准备学习了。

2. 克拉克尔（Crackle）女士对她的学生在课间休息后排队回教室时大声喧哗和捣乱的行为很不满意。大家总是谈话和推搡，几个学生在去排队的路上磨磨蹭蹭。她经常要花上 5~10 分钟才能让他们有序地进入教学楼。不管她提醒他们多少次规则，纠正他们的不当行为，甚至把他们送到办公室，这种情况还是会发生。克拉克尔女士告诉她的学生，从现在开始，如果他们能在课间铃声响起时立即排队，尊重他人（排队时手不碰他人，嘴巴紧闭），尊重财产（排队前把物品收好），就可以多给他们 2 分钟的休息时间。克拉克尔女士认为，为表现良好的学生付出 2 分钟的课间休息是一个很小的代价，因为她目前每天都要损失 5~10 分钟的教学时间。当克拉克尔女士实施这个计划时，她的学生们开始迅速而安静地排队。现在，她只需要大约 1 分钟的时间，就能让学生们在课间铃声响起时组织有序并准备进入教室。

制定一个全班强化系统的下一步是你将决定使用什么作为强化物：学生将获得什么？确定潜在强化物的一种方法是问学生想获得什么。根据我们的经验，学生们非常擅长提出他们想要参与的可行的活动。或者，你可以思考你的学生喜欢什么：他们喜欢做什么活动？你可以如何把它们安排到你的一天之中？一旦你决定了可能的强化物，就要考虑应该多久发放一次。如第2章所述，强化物需要以改变行为所必需的最少数量进行发放。而且，强化物可以选择非常频繁地使用，或者只是偶尔使用。例如，如果你选择了一个比萨派对作为你的强化物，你可能不希望在每次准时来上课这个期望行为发生时都使用它。首先，这需要大量的时间和金钱投入。此外，如果每天都有比萨派对，学生们可能很快就会厌倦。要使用像比萨派对这样的大型奖励物，你可能想使用让学生赢得通往比萨派对的标记这样的代币制。在使用代币制时，重要的是要经常安排强化，让学生逐渐接受系统。例如，在所有学生都按时上课90天之后为他们举办一个比萨派对，实际上不太可能提高学生的准时性，因为这距离太远了。如果你使用这样的奖励系统，你需要在学生通往比萨派对的路上设计更小的奖励物。例如，如果每隔5天所有学生都准时，你可以允许周五下午有10分钟的自由活动时间。

当学生们可以一起努力去帮助他人做正确的事情时，全班强化系统是最有用的。但是，当整个小组中有一两个学生在为一项规则而挣扎时，这样的系统就不可取了，因为它们可能引起其他小组成员责备那些学生，因为他们阻碍了班级获得预期的奖励。在这种情况下，可以考虑更个性化的系统，比如第12章中描述的那些做法。

### 良好行为游戏

埃尔哈特女士决定尝试一下帕里什夫人向她描述的"良好行为游戏"。她课上的一个主要问题是学生在大组教学中大声发言。她首先确定了自己想要的替代行为，即学生会举手，在等待被认可后再发言。她的教室布局目前是每四张课桌排列在一起。她让每四张课桌的学生组成一个小组。虽然每个小组她都鼓励多举手少讲话，但她也强调，如果举手次数比说话次数多三倍，整个小组将在周五获得额外的休息时间。

像"良好行为游戏"这样的全班奖励系统对离散的行为特别有用（比如，当很容易判断某件事情有或者没有发生时）。相关的例子包括上课铃响时坐在座位上，做好准备（例如，把书拿出来放在桌子上），安静地走路，等等。对于在课堂上发生多次的行为，比如说话前举手，这样的系统将更难实施，因为你可能无法在每次行为发生时提供强化物，这就违背了这个系统的目的。而且，要确定新行为的发生是因为技能不足（学生不具备这样的能力）还是表现不足（学生有能力但选择不使用），以及团体后效干预并不是为了教授新技能而设计的。因此，在实施这种干预之前，对期望的课堂行为和社会技能的教学和实践都是必要的。此外，要使用提示，比如预纠正，可以在出现问题的情境之前提醒学生表现出期望的行为。另外，要记住，少数学生的行为可以影响整个群体。如果学生们互相攻击，或者这种干预导致了学生之间的不和或不良情绪，那么就需要进行调整。这个干预的重点不是离间学生，而是帮助塑造整个学生群体的积极行为。将存在更多困难的学生与鼓励期望行为的积极榜样配对，这也许是一个好主意。

表9.2 常见问题及可能的解决方法

| 问题 | 解决方法 |
| --- | --- |
| 学生们似乎并不在意或者抱怨系统 | 如果所有的学生都抱怨这个系统，那么应该重新评估它。期望太高了吗？强化物是否不够强有力？关键是要确保学生在实施早期就能体验成功以及获取强化物。如果这个问题已经解决了，那么这个系统应该被撤除并再以另一个方式呈现。如果只有小部分学生抱怨，那么他们的抱怨是可以被承认的。把这些抱怨呈现给全班同学并加以说明，由多数人决定要继续还是停止这个系统 |
| 系统不能产生影响 | 这个问题可能与这个系统的实施时间以及学生能够获得某类强化物的次数有关。如果它已经实施了15个或者更少的学习日，或者强化仅仅只给予了5次或者更少，那么就有必要坚持下去，给系统一个运行的机会。如果它存在的时间较长，那么就应该再规划更强大的强化物或者更容易满足的获得强化的标准 |
| 学生找到了所有漏洞 | 如果学生能够利用这个系统，但实际上并没有表现出想要的行为，那么我们本质上就是在教授错误的信息。教师必须仔细考虑他们的强化系统，并且常常需要根据其有效性来对系统进行微调 |
| 学生一直在获得强化物 | 必须回答的问题是：学生们正在做我希望他们做的事情吗？如果答案是"是"，那么学生们一直在获得强化物这个事实意味着系统是有效的。如果学生得到了强化但没有表现出系统旨在引导的行为，那么就有必要增加或提高获得强化所要求的标准 |

当使用整个班级的系统时，有几个具体的问题需考虑解决办法。表9.2对此进行了详细描述。

## 教师也需要强化

瓦尔迪兹（Valdez）博士是一所大型城市中学的校长。他的学校已经在全校范围内实施积极行为支持超过三年了，总的来说，事情进展得很好。然而，在过去的一年里，学校的积极行为支持团队（瓦尔迪兹博士是其中一员）注意到，教师们发放的"金钱券"不像以前那么多了。这让团队感到担忧，因为学校的奖励体系是建立在"金钱券"的基础上的。当团队检查全校范围的数据时，他们注意到，在走廊产生的办公室纪律转介数量开始增加。该团队开会考虑如何解决这种情况。一名团队成员建议，一周内发了不到10张"金钱券"的教师应该与瓦尔迪兹博士会面，讨论他们为什么没有接受这个系统。在考虑了这个选项后，团队认为这可能会让教师觉得自己被孤立了，而且，如果他们觉得自己是"被迫"发放"金钱券"的，那么他们可能会以一种随意的方式发放，而不是用它们来奖励亲社会行为。该团队决定为分发"金钱券"的教师提供奖励。他们集思广益，瓦尔迪兹博士提议自己每周替一名教师上一堂课。团队一致认为这将是一个巨大的奖励物，他们决定实施"金砖"计划。一周内发放20张以上"金钱券"的教师可以参加抽奖。在一周结束时抽到一个名字，这个教师就有资格在接下来的一周由瓦尔迪兹博士帮忙代上一节课。事实证明，这个项目非常受欢迎，在两个月内，学生们就获得了与以前一样多的"金钱券"。更重要的是，学校所有区域（包括走廊）的办公室转介，都处于有史以来的最低水平。

在上面这个小故事中，学校的积极行为支持团队遇到了一个问题：教师对学生适当行为的奖励数量在减少，可能因此学生的破坏性行为正在增加。该团队考虑了增加教师参与率的各种选择，并决定使用强化原则来帮助他们解决问题。正如第 2 章中定义的那样，每当某个行为的结果导致该行为增加时，强化就会发生。在这个例子中，当教师们因为这样做而有资格获得"金砖"奖励时，他们开始发放更多的"金钱券"。在本章中，我们考虑了如何利用结果来增加学生的期望行为，减少课堂上的问题行为。但是，教师也需要额外的强化物，特别是当这些额外的措施正在被落实到位时。积极行为支持是建立在以团队为基础的方法上的，因此，对于工作人员和管理人员来说，使用为学生提供的相同类型的强化物：关注、活动，甚至实物来奖励他们的努力工作是至关重要的。例如，团队可以请当地餐馆捐赠礼物，用来表彰教师和员工的行为。

### 本章回顾

1. 强化系统是成功课堂的关键。虽然有许多反对使用这种系统的争论，但研究一次又一次地表明，强化对学生来说并不是坏事，良好管理的班级依赖于有效的系统来强化所期望的行为。
2. 教室内的强化系统可以由正强化或负强化组成。虽然两者都可能是有效的，但正强化的系统通常会让教室成为一个感觉更好的地方。
3. 有三类强化物：关注、活动和实物。每一类强化物都有其优点和局限性。有效的教师要结合使用各种类型的强化物。
4. 全班强化系统旨在改善班级中所有学生的行为。这样的系统是改善课堂环境的有效方法。

### 应用

1. 提供三种主要类型强化物的例子，并解释它们如何在课堂上增加期望行为。考虑一下强化的时间程式，以及如何在课堂情境下有效地使用该系统。
2. 解释一个全班强化系统，比如良好行为游戏，是如何在你熟悉的教室里实施的。

# 第 10 章

# 设计个别化教学策略

**本章目标**

阅读本章后，你应该能够描述以下概念：

- ☑ 处理技能或者表现缺陷的三个关键干预内容
- ☑ 替代行为的关键特征
- ☑ 进行教学设计以促进学生通过无错误学习、塑造和链锁获得成功
- ☑ 使用示范、提供反应机会、调整任务难度、恒定时间延迟以及指导性练习对教学进行操控

  本章专注于为那些对学校和全班系统反应迟钝的学生设计个别化教学策略。在这里，我们将重点转移到用于开展个别化教学的特定方法和策略上。到目前为止，本书中我们一直都着重于预防以及尽最大可能让学生成功的策略。这个模式的内在特点是要求在全校范围、教室以及更小的学生小组中对干预措施进行持续评估，以尽早发现失败。我们现在关注的学生是那些尽管开展了有效的预防工作仍被确定为存在重复性失败的学生。对这些学生进行干预的需求很紧急且迫切。举一个学习的例子，假设有一个叫麦克斯（Max）的学生，尽管学校在全校范围内实施了强有力的阅读计划，但他在阅读方面仍一直落后。我们可以立刻看到他对更密集的教学的需求，可能要操控教什么、怎么教以及教学的条件。专家们可能会讨论更小的小组或者个别化教学、同伴指导、流畅性、真实的阅读材料、额外的教学，以及各种与阅读相关的其他可能的重要问题。对于一个在期望行为方面持续失败的学生，我们必须像应对学业期望一样处理这个

问题。

每当我们发现一个缺陷时，我们的第一个问题应该是："这为什么对学生来说是一个困难？"第一级调查的重点是，这个缺陷是与技能有关（比如，学生没有掌握该技能）还是与表现有关（即学生知道如何做但选择不做）。这两种类型的缺陷都要求三个关键的干预内容：教学、通过自然环境促进成功和有效的结果。然而，对技能和表现缺陷的干预的性质必然会有所不同。例如，假设学生鲍比，在学习遇到挫折时会尖叫着向教师寻求关注和帮助。我们必须确定，鲍比是没有能力举手（他没有获得或者不能熟练地使用该技能），还是仅仅因为尖叫比举手更快。技能和表现上的缺陷都需要进行教学，但教学的重点会有所不同。

如果问题是技能不足，而我们只是通过对积极和消极的行为提供更强的结果进行干预，我们可能不会看到变化——而且鲍比将面临更高级别的惩罚。在这些条件下，我们首先需要确定鲍比是否知道什么是举手，以及如何举手。如果他被问到时不能正确地表现出来，那么在如何举手（技能本身）方面他肯定需要有人教。但是，适当的举手也包括在将会成功的时候举手。成功是最后的教学组成内容，它代表了关于他为什么应该举手（如果他举手或不举手会发生什么）的教学。学生能做并不意味着他或她已经掌握了这项技能。知道什么时候该用，什么时候不该用，是有效使用技能的重要组成部分，必须对其进行评估和教学。

反之，如果问题是表现缺陷，那么鲍比知道该怎么举手，什么时候举手，但对他举手的强化作用却不如对其他行为的强化作用大。尖叫可以得到教师和其他人的关注，而且得到更多，或者更快。在这种情况下，仅仅只关注如何教以及何时教不仅没有必要，而且可能会让鲍比感到无聊，可能引发有逃避动机的行为。在这些情况下，鲍比需要着重于为什么举手的教学，而我们的任务就是安排结果，让对举手的强化更多于尖叫。尽管如此，这个干预的一部分还是需要我们不断地提醒鲍比，并创建一个让其最大可能获得成功的教学环境。因此，尽管技能和表现缺陷要求不同的解决问题的方法，但两者都要求教学、促进以及结果。

回想一下，有效的教学不仅包括讲解本身，还包括选择的实际示例以及它们排序的方式。作为这一过程的一部分，我们必须询问学生是否能够熟练地表现所期望的技能。有时，有必要向有极端困难的学生教授替代行为。例如，如果鲍比存在障碍——他不能很方便地举手，那么我们可能会设计一个系统，让他可以摇小铃铛、清喉咙，或者在他的桌子上放一个标牌。在任何情况下，我们都必须持续考虑获得期望成效所需要的努力和效果。鲍比不会采用效果比尖叫更差的替代行为。

## 替代行为

当我们教学时，我们应该牢记我们希望学生学习并在自然情境和状况下使用的行为。这个行为反映在我们的教学目标中，也是我们测量的重点。总之，行为是我们所有努力的焦点。但是我们应该教什么样的行为呢？我们是否可以说，我们希望每个大喊大叫的学生都表现出同样的替代行为？答案取决于学生、情境以及行为的功能。一般来说，当我们确定一个问题行为时，我们也需要确定一个替代它的行为来进行教学；也就是说，我们不可能什么都不做，就能成功地替代一个问题行为。这就类似于期望一个过度活跃的孩子安静地坐上几个小时，仅仅因为我们让他这么做，这是极不可能的。行为的一个基本前提是，问题不能被消除，只能被替代。

替代行为是指与环境（在那些成功的学生中是常见的）相关的、可接受的（在教师的期望之内）以及对学生具有功能（提供与问题行为相同的奖励）的行为。同问题行为一样发挥着相同功能的行为被认为是一个"恰当配对（fair pair）"。当然，绝大多数教师希望尖叫的学生保持安静就行。但安静地坐着对用尖叫获得关注或者逃避戏弄的学生来说并不是一个恰当配对，所以学生不会这么做。同样，替代行为必须是积极的行为，因为那些不包含实际行为的行为将不会起作用。你可以通过使用死人测验来确定一个行为是否积极。问问你自己："一个死人能做出这个行为吗？"如果是，那就不是一个好的替代行为。使用这种逻辑就能清楚地表明，"保持安静""保持静止不动"等行为都不能通过测验，不是好的替代行为。困难的部分是找到一个既对学生有效又能被教师接受的行为。一个好的替代行为是在环境中看起来很正常、很容易教给学生，并能导致强化的积极行为在内的行为。

那么，理想情况下，对学生来说，不良行为要被具有相同功能（即目的）的期望行为所取代。例如，鲍比尖叫是为了获得教师的关注，所以我们应该教他获得同样效果的更加适当的行为（比如，举手、说出教师的名字等）。同样，如果我们确定玛丽（Mary）的尖叫是为了逃避与同伴的不愉快的互动，我们就必须教她逃避这种状况的更适当的方式，以及发起和维持积极互动的行为。很明显，虽然鲍比和玛丽的行为看起来是一样的，但他们行为的功能却是截然不同的，因此适当的替代方式也会有所不同。这说明需要个性化的替代行为来发挥已被确定的不良行为的功能。

替代行为只有在满足学生需要方面更加有效、高效时才会被使用。例如，如果我们教玛丽在被同伴惹恼时安静地坐着，并用手捂着嘴，但这并不能阻止骚扰，她就没有动机去表现这一替代行为，因此这个行为持续下去的希望也就不大。相反，如果我们教鲍比举手来接受教师的关注，他就能获得他想要的关注，并且只要这持续有效（即获得关注），他就更有可能在将来使用这个行为。

史密斯女士认为，对鲍比来说适当的替代行为就是举手并等待教师关注他。这是一个适合这一情境的适当行为，而且会给鲍比带来与不良行为产生相同期望的关注。对玛丽来说，史密斯女士确定了一个适当的替代行为就是从骚扰她的同学那里走开以及/或者悄悄告诉教师这一问题。对这个情境来说这是一个适当行为，同不良行为一样为玛丽提供了相同期望的逃避。

有效的替代行为将在被强化的状况下表现出来（见表10.1）。然而，任何行为，无论多么适当，如果在错误的时间使用，都不会有效，甚至可能引发惩罚性的反应。例如，当火警响起时，我们当然认为离开大楼是一个适当的反应。然而，一个学生如果在错误的时间做出同样的行为（比如，在火警没有响的时候）将不会被认为是成功的，并将受到惩罚。一旦发生这种情况，该学生未来就可能不再表现出这个行为，即使是在适当的状况下（比如，火警响起）。

表 10.1　功能性替代行为及其优势

| 预测因素 | 不良行为 | 替代行为和相应结果 | 两个行为的功能 | 替代行为的优势 |
| --- | --- | --- | --- | --- |
| 重新分组时的其他问题 | 尖叫直到被赶出班级 | 举手获得帮助 | 逃避挫折 | 更多数学任务完成，更少尖叫 |
| 排队 | 推搡同学，最后排在队伍的最前面 | 不碰任何人，在允许的情况下排在队伍的最前面 | 在队伍中排在第一个的位置 | 在队伍中没有身体攻击 |
| 阅读小组 | 拒绝阅读的指令，最后独自坐在桌边上 | 完成预先定好的页数的阅读后，在允许的情况下坐在课桌边上玩 | 逃避阅读/在课桌边上玩 | 学生现在得到了一些阅读教学 |
| 山姆（Sam） | 罗伯特（Robert）靠近时山姆表现出作业分心行为，得到罗伯特的关注 | 完成布置的所有作业，争取获得单独与罗伯特玩的时间 | 获得罗伯特的关注 | 学生保持对任务的专注，并完成布置的任务 |

让我们再看看鲍比和玛丽。史密斯女士已经决定，鲍比的替代行为是举手来引起教师的注意。她现在需要确定他应该举手的具体条件。如果鲍比在操场上举手，很可能不会立即有回应，甚至根本不会有回应。因为这可能影响他未来在任何情境下举手的可能性，所以史密斯女士必须教鲍比只有当他在教室里的时候，举手才是适当的。史密斯女士决定，玛丽的替代行为应该是走开或悄悄告诉教师。她的替代行为的出现时机则要简单得多：只要同伴打扰她、她想逃避的时候她就应该使用这个行为。但是，如果教师的一些指令让玛丽觉得讨厌，作为回应，她转身就走开了，她就可能面临更大的厌恶。因此，玛丽必须理解，这个行为只有在同伴是骚扰的来源时才可以使用。

### 教学

当我们确定了适当的替代行为后，我们就可以开始教学了。教授社会性行为应该以与学业教学完全相同的方式进行。也就是说，教学必须通过有效的教学实践来促进学生成功，包括解释、示范、提示和指导，以确保学生能够自己表现出技能。

教师通过创建示例、向学生提供精心安排的示范和示例来指导教学，以确保成功的可能性。同时可以从学生所处的环境中选取自然发生的示例，展现各种替代行为应该和不应该发生的各种情况。当学生熟练掌握被指导的示例之后，教师就可以向他们提供一组未经训练的情境，以便在学习下一个技能之前评估他们的掌握情况。与教学示例一样，测验示例也应该从自然环境中选择。

史密斯女士告诉鲍比，他可以通过举手获得教师的关注，但他并没有表现出这个行为。史密斯女士现在坐下来和鲍比一起描述并示范举手的行为。在仔细地描述了这个行为应该发生的条件以及它看起来是什么样子之后，史密斯女士在鲍比确实需要帮助的时候选择了一些示例，并在鲍比练习举手时提供提示和指导。鲍比的反应即时获得了教师纠正或者强化这一形式的反馈。最后，鲍比会看到一个角色扮演的示例，在这个示例中，他必须举手向教师寻求帮助。史密斯女士小心地监控他在这个未经训练的示例中的行为，并立即纠正任何错误。如果成功了，鲍比就会得到即时的回应和口头上的强化。

跟鲍比一样，玛丽也被告知该做什么，并能执行她的替代行为（走开），但并没有表现出这种技能。史密斯女士必须提供摆脱同伴骚扰的榜样。为了做到这一点，她得到了助手琼斯（Jones）先生的帮助。在角色扮演中，琼斯先生扮演骚扰者的角色，接近史密斯，叫着史密斯女士的一些名字（玛丽在自然环境中常见的问题）。史密斯女士说"请停下"，然后转身走开了。在告诉玛丽这个行为的优点和简单性之后，琼斯先生再次扮演骚扰者的角色，而史密斯女士则指导玛丽当琼斯先生骚扰她时该怎么做。琼斯先生开始了角色扮演，他告诉玛丽他比她高，叫她"矮子"。随着角色扮演的展开，史密斯女士对玛丽的错误采用了预纠正，并为她提供口头线索，帮助她成功（比如，"记住你现在做什么"）。在后来的角色扮演中，史密斯女士淡化了这些提示，让玛丽靠自己取得成功。最后，玛丽有机会在一个未经训练的示例中表现自己的技能。在这种情况下，史密斯女士让一个同伴假装插队到玛丽前面。同样，不正确的回答会即时得到纠正和重新教学，而正确的回答得到教师的强化。

尽管进行了有效的教学，适当行为还是不会自动取代对学生起作用的不期望行为。替代行为最初是否表现出来以及最终是否得以维持，依赖于替代行为在满足学生需求方面的有效性。正因为如此，替代行为最初需要在教学之后对其进行提示和指导，以确保它们在适当的时间以适当的方式被使用。教师还可能需要确保在学生表现出替代行为时有足够的强化物。

当然，学生是否认为替代行为是成功的，将依赖于它的结果。一个不能满足学生需求的替代行为（即，它不能产生有效的效果）将不会持续下去。相反，在过去非常可靠地满足了这些需求的不良行为将继续发生。因此，最初的替代行为应该是简单的，并且有提示进行引导，在观察到时马上受到强化。随着时间的推移，替代行为可以被塑造为更加复杂的反应或者持续更长的时间。然而，一开始，我们必须专注于促进和即时强化任何一种替代行为的成功表现，使用的强化物应该在功能上与那些一直维持挑战性行为的强化物相同。

即使我们确定了功能性替代行为，并通过教学促进了它们的成功，但环境中的事件还是可以引发不良行为再次发生，因为这些反应更容易或更有效地满足学生的需求。在对不良行为有高度预测性的条件下，促进学生使用期望的反应，可能要求改变环境来掩蔽或者尽可能减少这些条件。布置教室以及/或者安排学生的座位通常可以避免干扰，这是操控环境的最简单的方法。对学生行为进行细致的功能评估可以揭示能预测问题行为的特定时间、环境或者安排。

例如，如果骂人可以高度预测玛丽的攻击行为，那么预防骂人就能够促进她的成功。史密斯女士可能会将玛丽安排在教室的一个区域，在那里她不太可能遇到过去曾骂过她的同学。或者，她可以与其他学生交谈，并对班上所有学生的适当对话（没有骂人和侮辱）提供团体强化。在每一种情况下，史密斯女士都设计了一个有利于玛丽成功的环境。当然，在某种程度上，史密斯女士需要逐渐撤除人为的环境条件，同时继续促进和强化期望行为。史密斯女士的环境安排促成了一段成功的经历，这将增强玛丽对自己成功应对每一个新挑战的能力的信心。

鲍比的成功将依赖于他以适当的方式获得关注的能力。仅仅只教鲍比一个功能性替代行为可能是不够的。相反，史密斯女士必须设置一个培养期望行为同时排除不良行为的环境。为了让替代行为比问题行为更加有效、更加高效，除了简单的前奏控制之外，结果操控也是必要的。史密斯女士需要计划如何对期望行为提供强化，并将结果落实到位，使不良行为成为不那么有效的做法。否则，如果史密斯女士教鲍比通过举手来获得关注，他可能还会继续尖叫，因为从以往来看，这是有效的，而且更为容易。把这个过程想象成一个跷跷板，一端是想要的行为，另一端是不想要的行为，这可能会有帮助：当我们减少挑战性行为时，我们就增加了期望的行为，反之亦然。因此，如果史密斯女士现在立即对鲍比良好的举手行为提供关注，同时对问题行为提供隔离或者切断获得关注的途径，那么，替代行为将成为一个更加有效和高效的做法，更有可能在各种时间和各种情境中持续下去。

## 无错误学习

术语"无错误学习"指的是设计让学生最大可能获得成功的教学策略和程序，从而最大限度地减少失败的概率。学生从重复的错误中学到的东西很少，但真正无错误的教学是不可能的。相反，无错误学习的目标仅仅只是将成功与失败的比例最大化，让学生获得强化以及继续学习的自然动力。通过使用有效的教学设计（理由、示范、示例、练习）、提示和环境线索，以及用于教学实施的具体策略，可以促进无错误学习。无错误学习策略提高了学生的成功率，减少了问题行为，同时为增加积极的师生互动创造了机会（因为成功对教师和学生来说都更加有趣）。本章节的其余部分介绍了教学过程中促进学生成功的各种程序。

### 塑造

塑造和链锁是将复杂的行为分解成更小的组成部分，以促进学生的成功，并逐步建立更高更复杂的行为能力的方法。从技术上讲，塑造可以定义为对连续趋近于目标行为的行为进行的系统强化。通俗地说，塑造包括教授和强化那些并不是我们最终真正想要，但随着我们的前进而趋近的行为。例如，人类婴儿通过成人无意的塑造学会了说话。比如，在某个时刻，婴儿会说一些包含两个音节的东西，其中包含一个模糊的、简短的声音"啊呀"。大人们会叫着"哒哒"，并提供大量的关注。随着时间的推移，这个行为得到了足够的强化，从而受到刺激的控制，并且在有成人在场的情况下是可以预测的。后来，随着大人继续说"哒哒"作为一个榜样，宝宝会说一些有更清晰关联性的东西，也许是一个清晰的"D"音，再加上"啊呀"。这仍然不是预期的最终结果"哒哒"，但它产生了新的关注。此时，对于前一个音"啊呀"的关注很少，只有"哒哒"被强化了。随着时间的推移，这个过程引导孩子非常完美地说出了"哒哒"，而所有更简单的音都被忽略了。这个过程被称为"塑造"，因为在教学之前，既不存在期望的行为，也不存在任何组件技能。这要求示范一段时间受到强化的近似行为，然后再示范更为近似的行为。因此，塑造是对连续趋近于目标行为的行为进行的系统强化。我们绝大多数人都是通过这种方式学习基本的语言、写作以及运动技能的。

当一个行为已经出现，但在自然发生的辨别性刺激存在时并不熟练的时候，塑造是最有效的策略。例如，婴儿可以发出声音，但这些声音并不是对任何可预测的东西做出的反应。一旦有了足够近似的行为，就要给予强化。塑造程序强调结果，要求强有力的强化物作为对适当的近似行为的反应，同时忽视不适当或者不存在的行为。在婴儿期之后教孩子的好处是他们具有口头交流期望的近似行为的能力。教师为学生提供非常清晰的示范，指导他们练习，然后监控学生的行为进步。对于成功的学生，要有朝向下一个连续趋近的行为的强化和动作。对于不成功的学生，则要有重新教学、用提示以及其他安排进行促进的有效做法。

塑造程序通常要实施比较长的一段时间。虽然一些行为可以在较短的时间内被塑造，但真正复杂的行为则要求一系列的趋近，每一次趋近都要求几天或者几周的时间来掌握，这表明需要示范下一个趋近行为。关于塑造的一个问题是，学生实际上是因练习错误而得到强化。因此，在强化趋近行为的同时，教师应该持续示范最终的行为，并告知学生，尽管他或她做得很好，但最终目标还尚未达到（见表10.2）。

表 10.2　用于塑造的一般考虑内容

1. 行为存在，但"信号"存在时还不熟练
2. 着重结果：
   要求强有力的强化物
   使用区别强化
3. 对朝向目标行为的连续趋近行为的系统强化：
   具体描述目标行为的维度
   强化细微的进步 / 改变
   花时间
   避免练习错误

## 链锁

和塑造一样，链锁通过教授朝向最终目标行为的更小、更简单的组件行为而被用于形成复杂行为。链锁被定义为对个体已经掌握的简单行为的组合进行强化，以形成更复杂的行为（Jerome, Frantino, & Sturmey, 2007; Smith, 1999）。在塑造过程中，教学之前既不存在期望的行为，也不存在任何组件技能，而链锁教学则将几个已经熟练的较小行为联结在一起，目的是为了形成一个更复杂的行为。链锁被用来教授由多个更小的单独步骤组成的复杂行为，其中每一步都由学生已经掌握的行为组成。除法竖式计算也许是链锁最明显的一个示例，因为它被教授为一系列步骤：除法、乘法、减法以及下移。学生只有在掌握了这四个子技能之后，才能进行除法竖式运算。反之，通过塑造来教授除法竖式运算是不可能的，会有太多出错的情况，各个趋近行为之间也无法清楚地区分什么是对什么是错。

许多对学生的课堂期望涉及一系列步骤，这些步骤学生可以作为独立的活动来完成，但不能将它们串在一起。例如，兰迪（Lundy）女士希望亚历克斯（Alex）先把外套挂在门上，然后把家庭作业放在桌子上的篮子里，在课桌旁边坐下来，拿出他的日记，在每日积分表上填上目标。虽然亚历克斯实际上可以完成这些任务中的每一项，但他从来没有能够在早晨的常规活动中完成所有这些内

容。兰迪女士采用了一个链锁策略，开始时每天早上在门口见到亚历克斯，问他是否知道首先要做什么。亚历克斯被提示去挂外套。当他这么做的时候，兰迪女士会口头表扬他，拍拍他的背，然后指导他按照顺序完成剩下的每一步。几天后，亚历克斯在没有提示的情况下直接把外套挂起来，兰迪女士增加了第二步：把作业放进篮子里。她在门口叫住亚历克斯，提醒他第二步。在亚历克斯自己完成了前两步后，兰迪女士会口头表扬他并竖起大拇指，然后引导他完成剩下的步骤。随着亚历克斯继续在没有提示下取得成功，兰迪女士增加了步骤，直到链锁的每一步都到位，亚历克斯每天早上都会自己完成每一步。请注意，亚历克斯在开始链锁程序之前可以执行这些行为中的每一个。在开始链锁程序之前，任何他无法完成的步骤都需要教授直到掌握。刚刚描述的过程被称为顺向链锁，因为亚历克斯被要求先做第一步，然后教师指导他完成其他步骤，按照对他的要求往前推进。也可以实施逆向链锁。在这种情况下，教师会带领学生完成除了最后一步之外的所有步骤，直到学生完成所有步骤。虽然顺向链锁看起来更符合逻辑，但逆向链锁有时更有吸引力，因为强化物是在最自然的点上——当任务完成时发放的。

　　链锁通常是一个简单的实施过程。首先，教师必须确定一个由一系列具有逻辑性的独立技能组成的行为，这个行为将增加学生在课堂上的独立性或者功能水平，这可以通过开展一个任务分析来确定完成任务所需要的顺序。接下来，必须评估学生对任务分析中确定的技能的掌握程度，也要教授任何未掌握的技能步骤。然后要为学生的每一个组件技能的表现设定一个标准水平，教学则要从通过对第一步提供提示（顺向链锁）或者对除了最后一步（逆向链锁）以外的所有步骤启动指导开始。教师记录学生的表现，并在学生达到标准时教授后续步骤。如果成功了，教师可以通过在提供最少数量的必要提示之前延长等待时间，逐渐撤销对每一步的提示，比如口头提示或者手势。表 10.3 呈现了一些用于制定教学链锁时一般需要考虑的内容。

### 表 10.3 用于链锁的一般考虑内容

1. 进行详细的任务分析
2. 从已经成为学生技能一部分的行为中形成链锁
3. 使用辅助性辨别性刺激来促进链路形成[提示]
4. 逐渐撤销提示
5. 区别强化

# 教学操控

尽管塑造和链锁代表了用于设计无错误学习的技术，但其他教学策略也可以用于提高学生的成功率。

## 示范

示范就是仅仅展示或者示范一项关键技能或行为以提示模仿性反应的动作。示范是所有教学的有效组成部分，因为学生受益于观察如何表现适当行为，并能区分使用它们的背景和情境（Werts, Caldwell, & Wolery, 1996; Whitehurst & Merkur, 1977; Jahr & Eldevik, 2002）。有效的教师会向学生展示期望的行为是什么样的，使用语言描述来帮助学生注意到示范中最突出的要点。无论是教师还是学生展示，不管是简单还是复杂行为，示范都是一个有效的程序。

当教师在展示过程中告诉学生被示范的行为以及关键组成部分时，示范就被明确地用作教学的一部分。示范通常是重复展示，同时口头上吸引学生以评估他们理解的情况（例如，"看看我正在做什么。你明白我在做什么吗？你明白了吗？"）。在学生理解了该技能及其关键组成部分之后，教师要求学生进行展示。但示范在教学中还发挥着另一个不那么清晰的作用。学生观察教师，并从教师的行为中学习。示范不仅通过一种有计划的方式作为直接教学的一部分进行，而且作为可教育的时刻贯穿学生的一整天。例如，一个学生，叫兰德尔（Randall），存在对其他学生大喊大叫的问题。作为回应，牛顿（Newton）先生开发并教授了一门课程，教人们如何礼貌地告诉别人停止做某事。这节课包括示范适当的音量和语调、眼神接触，以及以"请"结尾的直接陈述。牛顿先生示范，与兰德尔讨论每个组成部分，并让他练习每一个做法。在这个例子中，牛顿先生以一种非常直接的方式使用示范。后来，一个学生的不当行为干扰了牛顿先生。他直视着这个学生，用镇定平静的声音说："拉里（Larry），这个噪声现在正在打扰我们，我希望你能停下来，拜托。"然后牛顿先生转向兰德尔说："你注意到我是如何以平静的方式告诉他我想要什么了吗？"在这里，牛顿先生正在以一种即兴的方式示范，抓住机会提供额外的教学，并将其作为常规活动的一部分。

当示范从一个特定的课堂活动中的单个行为开始，然后转向多个情境下更加复杂的行为时，它的效果最好。活动应该围绕特定的技能进行规划，并自然地向所有学生展示。教师应该用口头语言引导学生注意榜样（比如，"做这个，跟着我，观察这个人，模仿他所做的"），并教他们模仿示范的行为，如果需要，还应该辅之以额外的口头指导。与教授任何行为或技能一样，应该使用提示和其他安排来促进学生成功，教师必须寻找机会来强化其他正在模仿适当行为的学生。

当使用示范技术来促进行为时，选择一个合适的榜样是很重要的，尤其是在教授社会技能时。学生更有可能模仿同伴特别是朋友展示的行为，而不是成年人展示的行为。合适的榜样包括与学生有共同特点、被视为领导者或受到高度尊重的同龄伙伴，有能力表现出期望行为的年龄较大的同伴、任课教师、专家、助教或者学校里的其他成年人，以及学生正确表现行为的视频记录。此外，就像榜样能够通过促使他人模仿来强化期望的行为一样，他们也可以强化不想要的行为。当使用同伴榜样时，选择那些即使在教师或其他成年人不在时也很可能示范正确行为的学生是一个好主意。表10.4呈现了在教学过程中使用示范的一般指导原则。

### 表10.4 用于示范的一般指导原则

1. 确定学生最有困难的情境和问题行为。（学生的期望可能会因情境而异。一个情境下的适当行为在另一个情境中可能是问题行为。例如，在课堂讨论时不举手发言是合适的，但在独立任务时间则是问题行为。）

2. 确定用于已明确的情境的适当行为。（测验期间，学生们要坐在课桌边上，眼睛盯着自己的任务，举手寻求帮助，安静地做。）

3. 口头陈述，引导学生注意同伴或者教师榜样。（比如，"做这个，跟着我，观察这个人，模仿他做的"等。）

4. 示范适当行为，让学生模仿。（教师可以个别地示范行为，也可以让其他学生做榜样。）

5. 教学生模仿示范的行为，如有需要，附加口头指导。（如果行为有多个组成部分，学生可能需要在尝试整个序列之前分别练习每个组成部分。）

6. 密切注意机会，强化其他正在示范适当行为的学生。（在教室里来回走，观察所有的学生，表扬他们的适当行为。）

7. 对选择不模仿行为的学生，结合其他提示和强化策略。（口头教学结合指导性的身体提示一起呈现，直到单独教学后适当反应发生。）

8. 考虑学生不模仿示范行为时其行为的功能。（如果不模仿教师的功能是获得同伴的关注，则同伴榜样可用于获得与问题行为相同的功能。）

9. 监控学生的行为，记录期望行为的增加或者减少情况。（在对同伴示范将椅子推进去的行为进行强化后，所有同学都增加了相同的行为。）

10. 逐渐撤销对环境中自然线索的示范提示，以鼓励适当行为。（根据问题情境，教师可以使用规则作为视觉提醒、口头预纠正或者眼神接触来示意适当的反应。）

### 提供反应的机会

众所周知，参与教学与成就高度相关。在教学过程中，教师要对学生的参与程度完全负责。当然，无论教学的性质还是内容，学生都可以选择不参与，但教师可以通过他们的教学策略影响学生参与的可能性。其中一种策略，即为学生提供反应的机会，已经被证明可以增加情绪行为障碍学生（简称EBD）的参与度（Sutherland, Alder, & Gunter, 2003）。提供反应的机会只是通过互动和请求来为学生提供积极地对学业和行为教学进行反应的机会（Sutherland, Alder, & Gunter,

2003），并可以将其作为一个提问程序、提示或者线索策略来实施。

好的教师要创造一个为学生提供许多参与机会的环境。教师通过要求、开放式问题以及吸引人的材料，让学生有机会对学业和行为教学进行反应，这可以减少学生在学业方面的不足，促进像专注于任务这样的适当课堂行为。此外，提供充足的反应机会可以让教师根据学生的反馈调整课程（Christel & Schuster, 2003）。学生的反应可以是团体的（小组）或者个人的，也可以是口头的或者手势（比如，举手）的反应。此外，机会可以是要求学生简单回忆以前呈现过的信息这一类事实问题或者本质上具有更高认知的问题。更高阶的认知问题要求学生分析、评估、处理信息，并使用独立思考的技能（Gall, 1984; Guihua, 2006）。"你认为接下来会发生什么？"是一个更高阶认知问题的示例。因为事实问题通常只需要一到三个词的回答，所以相比于高阶问题，有技能缺陷的学生更有可能对事实问题做出正确的回答（Sitko & Slemon, 1982）。相反，由于事实问题有非常具体的答案，它们有时会抑制答案不确定的学生的反应。在这种情况下，更高阶的认知问题可能更加合适。当教师在一系列从简单到困难的问题上来回移动时，他们往往是最成功的，这给予了所有层次的学生反应的机会。

为学生提供频繁的反应机会是很重要的，因为这与教学过程中的专注行为和参与度有关。比起被问到更高认知类型的问题，学习速度较慢的小学生在有更多机会回答事实问题时，更有可能正确回答问题，因此，他们能够在教学过程中保持专注和投入（Gall, 1984; Gunter et al., 1994; Rosenshine, 1983）。此外，事实问题让教师能够快速评估学生的理解程度，以及给予学生线索，帮助他们将注意力集中在要求的任务上。最后，与事实问题一起使用的问答格式与课程单元结束时用来确定学习程度的传统测验中的简答和多项选择题格式非常相似（Gall, 1984）。

增加学生反应的机会几乎适用于任何教学活动。然而，只有当学生能够在至少80%的机会中成功做出反应时，反应的机会才是有效的。那些在给予的反应机会中经常失败的学生很快就会学会逃避反应。因此，教师必须评估学生的能力，并确保所提供的机会是适当匹配的。教师也必须教学生何时以及如何正确反应。例如，如果学生的反应是竖起大拇指的信号，那么教师就必须和学生一起示范和练习这个反应，以确定他们理解了如何正确地反应。类似地，在团体反应中，教师可以使用精确的节奏或信号来保持学生的集体回答。教师很难对学生在不同时间的回答进行评估，这使得学生只能简单地模仿别人的做法，而不能继续参与到课程内容中。

一个好的教学经验法则是，将每分钟 4~6 个学生的反应作为目标。在独立练习中，应该给学生每分钟反应 8~10 次的机会。为了确保这一干预被持续应用，教师应继续围绕主题提出开放式问题，如果基于事实的问题妨碍了学生的反应，则使用更高认知要求的问题。对于增加机会来说，举手也许是最没有效果的方式，因此，对教师来说，对每天的反应机会概率进行自我评估是很重要的。教师可以以图表的形式追踪他们提供的这些机会，以评估一致性和有效实施。此外，如果重心集中在那些课堂上参与最少的孩子身上，这种干预最好从小处开始；干预也可以在大范围的基础上开始，例如在整个班级里使用反应卡片。重要的是要稳步增加学生反应的机会，直到所有学生每分钟都有机会反应 8~10 次，准确率达到 90%。表 10.5 呈现了在教学情境中设计和呈现学生反应机会的一般指导原则。

### 表10.5　用于提供反应机会的一般指导原则

1. 确定学生需要更多反应机会的情境和环境。（在数学课上，学生开小差，并且只有少数学生正确地回答教师的问题。）

2. 评估教师教学话语的具体数量和学生反应机会的次数（教师监控他们在数学课上讲话的时间和提供反应机会的次数。）

3. 教学生对学业要求做出反应。（与学生讨论反应的方式和时机。留出练习和反馈的时间。）

4. 然后，教师提示整个班级和/或者特定的学生做出一个学业上的反应。（"我用 4 乘以 4，答案是什么？"）

5. 教师为学生提供足够的等待时间，让他们处理要求并做出反应。（在提示学生反应之后，教师等待 3 秒或更长时间。）

6. 在学生做出正确或者适当的反应后，应给予相应的表扬或者其他强化事件，以维持或者增加学生的学习。（教师给出具体的表扬，比如"做得好，正确答案是 16"。）

7. 监控学生的反应以确定准确性。如果学生不能在 80%~90% 的时间内提供准确的答案，可以调整课程以增加学生的理解。（教师说："实际上正确的答案是 16。让我们看看如何用另一种方法来解决这个问题。"然后，教师使用其他方法教授乘法，并继续提供反应的机会，直到学生的反应证明他们理解了这个概念。）

8. 继续增加学生对学业要求和/或材料进行反应的机会，直到学生都能按照提到的期望速度进行反应为止。（教师继续在整节课中提出开放式的问题或者要求特定反应的问题。）

### 操控任务难度

操控任务难度的概念将我们带回到之前关于功能的讨论。回想一下，我们可以合理地假设，一个学生不会表现出得不到强化物的行为，也几乎肯定不会表现出只有惩罚的行为。如果让你在努力完成一项明知会失败的任务和干脆忽略这项任务之间做出选择，你可能就会忽略它。如果一个熟人开始缠着你让你完成任务，而你知道一句粗鲁的话就会让他走开，你可能就会说出粗鲁的话语。但是如果你得到了任务的修订和简化版本，而你成功地完成了任务，并得到了熟人的口头表扬，你可能会开始喜欢上那个任务，并想要更经常地做它。事实上，你的成功可能会给你提供信心，让你朝着完成最初的、更难的任务努力。从功能的角度来看，成功就是一种强化，而强化增加了未来努力和成功的可能性。这个过程可以被称为向后退一小步，向前迈一大步。

学生的问题行为往往源于对学业的挫败感。在面对具有挑战性的学习任务时，成功率低的学生可能会采取消极行为来避免失败。在这些情况下，降低学生课程的挑战性可能会增加其成功的概率，从而使学生投入学习更多，问题行为更少。由于各种原因，教师通常不愿意布置更容易的任务。然而，从逻辑上讲，设计让学生学习并保持一定成功率的任务，要比布置学生拒绝参与且无法获得成功的任务更好。这里的观点是不只是向学生提供简单的任务，还要向学生提供让他们获得更高层次成功机会的任务。对于那些需要增加做任务的时间或者完成任务量的学生，以及那些因学业受挫而表现出其他问题行为的学生，这种策略尤其有用（Kern et al., 2006）。

任务难度可以通过在相同内容中设计更为基础的任务、复习已掌握的概念，或者提供额外的辅助或安排来简化任务而得到降低。当然，关键还是在于要确定学生是否具备必要的技能，能够足够努力去完成难度更高的学业任务。如果他或她已经具备了，那么这个干预就不合适。此外，教师必须评估学生当前正在完成的任务量，并确定最合适的任务难度调整量。如果学生正在完成一些任务，那么不建议突然回到之前的内容。然而，如果学生完成的作业很少，并且表现出一些真正的技能或熟练性方面的缺陷，则可能需要更大的调整。显然，如果学生理解完成任务所要求的基本概念，却选择不去做，那么这更多的是服从性问题，而不是能力问题。但是，如果学生没有获得完成任务所必需的关键技能，教师就必须确定这些关键技能并重新对之进行教学，直到他们掌握为止。

操控任务难度是一种策略，虽然非常有效，但不能单独存在。我们的观点是为了让学生更加成功，所以难度操控应该始终与提示和环境布置、增加教师的关注、对完成指定任务所必要的学业策略的直接教学结合起来，并说明学生在作业感到受挫折时可以使用哪些替代行为。为了保持一致并最少可能出现挑出个别学生的情况，教师应确保用于获得帮助的策略对所有学生都是一样的，而且要把关注公平地分给所有学生。经验法则是要确定促进学生取得80%或者更高的成功所要求的任务，然后从布置那个水平的任务开始。这些课程调整措施（比如，布置更容易的任务）应该在尽可能短的时间内（比如，2~3天）使用，然后逐渐回到他们最初学习艰难的新材料上。旧材料应该与新材料联系起来，作为复习重要概念的一种手段，而且学生要逐渐回到新材料上来，以帮助他们跟上进度。

另一种任务难度操控的实施方式是将较容易的问题与更有学业难度的问题一起呈现。在这种情况下，通过保持较高的成功率，学生轻松地学习难度较大的内容。学生受到了他们完成这些问题的能力的强化。学生也能够复习重要的技能和概念，并认识到他们过去的成功和当前的能力，这使他们更可能专注于任务。此外，教师不仅要回顾对学习新材料来说很重要的旧材料，还要让学生重新接触他们已经成功掌握的学业问题。这强化了学生解决这些问题的能力，使他们更容易坚持学习更新的、更具挑战性的材料。表10.6呈现了在教学过程中将使用操控任务难度作为一个策略的一般性指导原则。

## 恒定时间延迟

有关教学的教科书中经常讨论等待时间的使用，认为等待时间的利用为学生提供了一个回答学业问题的机会。恒定时间延迟是一种教学策略，它为学生提供了对一个最初的指令或者信号（比如，上课铃响）做出反应的时间，这包括少量的教师口头提示（即，额外的教学、暗示或者规则提醒）同时继续从学生那里获得服从行为。对于那些要求额外时间对最初的信号进行反应的学生，尤其是那些经常分心、不服从指令或者没有准备好上课的学生来说，恒定时间延迟是有效的（Stevens & Lingo, 2005）。

表 10.6　关于操控任务难度的一般指导原则

1. 明确什么时候新的学业概念可能特别具有挑战性且引起了学生的分心和/或者破坏性行为。确定挫折引起的行为的严重程度，以及学生是否正在完成任务。例如，汤米（Tommy）正在艰难地完成有余数的除法竖式计算，结果他揉皱了数学试卷并在过去的三天里拒绝完成任何任务。

2. 确定什么学业概念与这个新概念相关且学生已经掌握。例如，汤米能以 80% 的正确率完成乘法和没有余数的除法。

3. 设计复习已掌握材料的任务，提供简单的复习，布置复习问题。因为有余数的除法刚在一周前介绍，而汤米拒绝完成作业，所以教师将重新教授并布置乘法和没有余数除法的作业单。

4. 对让学生在卡壳时能够获得帮助的行为进行教学并开展角色扮演。通过示范、提供指导性练习以及持续的强化、反馈来对学业材料进行教学。继续复习，再复习。例如，教师已经用口头提示和角色扮演来教汤米举手或者在桌上贴一个"请帮忙"的标志，也留出额外的时间来复习余数是什么，以及如何正确写出一个问题的答案。

5. 为学生提供一连串去完成学业作业的机会。例如，每天上午 10:00 到晚上 11:00 期间，班级有独立做数学作业的时间。

6. 如果学生依旧存在困难，要重视并对他或她完成的问题进行表扬。"汤米，你今天完成了所有数学作业，做得真棒。我能看出你真的很努力。"

7. 确保对学生完成作业的奖励与其分心行为或者其他挑战性行为的功能相匹配。"如果今天你能完成所有作业，你今晚就可以获得一张'无作业卡'。"

8. 通过记录问题行为是否出现得更少以及/或者适当行为是否出现得更多，对计划进行监控。例如，汤米独立完成了 70% 的数学作业，而且在独立作业时间没有问题行为爆发。

9. 当学生对新材料的掌握程度增加时，逐渐撤除复习材料。简单问题的数量在接下来的两周内从二分之一减少到三分之一，再到五分之一。

教师常常忍不住不断地用过多的指令"轰炸"学生，不让他们为自己做出适当的决定。恒定时间延迟是一种减少学生对教师要求服从的过度指令的依赖的策略。持续地给予学生足够的时间去听从最初的指令，可以让他们学会独立的行为，以便对更自然的指令系统进行反应，并减少他们对教师过度指导的需求。因为口头提示可以对多个学生使用（比如，"早上的通知就要开始了，所以坐在你的座位上安静听"），恒定时间延迟可以根据需要对更多或更少的学生使用。这一过程对有加工缺陷的学生尤其有效，他们需要更长的时间来加工最初的信号，并将其转化为适当的行动。对于有加工缺陷的学生来说，减少最初信号之后的行为期望数量是一个好办法。例如，有些孩子（通常是发育中的幼童和学习障碍儿童）一次不能记住多于一个或者两个的指令或者步骤。最后，恒定时间延迟的另一种变式是增加时间延迟，它指的是系统地增加第一组和第二组指令之间的延迟时间，使渐隐成为一个更为系统的过程。

实施恒定时间延迟要求对困难的性质进行初步分析。教师必须首先确定学生是否具备表现适当行为以及对与该行为有关的最初信号做出反应的必要技能。如果没有，适当的干预就是重新教授技能，直到他们掌握为止。如果学生不能表现出适当行为，那么时间延迟程序就不合适。时间延迟要从教学生对各种不同的行为信号的正确反应开始（比如，"当我提醒你当你听到上课铃响时该做什么时，你会做什么？"）。确保所有的学生都知道与他们特定指令相关的第一个信号意味着什么，这样他们就不会浪费时间在等待被告知该做什么上了。一致性将是关键，尤其是在教师给出口头提示之前等待学生反应的时候。要确保学生在听到口头提示时能马上理解所期望的是什么，因为这已经成为常规活动的一部分。

要确定应该过多久再提供另一个指令，观察学生也是有必要的。要了解在什么情境下期望的行为最不可能发生，或者立即提供额外的指令可能是需要的（比如，一个消防演习）。在教学的开始阶段，最好是在特定行为的最初信号（比如，上课铃响、教室门关闭、计时器响起来）之后立即提供提示，然后逐渐增加时间直到恒定时间延迟。当学生越来越熟练地表现出该行为时，教师将使用更少的提示，并增加信号和额外指令之间的时间延迟量。在最初的教学阶段，教师将时间延迟设置为0，在提示后立即提供正确的反应。这既是一个教学环节，也是对正确程序的示范。然后，根据学生的成功，教师按特定的增量逐步、缓慢地增加延迟——也许是一秒到两秒。表10.7呈现了一组用于恒定时间延迟的一般考虑内容。

**表 10.7　关于恒定时间延迟的一般考虑内容**

1. 确定可预测问题的情境和环境，而这个问题则是对最初信号的反应。（上课铃响时，学生继续在教室里走来走去。）
2. 为已经明确的情境确定最适当的替代行为。（学生坐在他或她的桌子边上，拿出书本，而不是在教室里走来走去。）
3. 调整情境，这样学生就不太可能犯错误。（在上课铃响之前，把书放在桌子上。）
4. 开展教学并组织练习。（告诉学生怎么坐下来，为这一天做好准备。允许学生进行角色扮演和反馈练习。）
5. 适当的时候，在给出一个最初信号之后，等待一小段时间（10~20 秒），然后重申指令，提醒学生规则或者给出一个提示，确定适当行为的具体组成部分。（"下课铃响了，是时候坐下来把书拿出来了。"）
6. 观察学生的反应并评估其准确性。如果正确，给予具体的表扬。（"非常好！"）如果不正确，重新教课。（"再想想。还有更好的方法吗？"）
7. 确保学生表现出的正确行为的奖励物与问题行为功能的结果相符。（如果这个功能是回避或者逃避做功课，相似的结果是，一天好的开始可以让学生在学习 30 分钟后休息 5 分钟，一天糟糕的开始就是不允许学生休息。类似地，如果功能是获得同伴的关注，那么适当的强化物可能是接触喜欢的同伴。）
8. 通过记录问题行为是否更少发生和/或者适当行为更多发生来监控计划。（在给出第一组信号或者指令之后，学生更多听从，对第二组指令的依赖更少了。）
9. 增加第一组和第二组指令的间隔时间，逐渐撤销口头提示，让第二组指令不那么频繁，也更微弱。（从明显的口头指令或命令转变为手势或者指令性较弱的语句。比如，"想想你应该做什么"。）

## 指导性练习

指导性练习只是有效教学的一个组成部分，即教师在新技能的初步教学之后提供直接的练习。处于学习习得水平的学生从教师主导的练习活动以及指导中获益最多，这些练习活动以及指导都是为了完成新任务直到掌握（Swanson & Hoskyn, 2001）。作为教学开展的一部分，好的教师会将主动的信息纳入指导性练习。这样，当学生使用信息时，他们更有可能获得和回忆它。教师也会受益，因为它提供了对教学展示的反馈。如果学生达到了学习目标，就可以教授新的技能。如果学生有困难，则重新教授相关特征，并提供额外的练习机会。而对于其他为能力做准备的教学内容（比如，复习、描述、示范），指导性练习通过积极应用所教的信息来提高熟练程度。好的教师在教学期间要尽最大可能利用指导性练习，以确保学生成功地学习期望的技能。指导性练习是有效教学的中心，可以为学生的熟练性以及维持独立表现做好准备。

　　在清楚地解释和/或者展示了该技能之后，教师必须确定学生是否能够表现出该技能。如果不能，适当的干预就是为该技能提供进一步的教学示例。如果学生不愿意参与，可以使用强化方案来激励。教师必须教学生以有助于最终表现或评估成功的方式做出反应。与大多数干预措施一样，一致性很重要。特别是在复习以前学过的技能的主要教学点上，信息应该以清晰而有组织的方式呈现，同时还要结合指导性练习活动、独立的练习，以及最后对学生表现的评估。教学应该从指导性练习开始，而这个练习将有助于实现学习目标，并使学生立即获得成功。可以通过对练习风格和内容从基础到高级进行变化来对活动进行调整，从而发展熟练性、自主性或者扩展体验，以便保持学生的兴趣。个人指导性练习可以在小型或者大型的积极练习活动中提供。好的教师要在结合个人兴趣以激励学生练习所学信息方面具有创造性。教师要能够不停留于练习题或者阅读、回答问题上面，而是采用不同的活动。比如，同伴辅导以便让学生结对一起学习、轮流当导师和学生；让学生提出问题，收集和分析数据，独立或建立小组一起得出结论；利用模拟活动，让学生与同伴进行角色扮演；编制检核表，教学生检查他们自己的作业或者搭档的作业。表10.8呈现了用于使用指导性练习的一般指导原则。

### 表10.8　用于指导性练习的一般指导原则

1. 确定课程的教学目标以及学生在课程结束后能够完成的任务。与学区和州的学习标准保持一致。（发展请求允许离开座位的技能。）

2. 就新技能或行为提供清晰的教学。说明什么是适当行为，并示范如何完成该技能。（解释关键的规则是总是通过举手来获得教师的关注。展示如何以适当的方式举手，既不打扰他人，又能获得教师的关注。）

3. 教与教学有关的指导性练习活动。如果要对事实、概念或原则进行测验，要确保练习活动与测验相匹配。（为了测试学生的能力，要求他们在不同的情况下进行展示，比如需要上厕所或削铅笔。）

4. 给出简短而准确的练习指导，包括所要求的表现质量。（在接下来的10分钟里，我希望你削铅笔。离开座位前，你要做什么？）

5. 在学生完成活动时提供反馈和纠正。当学生答对时表扬他们，提供提示鼓励他们做出反应，并纠正错误。（当学生举手时，立即给予回应，同意要求，并对正确的表现给予表扬。）

6. 练习必须是激励性的，如果问题行为发生了，要确保学生表现正确行为的动机获得的结果与问题行为的功能相似。（如果离开座位的功能是为了获得教师的关注或者完成一项任务，举手应该能够获得相同的效果。）

7. 对指导性练习活动进行监控，以适应学生的需求和不同的表现水平。（练习的技能不仅仅是简单的举手练习，还要教如何知道教师什么时候会看着你，以及如何耐心地等待教师的关注。）

8. 逐步把控制权交给学生，这样他们就可以学会规划和实施自己对信息的练习和复习。（学生在没有教师持续表扬的情况下继续举手，但可以完成期望完成的任务。）

### 本章回顾

❶ 学生可能表现出两种类型的缺陷。它们是技能缺陷(即,学生没有掌握该技能)或者表现缺陷(即,学生知道怎么做,但选择不去做)。

❷ 处理这两类缺陷的三个关键干预内容是教学、通过自然环境促进成功以及有效的结果。

❸ 为了消除不良适应行为,学生需要替代行为。替代行为的关键属性是,它们是主动的,与不良适应行为功能平衡,并在环境中受到强化。

❹ 为了设计教学以促进成功,学生可能需要将任务分解为更小的步骤。然后可以通过解释、示范、提示和指导进行教学。无错误学习、塑造和链锁是其他促进有效教学的策略。

❺ 通过增加反应的机会,可以操控教学环境。我们还可以调整任务难度以促进成功,并使用恒定时间延迟和指导性练习使教学环境更加有效。

### 应用

❶ 一位新教师正努力应对教室里持续不断的大声喊叫和其他干扰性的噪声。她可以用什么方法通过有效的教学来解决这个行为?

❷ 可以用什么方法调整用于改善行为的教学,从而更有效地教授学业主题?

❸ 对于表现出长期的攻击行为以逃避和回避同伴的学生,他们的替代行为是什么?你可以如何教授这个新行为并促进其使用?

# 第 11 章

# 创建预测个别学生成功的环境

**本章目标**

阅读本章后，你应该能够描述以下概念：
- ✓ 用于小组前奏策略的一般指导原则
- ✓ 用于积极的师生关系的指导原则
- ✓ 常规活动与物理环境布置的有效使用
- ✓ 包括群体关注获得方式和视觉提示在内的言语提示的应用
- ✓ 增加学生服从可能性的策略

我们都知道，有些学生似乎对那些可促进他们成功参与课堂的策略和安排毫无反应。虽然这些学生需要更多的个别化策略，但并非所有策略都需要被个别化地应用。也就是说，有许多向普通学生提供额外辅助的策略，绝对也是这些特殊学生必需的。作为教师，我们有能力创建一个让学生获得成功的环境。问问你自己："如果对我来说这个学生明天因这个行为成功而值 10000 美金，那么我要做哪些额外的事情呢？"这并不是说，我们只需简单改变自己的做法，就一定能改变学生的行为——一些学生的问题太大、太复杂，无法单独产生影响。不过这里有两点值得考虑。首先，我们知道学生是否将对某些特定策略产生反应的唯一方式就是尝试。其次，我们的任务是找到一些最有可能让学生获得成功的策略、安排、教学或者传输方式。任何一种或者一些特定的策略失败，都并不表示是我们这一方的错误，但这确实表明我们有责任尝试不同的策略。

我们用于某个特定情境的特别策略都应该以学生、问题行为的本质、行为发生的情境以及对教师来说务实的做法是什么为基础。我们的思维模式不应该是"如果他/她又失败了，我们应该做什么？"，而应该是"我们能够做什么让学生成功？"。这两种说法在视角上的根本性变化，就是反应性与主动性的参照框架的对比。学生管理计划仅仅聚焦于当学生成功或者不成功时会发生什么，是非常多见的，而比较少的情况是，将注意力投注于创建可增加成功可能性的环境上。让我们举一个学业方面的例子来阐明这个概念。假设一个学生在数学或者阅读的关键性技能方面存在困难，我们不会将时间花在设计"对正确和不正确答案更大和更有力的反馈"上（比如，在他的作业纸上给出更大的红色×）。相反，我们将使用助记方法、练习、线索以及其他的前奏或者教学策略来提高他成功的可能性。我们将这种创建能够提高成功可能性的环境的努力称作"设置成功的陷阱"（trapping success）。我们的工作就是通过设置一个陷阱这样的方式来让问题中的学生走向成功。这个陷阱有多大、有多复杂，依赖于我们曾经使用较少陷阱获得成功的程度以及问题行为的强化历史。已经形成的问题行为可能要求复杂和深入的陷阱，这将需要一些额外时间进行缓慢撤销，而那些较少挑战性的行为则可能仅仅要求很小、很简单的陷阱就能维持成功。

本章呈现的策略都是对适当行为很有用的陷阱，简而言之，这些策略揭示了"我怎么做可以让学生成功"这个问题的可能答案。然而，我们的成功永远不会有10000美金的奖励，因此我们必须注意自己投入的时间和精力。在这里呈现的策略是对成功可能性和教师时间的现实性的周密融合（见表11.1）。

## 前奏干预

我们的重点仍然是用于预防问题行为发生的策略。当我们在其他章节聚焦于结果时，我们是在假定行为已经发生了。一旦一个行为出现，我们就不再能对这个行为产生影响。所谓结果，就是指我们所做的对未来可能性产生影响的事情，但只在行为的特定实例发生之后。如果我们问学生"2+2等于几"这个问题，学生回答"5",我们可能要提供纠正,以减少未来发生这一反应的可能性。但是这个错误已经出现,我们无法撤销它,这就是为什么我们必须提前思考、设计方法以促进学生成功。如果我们的陷阱发挥作用,我们就能提升学生的成功水平,在这一水平他们将获得更多足以维持行为的积极结果,这也使得我们可以逐渐撤销教学指导策略。我们在这里的大部分讨论类似于对全校范围内一级干预措施的回顾(见第1章)。最佳的行为改变策略将目标指向于前奏策略和教学策略(比如,我们如何开展教学,我们如何在环境中放些东西可以让教学更为有效)。事实上,我们在这一章中介绍的很多东西都可以被认为是有效的教学实践。我们将前奏策略与教学策略区分开来,前者是指那些操纵教学周围环境的策略,而后者则与教学内容的传授更直接相关。

**表 11.1　用于所有前奏策略的一般原则**

1. 对问题行为进行操作性定义,包括行为是什么(形貌)以及行为可能发生的情况(位点)。
2. 判断问题行为是否具有明显的功能。即使没有实施一个正式的FBA,教师也能够找到明显的功能。
3. 要确定,所选择的前奏策略对于学生来说是功能性的。当学生表现出期望的行为时,应该给予功能性的强化物;反之,学生没有表现出期望的行为时,则没有这些强化物。
4. 教学生期望的行为——什么时候、怎么样以及为什么表现这个行为——并对其掌握情况进行评估。不要为学生还不能表现或者不知道如何去完成的行为去制定前奏策略。
5. 言语提示能够也应该被用于所有策略以促进成功。任何前奏策略都具有促进成功的作用。要一直使用最少必要数量的策略以最大可能获得成功。
6. 要对学生的表现进行监控、记录并画图表示。即使其他的策略也是适当的,但教师的身体靠近、声音音量以及身体线索都有助于促进成功。
7. 常常要尽可能自然地奖励成功并对之进行强化。言语表扬是一种很好的手段,因为它可以很方便使用,也可快速使用。但是自然地发生时,功能性结果必须包含进去。
8. 要监控、记录并对学生的表现画图表示。要对照来自教学目标的标准,将学生表现呈现在图表中的目标线中,并对应用策略的成功做出判断。
9. 学生成功应产生撤销提示、增加强化的结果,并逐渐转向更少介入的前奏策略;而学生失败,则需要对功能进行更为正式的评估,并考虑其他策略。

## 师生关系

对任何一名教师来说，主要的担忧就是如何在教室里对一名学生实施预定的策略。但更关心的问题可能是，如何在同一间教室里为存在轻微不同问题的多个学生实施一种策略。教师与学生的关系会影响到学生的成功（Hamre & Pianta, 2001），由于必要的沟通以及基本的社会互动是每日课堂环境的一部分，教师有多次与每个学生建立融洽关系的机会。这里的关键在于"机会"这个概念。每一次发生在教师和学生之间的互动（不管必要与否），教师都能够用它来增加学生成功的可能性。皮安塔（Pianta, 1996）曾这样意味深长地说："儿童—成人关系系统中的不对称使成人对这种关系的质量负有不合比例的责任"。正因为这个不对称，皮安塔建议，为了鼓励积极的关系发展，教师应该承担起主动与学生互动的责任。

在这里，我们再次回到教师的责任这个问题上。当我们仔细思考要做些什么来促进学生成功时，可以考虑采取一些非常简单的策略来建立更加积极的关系。当然，当我们从一种特殊行为视角来看待这些问题时，我们需要对"积极的关系"给出具有操作性的定义。要做到这一点，最基本、最直接的方法就是对表现为与学生的服从、成就以及成功率有关的师生互动的特定情况进行定义。下面所述的都是与师生互动有关的策略。

**在门口问候**。这看起来（实际也是如此）很简单，但是，对于教师来说，一个学生进入教室就是为这一天的互动定下基调并建立积极互动模式的一个机会（Allday & Pakurar, 2007）。在学生到达时简单地说他或她的名字，就可以提供一个很个别化的示意["嗨，约翰尼（Johnnie），你好吗？"]。虽然在这个时刻教师可以与学生谈论一些非学业的事情（"你昨晚看比赛了吗？"），但也存在强化重要的期望行为（"谢谢你带来你的书"），提供一个先行组织者（"我们今天在简短朗读结束之后会用计算机——这会很有趣"），或者进行环境安排（"今天要坐在那个位置上——这个视角相当不错，可以看到我们正在做什么"）的机会。显而易见，早晨在门口的一个简单问候对任何一个计划来说不可能是具有品质证明的策略，但是它是一种可用于提高学生全天成功可能性的很简单的做法。

**眼神接触**。眼神接触是教师可用于个体、目标小组或者所有学生的另一个简单策略。对于许多学生来说，眼神接触能传达意识和个别化的关注（Everett 等，2005）。但对于任何一种社会互动来说，不管是教师还是学生，维持眼神接触都是互动过程中所使用的最佳交互方式。维持眼神接触需要将视线直接投向与之互动的对方的脸上。当一个人与另一个人交流时互动就发生了。因此，引导、示范、对话、反馈以及倾听，所有这些都要求所有参与其中的人进行眼神接触。作为一个服从策略，学生被要求看着上课的教师。虽然眼神接触是一种又快速又容易实施的策略，但教师在使用时必须注意一些社会文化因素以及个别的特征。这也使得教师可以在沟通发生时确认学生是否正集中注意力。交流时应该注视对方多久时间有不同的社会标准。例如，在北美，眼神接触可能被认为是积极的，因为它表明这个人正在听；但是在其他文化里，往下看则是表示尊重。除此之外，对于孤独症个体来说，眼神接触是一种要求社会性解读的非言语沟通的微妙形式，这对他们来说是很难的。表 11.2 呈现了可用于培养积极的、有效的师生关系的一般指导原则。

**表 11.2　用于培养师生关系的一般原则**

1. 要注意你如何与学生说话和互动。从教学意义上讲，你要总是对他们表现出尊重，与你希望他们回复你的相同。
2. 要对学生的生活感兴趣，并向他们表示作为你班级中的一员，你很关心他们。
3. 要教学生如何用积极的方式进行交流、示范、练习，并在每个时机提供反馈。
4. 要对社会的、认知的、生理的多样性保持敏感。一些学生仅仅是不能用你期望的方式进行互动，这需要折中。
5. 要对学生真诚。不要害怕承认你的错误，说话时要将学生作为平等的一员。在所有互动中都要考虑到学生的感受。

### 一致的常规活动和物理环境布置

**日程表和先行组织者**。会安排时间不仅是优秀教师的特点，也是其管理学生行为的一种方式。一份张贴出来的日程表为学生提供了一日的信息，这样她或他就能够预测会发生什么。对于很多来自混乱家庭环境的学生来说，教室可能是他们生活中唯一有秩序的地方。因此，日程表越具有一致性、越可预测，环境就越舒适。日程表应该包含到达/开始时间、结束时间以及转衔、清扫时间。将最重要的活动安排在当天的早些时候，这时注意力更为集中，以及在恰当的间隙安排休息，这些都是很有助益的。

在制定日程表时，一致性是非常重要的。每一个主题区域或者日常任务（比如盥洗室、课间休息、休息等）都要尽可能在每日的相同时间、按相同顺序发生。这样的可预测性就可形成一组链式行为（参见第10章），而每个单独活动的完成都是对完成日程表的强化。一个始终如一的日程表也是一日的检核表。另外，每个单独活动的完成，对学生来说都预示着下一个活动是什么，这也提供了一个提示。如果可能，日程表应该公开张贴，也许可以写在黑板或者告示牌上。公开张贴可以让教师将它作为视觉提示使用（比如，指着它并说"数学课只剩下5分钟了，我们将转向拼写课"）。也可以叫一些学生来回答，"我们什么时候做完这个？"或者"接下来我们要课间休息了吗？"。对于学生来说，使用日程表的目标是变得更加独立。

当然，没有一个日程表每天都是完全一样的。会议、节假日、集会以及其他临时出现的各种事情都会改变常规日程。在这些时候，课堂必须吸引学生注意，用清晰的、具体的、直接的方式特别描述日程的改变。这种改变应该用某种方式在日程表中标记出来，教师在一天当中应不断地让学生注意到这个改变（比如，"记住，因为午餐前的集会，上午的数学课只有30分钟"）。一些学生面对日程表的变化可能会比较焦虑，需要额外的指导、训练以及使用提示才能顺利完成一日安排。表11.3列出了在教学过程中制定有效的课程表和先行组织者的一般指导原则。

**表11.3　用于计划时间和先行组织者的一般原则**

1. 要设计一个能够一直定期依照的日程表。
2. 要将日程表教给学生，并公开张贴，以便所有人都能看见。
3. 在一天中要常常指向日程表，向学生提醒接下来是什么。
4. 要预告并讨论任何脱离常规活动的事项。允许学生询问问题，以便让其适应即将到来的改变。
5. 要有目的地计划日程，以避开任何可预测问题的转衔、移动以及情境。

**教师身体靠近**。教师身体靠近指的是在给定的时间或者一天中大体上教师在教室内的某个位置，或者教师如何接近一个学生或者某个区域。当然，所有教师都会采取在一个写作业时注意力分散的学生边上站着这一策略，来保证他或她能够专注于写作业并完成这项任务。但是身体靠近可以更巧妙地用于预防问题行为发生，处理轻微的不当行为，以及把会导致激烈争吵的行为扼杀在早期阶段（Gunter & Shores, 1995; Grossman, 2004, P. 297）。身体接近表现不良的学生，应该是教师最早期的策略之一，但是，相比基于问题行为从一个学生跑向另一个学生，教师更应该全天持续地在房间里走动、有目的地徘徊，尽可能与很多学生维持一定的身体距离。身体很靠近一个学生，可以给教师提供一个给予强化（"做得很棒！"）或者提示（"记住要检查答案"）以及评估学生作业的机会，知道教师在来回走动、在某个时间会站在身后的学生将会感到更强的要专注于作业任务的紧迫性。

对于已经表现出问题行为的学生来说，身体靠近能够让教师更准确地监控正在发生的事情，并提供引导或者其他策略，以便让学生重新获得成功。与具有破坏性的学生维持更为靠近的距离时，应该有目的、果断地但又不是攻击性的。如果你和学生之间的距离很远，要足够快速地移动以阻止行为，但也不要太快，以免你的动作看起来显得匆忙或不自然。用于提供指导或者反馈的一个合理距离是在18英寸到2英尺之间（约45厘米~60厘米），但是2至6英尺（约60厘米~180厘米）的缓冲带也是有效的。当然，确切的距离取决于整体环境、情境以及学生。人群、噪声、活动以及问题的本质，所有这些都将决定最佳的靠近距离，理想的距离常常是教师在对某位特定的学生工作后或者在某个特定的情境中获得的一种感觉。当与一名学生保持比较近的距离时，教师必须继续通过视觉扫描关注其他学生，有时甚至要短暂地走动一下，然后再回到出现问题的学生身边。

对于那些对环境事件具有高敏感性并且不愿意别人在他们身边的孤独症学生来说，教师的身体靠近是不太适合的。对于那些发展性障碍的学生来说，他们不太能够觉察到教师的近距离存在，那么身体靠近这个策略也不太有效（Cronroy et al., 2004）。另外，曾经受到身体虐待的学生在成人接近他们以纠正其挑战性行为时，可能会变得更具破坏性。表 11.4 呈现的是用于教师身体靠近学生的一般原则。

#### 表11.4 用于教师身体靠近的一般原则

1. 要采取主动的方式维持身体靠近，以预防可预测的问题。
2. 要有目的、果断地向着表现出不良行为的学生移动，但要避免看起来很生气或者有攻击性。
3. 当提供提示时，要向学生移动到 2 英尺的距离内再给予提示，直到积极的行为表现出来。
4. 将监控作为教师身体靠近的一种形式时，要站在距离学生 2 英尺~6 英尺远的地方。要让他们知道你在那里，但仍旧继续教整个小组的学生。
5. 在没有对某个特别的学生采用身体靠近时，要持续在房间里走动、常常很靠近地走过所有学生。
6. 当你靠近某个表现很适当的学生时，要向其提供强化，即使很微弱。（比如，碰触其肩膀，小组表扬——"每个人都做得很棒！"）

**座位安排**。尽管很多人交口称赞某种特别的座位安排（比如排列、圆圈、分组、结对等），但基于所要求的学生行为发生情境和结果做出明确的座位安排决定，无疑是最好的。因此，如果目标是让学生就某个项目进行合作和分享，那么让他们分组坐在一起会比让他们坐成一排更有意义。同样，如果目标是让学生安静地独立完成作业，那么比起一排，组成小组和结对看起来提供给学生成功的可能性会更少。座位安排会影响到课堂纪律、师生互动以及教学的有效性（Hashtings, 1995; Wheldall & Lam, 1987; Wannarka & Ruhl, 2008）。教师可以通过规划教学环境，最大限度地开展小组讨论、小组合作或独立任务，来预测和预防破坏性行为发生。重点就是没有理想的座位安排——仅仅是有关在特定情境中提高学生成功可能性的座位安排决定。好的教师仅仅通过安排学生的课桌来提高教学目标以及最大限度地将时间投注于任务上，来为更好的课堂管理制订计划。

对座位安排进行计划，首先应同时考虑教师和学生移动的方便性。一个活动不方便的房间为拥挤、推搡和碰撞提供了条件，可能会引发更大的问题。另外，座位安排应该允许教师在一个能够很靠近任何一名学生但又不干扰到其他学生的距离内行动自如。其次，座位安排应该允许学生选择最适合他们自己的学习风格或者偏好的位置。例如，一些学生如果坐在窗户旁边会相当容易分心，而另外一些学生则坐在靠近教师的位置时学习得最好。最后，座位安排应该提供一系列选择，也许可以包括桌子、课桌以及学习室。当然，教室的形状和大小会决定座位必须如何被安排。

　　座位安排也应该考虑到个别学生。还记得我们在本章开始时提出的问题吗？"我们能够做什么让学生成功？"假设教师知道，如果坐在艾丽斯（Alice）旁边，桑迪（Sandy）就会讲话，完成任务的情况很少发生。那么，在独立作业时间，教师不让艾丽斯和桑迪坐在一起的做法是很有道理的。但如果莎莉（Sally）和艾丽斯一起时做得很好，她们在小组作业时就应该坐在一起或者甚至将坐在一起的机会作为完成任务的一个强化物。因为我们处理的是前奏干预和问题的预防，所以我们对座位的关注绝大多数集中在课前的改变上。而当将学生移到隔离的区域或者远离具有强化作用的活动作为不良行为之后的结果，就不用在这里，但在第13章的"惩罚"那里会被提到。座位安排不应是惩罚性的，而是意味着要创造一种提高学生成功水平，继而获得教师积极关注和自然强化的环境。这一干预应该按照本章开头所讨论的进行思考：尝试不同的座位安排，并将其作为一种干预，看看什么会起作用；如果某种安排不起作用，那么尝试另一种。如果一种新的座位安排没有起作用，这不是失败；唯一的失败在于不尝试任何不同的事情。表11.5是用于考虑和实施课堂座位安排时的一般原则。

**表11.5　用于座位安排的一般原则**

1. 要创设一种总是允许动线流畅的座位安排方式。
2. 要将座位安排作为课时计划的一部分；座位安排应促进成功。
3. 要将个体的座位安排作为计划制订的一部分。要将对其他人有消极反馈的学生分离开来，要避免将学生安排在教师很难维持身体靠近的座位。
4. 要教给学生用于改变座位安排的清晰的规则，并将这些期望纳入每日的日程表中，这样它们就可以成为常规活动的一部分。

## 提示和线索

提示和线索可以采取手势、声音、信号、便条、符号、示范或者其他增加成功可能性的身体演示的形式。在某种预测高失败率发生的情境中，提示和线索可以用于提醒学生使用适当的行为。提示和线索的一般原则是使用促进成功反应所必要的最少量或者最少介入性的提示。由于提示常常不是自然地发生的，因此要确认它们不会是适当行为的唯一刺激。提示应该仅仅用于引起学生对可控制行为的自然的辨别性刺激物的注意。然后它们应该系统地被撤销，这样期望的行为可在自然发生的辨别性刺激后面出现。例如，对学生来说，收起材料、拉直课桌、按秩序离开教室的辨别性刺激应该是下课铃声，而不是教师的言语提示。

一旦学生开始某个行为或者某个常规活动，你就可以通过提供设计过的暗示、建议、提醒以及提问来促进成功（比如，"记住，要等到站在我桌子旁边的学生回到座位再走到我跟前"）。最后，提示和线索可用于引导无法借助情境表现出适当行为的学生，给他们看预示适当行为的刺激（比如，"当你靠近我时，约翰尼在我桌子旁边，所以我没有时间帮你。如果你需要我时我正好在跟其他人工作，你应该做什么呢？"），即使在这些情境中对不良行为使用了消极的结果，矫正型的提示和线索也应该被用来减少未来出现重复性失败的可能性。当不良行为被认为是一种错误，而不是意味着"很糟糕"，那么采用一个矫正型的干预程序会比惩罚更具逻辑性。表 11.6 呈现了用于思考与实施提示和线索的一般原则。

**表 11.6　用于思考与提供提示和线索的一般原则**

1. 要经常使用对促进学生成功很有必要的、最少介入的、最自然发生的提示。
2. 要教学生这些提示，并不断练习以建立熟练性。
3. 要主动使用这些提示，并在可预测学生失败的情境出现之前马上使用。
4. 在将提示作为矫正性程序之时，要记住这些提示是重新教学的一种形式，不应该成为惩罚性措施。
5. 要将提示与自然发生的环境事件联系起来，以便将来自你自身的刺激控制转向自然的环境。
6. 要持续撤销这些诱发学生成功的提示，转向更少量和更少介入的提示，达到最终完全撤销的目的。
7. 要强化成功的表现。

**言语提示**。言语提示也许是最常使用于不良行为的一种反应。但是正如我们已经讨论过的，当不良行为发生之后，我们不再有机会去预防行为。因此，在这里我们将言语提示的使用当成一个前奏策略。以暗示、规则提醒或者教学形式出现的提示可增加学生更快、更准确表现这个行为的可能性（Hodges, 2001; Werts, Caldwell, & Wolery, 2003）。在学生在校的一天中，言语提示可用于个别学生，也可用于小组。

在将言语提示作为预防策略使用前，要注意考虑几点内容。第一，教师必须确定，学生是否具备表现出适当行为以及对言语提示做出反应的必备技能。如果没有，恰当的干预则是要重复教授这个技能，直到学生掌握为止，或者使用一些包括身体辅助引导在内的强度更高的提示。对于表现出攻击性的抗拒行为或者不愿意表现出适当行为的学生来说，这个策略是第一步，虽然这对于适当行为来说也可能是不够深入的。第二，必须教学生对不同的诱发行为的刺激做出正确的反应（比如，"当你听到我的提醒时，你需要开始清理工作"）。这个提示就是促使学生用另一个行为获得成功的一个策略，这样教师就需要明确这些提示是学生可以理解的。第三，如果提示成为一个可预测成功的信号，就必须一致地使用，这样学生就会知道，某个特殊的提示常常是表现某个特定行为的信号，也就是说，设计一个有效的提示，关键是设计一个用于刺激控制的中介物（见第2章）。要观察学生，以便确定最适合给予言语提示的最佳时机，这个提示最好在诱发某个特定行为的最初信号出现后（比如，上课铃响、教室门关上、计时器响起来）立即提供。要意识到期望的行为最不可能发生的情境。此外，还要考虑言语提示是私下提供给学生，还是作为小组常规活动的一部分。第四，一开始的提示应该大而明显（"萨姆，该打扫卫生了，现在就开始吧"）。当他们成功后，应该逐渐撤销这些提示，转向更不明显的提示（"清理时间现在开始了"）。然后再转变为通常适用于所有学生的、最自然的提示（"大家都来打扫卫生吧"）。

要使用言语提示，教师应首先确定那些提示对促进学生成功来说很有必要的情境。然后再设计提示，并教学生有关这个提示的含义。提示对学生来说只是提醒表现适当行为，因此，这个适当行为也必须教，并且要让学生掌握。也就是说，言语提示不是教学生如何表现出适当行为，它仅仅提示学生什么时候表现这个行为。因此，对于那些还未掌握行为的学生来说，言语提示是没有用的。例如，对于不知道如何游泳的学生，在其掉进泳池后朝其叫喊"记住要游泳"是没有用的。教学要包含示范和练习，以确保学生知道做什么，什么时候做以及为什么这么做（结果）。当使用所有这些策略时，教师也必须考虑到另外还有一些环境改变的措施可能会增加学生成功的可能性。教师可能会考虑不同的座位安排、一直使用清晰的一致的日程表、在给出提示前靠近学生。当然，我们的经验是，我们应该使用对促进学生成功来说必要的、但最少数量的提示。在使用言语提示时，对提示要使用陈述句的格式，而不是一个疑问句（比如，要说"铃已经响了，现在是坐下来的时间"而不是"能请每个人坐下来吗？"）。同时，还要让你的声音足够响亮，以便学生都能听到，但不要叫嚷。而且，也要避免不恰当的手势、面部表情以及愤怒的语调。在进行言语提示时要与学生有眼神接触。表 11.7 呈现的是用于考虑和给予引导学生成功的言语提示时的一般原则。

**表 11.7　用于言语提示的一般原则**

1. 在必要的情境之前要立即提供言语提示，并确保学生意识到并能听到提示。
2. 言语提示要尽可能简短。例如，叫学生排队去吃午餐之后，仅仅说"快，保持安静"。
3. 要将复杂的行为分解为更小的组成部分，并对每个组成步骤提供提示。
4. 要将言语提示与自然发生的环境线索联系起来，并让学生注意到这些线索。
5. 要一致地使用这些言语提示，直到数据显示获得充分的成功，可以逐渐撤销这些提示，并转向更少介入的提示。

**获得群体关注和视觉线索**。除了个别学生，言语提示也可用于多个学生。实际上，大多数教师会经常使用某些词语或者词组以促进小组的行为（比如，"清理时间了""排队"等）。但是，用于人较多的小组的言语提示常常要求接近于叫嚷的音量，这会给学生一个很糟糕的示范，同时损耗教师的声带。在这种情况下，更高效、更有效的获得群体关注的提示是很有用的。基本上，获得群体关注的都是很明显的提示，很容易在人群中、在教室里被辨别出。它要求对如何辨别提示以及期望的行为是什么进行教学。例如，当试图让一个活跃的课堂停下来听指令时，许多教师会教学生一组三到四次有节奏的拍手动作，所有学生都对这一组拍手动作有反应，这表明他们意识到了这个提示。针对可能错过教师提示的学生，对学生的拍手进行反应提供了第二个更明显的提示。我们要教学生做出回应性的拍手，然后安静地看向教师，等待其发指令。如果提示没有获得所有学生的关注，就可以重复一下。这个相同的基本范式也可以用于教室灯光的闪烁以及教师对学生反应的选择。比较相似但更少介入的例子还包括教师在学生面前举起手。学生被教过，当他们看到教师举起手，就要停止活动举起手，同时安静地看着教师。一般来说，有不少学生会立即对提示做出反应，而另一些学生会缓慢地意识到他们周围的同学举起了手，然后跟随。如果有几个学生仍旧没有注意到，就可以使用一些轻声的言语提示。此外，对适当行为的教学、一致的使用、一致的强化会使得获得群体关注的提示在整个年级真正获得成功。

由于言语提示和获得关注的提示仅仅在教师可以提供时才是有用的，因此，视觉线索也可以用来作为提示。视觉线索可以有两种使用方式。第一，视觉线索可以作为一般的视觉刺激进行应用，比如，张贴在学校建筑物和操场等区域的海报或者其他张贴材料。又比如，在人流众多的走廊尽头放一个停止的记号就是一个很大的视觉线索，就要提醒学生在经过这个走廊十字口的时候要停下来看看。同样，张贴在餐厅的海报可以提醒学生表现出各种不同的积极行为（比如，正确地拿走盘子、使用方式等）；在靠近出入口的位置画一条直线，提示学生要排队，也是对期望行为的视觉提醒。

视觉线索也可以采取更为个别化的视觉材料或者图片来提示学生行为。对孤独症和其他发育迟缓的学生来说，图片通常用于交流日程和活动（Son, Sigafoos, O'Reilly, & Lancioni, 2006; Long, 2000）。例如，一名学生可能有几张不同活动的图片，放在其课桌上的图片板上或者图画书里。当活动转衔时间到的时候，教师可以指向某张图片，提示学生这个时间期望的行为。每张图片线索都应该配以一个言语提示，来帮助学生与更多的适当行为的自然提示联系起来。小学低年级的教师也可以使用图片线索来帮助学生学习与期望的行为相关的新的语言（Ganz & Flores, 2000）。表 11.8 呈现的是在课堂情境中提供获得群体关注的提示以及视觉线索的一般原则。

### 表11.8 用于获得群体关注的提示和视觉线索的一般原则

1. 要教学生常规以及用于获得群体关注的期望行为或者视觉线索策略。
2. 要一致地使用策略,不要改变行动方式直到数据显示有充分的成功才开始逐渐撤销。
3. 要将学生融入视觉线索的设计中。让他们设计海报、记号以及其他线索,并使用他们设计的这些线索。
4. 要使用言语提示来帮助学生意识到更多的视觉或者动觉线索。
5. 要尝试尽可能多地使用来自环境中的自然线索,提醒学生注意到它们以促进后面的撤销。

**预纠正**。预纠正包括在行为出现之前使用一个言语提示,并要求学生做出反应。预纠正最初用于在学生有机会犯错之前对学业指导做出调整(Colvin, Sugai, & Paching, 1993; Kame'enui & Simmons, 1990; Oswald, Safran, & Johanson, 2005)。最适合预纠正的领域是教师预期学生会出错的教学领域。使用预纠正包括要提前考虑刺激控制尚未牢固建立的问题或情境,向学生提供一个提示性的问题,然后基于其反应向学生提供反馈。与学业学习一样,应用这一策略以预防学生出现社会性失败,需要教学生可以遵循的原则和常规。相比学业类课程,这一策略通常使用于结构化程度较低的时间或者常规活动,比如课程之间或者班级之间的转衔。

最直接的策略是简单地提供"刺激—反应"关系的言语提醒(比如,"如果有人在这个活动中喊你名字,做什么事情是好的?")。如果学生正确回答,教师可以为这个反应提供一个言语强化,一旦提示的行为正确发生,则提供另一个自然的强化物。例如,教师可以通过说这句话开始这个序列:"塔米(Tammy),我们在走廊里应该移动得多快呢?"塔米随后回答:"走",教师继而反应:"正确,非常棒的想法,塔米。"一旦塔米在走廊里走,教师需要抓住这个机会,用更为自然的方式来奖励这个成功。"看啊,所有负责的学生都在走廊里走,这意味着我们不用回去了,所以我们每个人吃午饭的时间要长一些。太棒了!"如果塔米不能成功地回答预纠正措施(如,"我不知道"或者"跑"),教师要立即陈述正确的答案,然后再次提出问题:"我们在走廊上时,我们一直是走。所以你今天应该如何沿着走廊去吃午餐啊?"像大多数策略一样,预纠正措施不能保证学生的成功,它只会提高学生成功的可能性。它的目的是创造学生成功的可能性,以便教师有机会提供更为自然的强化。

最有效使用预纠正的方式是作为一个前奏提示，然而，和所有提示和线索策略一样，它也可以被用作矫正性措施系列的一部分。当一名学生失败时，教师可以选择问一个预纠正的问题。当然，这个策略只有在学生实际上知道如何做时才会有效。换句话说，如果学生真的不知道他或她应该做什么，预纠正的问题只会是设置了第二次失败。因此，在预纠正使用前开展教学是非常关键的。此外，在最有可能失败的情境之前进行预纠正是最有效的。表11.9呈现的是用于设计和提供预纠正措施以增加学生成功的一般原则。

**表11.9　用于预纠正的一般原则**

1. 要教学生预纠正的系列措施并确保学生理解被期望的是什么。
2. 要在目标行为被期望的情境出现前立即提供预纠正提示。
3. 要使用清晰的、没有疑义的、要求学生产生一个具体反应的问题提示。
4. 在将预纠正用于一个学生时，要在同一时间将该策略用于其他学生，以便学生能够听到正确的答案，并避免在全班面前单独挑出某个学生。
5. 不仅要强化对提示问题的正确答案，也要强化作为一个结果出现的适当行为。

### 前奏服从性策略

在这里，前奏服从性策略指的是那些主要关注学生服从的策略。学生只是忘记了与学生记得期望的行为但选择不做是不同的。这一部分呈现的策略实际上是前奏刺激，但仍旧着眼于学生的服从。也就是说，他们的聚焦点与其说是提醒学生，不如说是鼓励他们可能知道但不太可能表现出的行为。

**提供选择。**向学生提供选择是一个用于增加学生持续参与课堂常规活动和教学任务，或者提高完成特定行为或活动的策略（Jolivette, Stichter, & McCormick, 2002）。选择有两种基本类型。第一种是用于开始一项大型任务。这包括将任务分解为更小的任务并就小任务完成的顺序提供选择项。第二种，包括呈现两个或者多个特别的替代性任务供选择，当有多个任务要求时，这种做法是最适合的。例如，爱德华（Edward）有一个大项目，几乎完全没有开始做，频繁的提醒并没有很成功，因为任务实在太难了。这种情况下，教师要将项目分解为更为细小的任务，要向爱德华提供他可能完成的小任务作为选项。每一个小任务的成功都为后续的服从创造了更高的可能性。但是，对弗雷德（Fred）来说，他有两个不同的项目即将到期。一旦提到其中任何一个项目，他马上就会有一堆借口以及干扰他完成项目的能力的竞争性活动。在这个案例中，教师可设计两个具体的目标，并让弗雷德选择他最愿意完成的一个。教师要让弗雷德清楚，他是唯一的决定者——但是这里只有两个选择，他必须选择一个或者另一个。

就学生而言，做出选择要求一些技能，实施这一策略应该从最基本和具体的选项开始。教师可以以在困难的学科领域变化任务或者任务的顺序来引入选择机会，慢慢地开始。在准备实施选择时，教师必须考虑到学生是否有能力选择提供的选项并坚持完成。如果学生不能决定一个选项或者完成所选择的项目，要教其简单的选择的技能，也可能要求教师提供的辅助不仅用于启动一个被选择的任务，同时还要完成这个任务。实际上，教学的一部分也包括教学生选择一个选项并最终完成它。教师也必须明确，一旦学生做出选择，所选择的活动以及期望就要是一致的、可预测的；也就是说，选项要以非常具体的形式进行说明，几乎是以一个协议的形式。

选择的机会最好在问题最后可能发生的情境出现之前立即提供。另外，要考虑这个选项是否私下向学生提供或者必须作为小组常规活动的一部分。允许学生选择学习任务和课程的策略对于有行为问题的学生来说大有益处。虽然在允许智力障碍学生做出选择方面已经开展了广泛的研究，但针对行为问题学生的研究才刚刚开始。研究（Dunlap et al., 1994; Jolivette, Wehby, & Canale, 2001）已经表明，允许 EBD 学生选择任务和教学材料，可以增加他们的学业参与度、减少破坏性行为。表 11.10 提供了用于考虑和提供选项作为一种教学策略的一般原则。

**行为动力**。行为动力是一种用于发展行为服从性的基于前奏的、非厌恶性的策略。简单来说，行为动力包含让学生服从非常简单的、温和的指令，然后提供持续的强化以形成朝向最终服从更难的指令的动力（Davis & Brady, 1993; Burns et al., 2009; Lee & Laspe, 2003）。例如，教师给出由两三个简单要求组成的序列，而且学生服从这些要求的可能性很高。在完成序列中每个要求后，教师都给予强化（比如，口头表扬），然后引入一个学生服从可能性较低的要求。这个由对高概率要求序列进行恰当反应产生的"动力"增加了对低概率要求的服从可能性。比如,玛拉(Marla)在开始她的拼写任务方面存在困难。在拼写之前,教师就提供了几个可产生服从的要求,让玛拉帮助分发书本、收卷子,移动桌子。(早期儿童的测验可包括"给我看你的手指""指指你的鼻子"或者"告诉我你的名字"。)教师对玛拉的帮助表示感谢,并表扬了她服从每一个要求的责任心。然后教师说:"玛拉,非常感谢上午你给予的所有帮助。现在让我们看看,你是否也可以开始你的拼写并能够完成它?"行为动力作为一个策略,是提高成功服从可能性的最简单的一种方式。

**表 11.10 用于提供选项的一般原则**

1. 确认一天中学生可以很容易做出选择的时间段,教师可以提供选项给学生(从教师能够很容易控制的方便的时间段开始)。
2. 要回顾学生已有的资料(比如,连续记录,轶事记录),以便在学生能够经历更多成功的课程或者社会领域引入让他们做出选择的机会。
3. 要将一致地呈现选择机会作为任务指导语的一部分。
4. 选择机会应该与学生行为功能相匹配,增加对问题情境的可预测性,学生在这些情境中选择的事件将出现在适当行为之后。
5. 在进行中的学业活动中向全班提供机会来逐渐撤销面向个体的选择机会。例如,让学生们选择坐在教室中的哪里,在探索者列表中选择一个探索者做报告,选择语言艺术活动的顺序,或者选择完成一项任务的方法。
6. 要帮助学生做出产生可预测的、期望结果的积极选择。
7. 要将选择的机会与已有环境中的情境以及自然的结果结合起来。学生能在两个选项中进行选择,选择任务的顺序,以及选择在教室里的哪个位置完成任务。

对于那些愿意并能够对绝大多数要求进行反应,但在服从特定的任务方面存在困难的学生来说,行为动力是最有效的。如果学生拒绝服从任何一个指令,那么就没有机会建立这个必要的动力。而且,需要再次强调的是,像行为动力这样的服从策略只对学生有能力完成的行为有效。因此,对于如何完成任务所开展的教学以及对学生能力的评估必须在使用服从策略之前进行。表11.11呈现的是考虑和实施行为动力作为一项管理策略的一般原则。

表 11.11　用于行为动力的一般原则

1. 要确认学生能够表现出期望的行为。
2. 第一个要求应该是具有高服从可能性、与年龄相适应的任务。
3. 要使用类似"责任心""尊重他人"这样的词语向服从最初要求的行为提供强烈的口头表扬。
4. 在给出低可能性的要求时要使用相关词语（比如"责任心""尊重他人的"）。例如："这个早晨你很负责，我印象深刻。你现在也可以这样做你的项目吗？"
5. 每一次使用这一策略都要改变高概率要求，这样在形成动力时就不会变得特别明显。
6. 要对完成低可能性任务提供强化。由于许多服从问题都倾向于逃避任务的功能，自由的时间或者其他离开任务的短暂休息都可以提供功能性的强化物。

## 维持和泛化

本章所呈现的策略旨在帮助学生取得成功，以便教师有机会为他们的成功提供强化。虽然这些策略可能很容易实施，但是它们都不能一直被使用，学生在学校里持续成长、发展、被大学录取，因此，我们要关注的是不仅促进最初的成功，而且应该是持续的成功，它们可以超越前奏策略以及在没有前奏策略的情况下也能持续存在。可以成为上述每个策略的组成部分的是经特别设计、用于鼓励行为维持以及泛化到其他情境和状况的策略。第一，要重视自然发生的环境线索与更为明显、介入性提示的配对使用。线索越自然，越容易撤销人工提示。第二，所教授的行为必须具有相关性；也就是说，它们必须看起来是普通学生可能做的事情。教学生做出很奇怪的行为或者与发展不太适应的行为，那么当某个教师不在时，他们就不太可能继续做出这种行为。这个策略需要一些评估，通常可以明确表述为"成功的学生在这些环境中做什么？"。因此，适当行为的判断并不是由教师单独进行的，而是取决于教师和更广的情境。

被用于促进维持和泛化的第三个一致性策略是聚焦于自然的强化物和功能性结果。很明显，在自然环境中自动强化的行为才有可能在多个情境中获得维持。正如我们之前谈到的成功学生的行为，我们现在必须询问："成功的学生在这些环境中为什么这么做？"这一思路帮助我们去促进保持那些自然的、允许学生在没有教师等人为干预的情况下继续表现出来的反应。不过，一些学生的行为功能是很独特的。这些学生需要进行功能性评估，以确定最适当的行为功能结果。有时候，这些个别功能与更自然的反应之间的联系很容易建立，而有时则不然。教师的工作则是将当前促进成功的强化物与以后可能有助于更多泛化的强化物搭配起来。

### 本章回顾

❶ 用于小组前奏策略的一般原则包括对将要改变的行为进行操作性定义，判断它们的功能，教新的替代行为，以及使用言语提示和表扬以增加替代行为的发生率。

❷ 用于促进积极的师生关系的原则包括建立眼神接触、问候学生、与他们兴趣联系以及真诚地沟通，包括在你犯错误时承认过错。

❸ 为了有效地开展常规活动和布置教室环境，有必要建立一日或者一段时间的日程表，监控每个活动的间隙，以及将这个日程表张贴以作为学生的视觉提示。

❹ 其他前奏策略还包括教师身体靠近、使用言语提示、使用获得群体关注的策略以及其他类型的言语提示。

❺ 用于增加学生服从可能性的策略包括行为动力以及向学生呈现要求时使用选项。

### 应用

❶ 这是学校开学第一天前的一周，在第一个学生进入教室前有什么前奏策略能够被适时使用？

❷ 在课堂情境中使用前奏策略以预防挑战性行为的价值是什么？

❸ 在预防挑战性行为以及增加亲社会行为方面，这些前奏策略可以怎样联合以变得更为有效？

# 第12章

# 对个体成功进行反应的策略：强化

**本章目标**

阅读本章后，你应该能够描述以下概念：

☑ 选择学生行为作为强化的目标

☑ 为不同学生、不同目标行为确定有效的强化物

☑ 有效实施强化所必要的组成部分

☑ 不同的强化程式

☑ 有效获得强化学生的进展情况的追踪方法

　　肖恩（Sean）是迪恩（Deane）初级中学的一名七年级新生，他很喜欢逗其他人笑。在往返学校的校车上，他常常通过背诵他最喜欢的单口喜剧演员的长而粗俗的笑话来娱乐他的同伴。他的朋友大声叫喊、大笑，叫嚷着要求他讲笑话。肖恩在以前的校车上也背诵过。校车司机的多次口头引导都没有阻止肖恩的言行。在开学的头两周，她常常给肖恩开出巴士转介单，但这通常引发与肖恩的长时间争论，要说真有什么的话，他的行为在下一辆校车上会变得更加糟糕。肖恩带着这样水平的破坏性行为进入了他的班级。在第一个阶段，每次斯特里特（Streeto）女士转身在黑板上写字，肖恩就跳着离开他的座位，在过道上跳舞。斯特里特女士所问的每个问题似乎都会得到肖恩的俏皮回应，其他学生也会发出阵阵笑声。肖恩有破坏性行为但绝对不是一个心胸狭窄的人，每次被问到时，他都会说他喜欢他所有的老师，只是逗其他人发笑实在是太有趣了。同时，毫不奇怪，肖恩在他加入的所有班级中学

业成绩都很差。他很少提交家庭作业，从来不完成课堂作业，每个班级的绝大多数测验和小测试都没法通过。尽管他的 IQ 和成就测验显示肖恩非常聪明，应该能够非常出色地完成功课。

最初的时候，肖恩的老师使用了标准的学校纪律手册。他们会给他口头指令，开具转介单，指派关禁闭，最后肖恩还在校内休学室留观了两天。这些似乎都没有阻止（或者减少）肖恩的破坏性行为的发生，在这些行为发生几周后，七年级的教师小组咨询了学校咨询员法雷利（Farrelly）女士。为了解决这些问题，法雷利开始与肖恩的老师、他的主要照顾者祖母以及肖恩本人进行交谈。法雷利开始明白问题出在哪里了。

本章开头这段文字描述了一名学生表现出教师希望停止的大量行为，对一章有关强化的内容来说，这看起来是一个有点奇怪的开头。实际上，这可能看起来有点反常，当面对表现出挑战性行为的学生时，我们反而聚焦于我们希望他们开始的行为，这可能看起来有点反常。然而，过去一百年来的研究和流行的学校模式不断地向我们表明，试图通过惩罚以停止学生挑战性行为的正面做法对许多学生来说都是没有效果的，并且会产生许多不期望的副作用（Vargas, 2009）。而且，强化期望的行为是预防挑战性行为不可或缺的一部分，因为当没有行为被强化时，许多学生将运用挑战性行为来填补空缺。因为教学的基本点是引发特定的期望行为，包括学业的和社会性的（比如，借位减法、轮流、冲突解决），因此我们要创造一个让这类行为更频繁发生的环境。为此，我们需要用于个别学生的合理的、有效的强化程序。

通过强化程序控制课堂环境的步骤包括：
1. 确定如果更经常发生有益于学生的社会性的、学业的行为。
2. 确定可能让学生在未来更经常表现出这些行为的强化物。（是什么？）
3. 确定这些强化物将怎样、由谁发放给学生。（怎样？）
4. 确定一个合适的强化程式。（什么时候？）
5. 对行为的改变进行监控，并将其作为强化程序的结果。（持续多长时间？）

根据肖恩的行为，法雷利夫人召集了肖恩所有的老师一起开了一次学生学习小组会议。还没等每个人坐下来，老师们就开始抱怨肖恩，对他给班级造成的各种破坏相互表示同情。

"我们只是需要找到一些东西去吸引他的注意力。如果我们让他休学15天会怎么样？"齐托（Zito）先生提出。斯特里特女士点头表示同意。

"好的，我认为我们需要讨论的不是肖恩做了什么错的事情。我们都很清楚这一点。我认为我们需要将注意力集中在肖恩做得好的地方。"法雷利女士打断道。几位老师翻了一下白眼或者做怪脸，但帕克（Parker）先生最后说：

"嗯，当他想做的时候，他会全力以赴做作业一段时间。但是然后他会分心，又开始开玩笑。"

"好的，但是等等，我认为我们要将注意力放在一些事情上。当肖恩全力以赴做作业的时候，你做了什么？"法雷利问道。

"嗯，没有什么，我的意思是他应该做他的作业，是不是？"

"是的，最终我们要让他自己做好他的作业。但是首先我认为我们需要确定我们想让他做什么，然后我们才能谈谈让他去做的事情。所以我们想让他做什么？"

"全力以赴做作业，"帕克先生说，"我猜想，这意味着他要看着他的书或者在我讲话时看着我、在课堂作业上取得进步、只讨论课堂上讲的主题。"

"是的，但是他不会只是坐下来，开始一整天都做这些事情。"斯特里特打断道。

"对的。如果所有人都同意这个专注于作业的行为，就太棒了。我们需要将这个行为定义分解为更细小的步骤，然后更为频繁地强化它们，特别是在刚刚开始的时候。"法雷利女士说。围在桌子旁边的老师们都点点头："现在我们知道要让肖恩做什么了。"

## 选择要强化的行为

决定有意识、有目的地使用强化这个手段可以从选择教师们希望更频繁发生的行为开始。实际上，在学校的一整天中，教师会不断面临将这一策略用于学生行为的情况："这个行为刚刚发生。我希望它未来更经常发生还是更少发生？"对于教师希望未来更经常发生的行为，教师必须能够以与第4章中描述的过程相似的方式进行定义和描述，在这一章中，我们讨论了对挑战性行为的定义和描述。在前面的文字描述中，帕克先生希望肖恩更经常地"全力以赴做他的作业"，他接下来必须定义和描述这种行为是什么样子。通过用目光专注于他的任务、在作业上取得进步和只对学科相关内容进行评论等这样的标准，期望行为的组成部分——这个案例中指的是"专注于作业"——就会变得很清晰。这个定义可以保证让其他成人比如学生学习小组中的其他教师在强化同样的行为时保持一致。这种一致性是长期获得期望行为的关键。

正如斯特里特女士插话时提到的，我们有时期望学生出现的行为可能是复杂的，或者要求付出相当大的努力，或者两者皆是。在这些情境中，我们需要采取两种强化策略。我们需要通过任务分析将期望的行为分解为多个步骤（在之前第5章中介绍过），或者强化接近于我们正在寻找的期望行为的行为（渐进性趋近）。当我们使用渐进性趋近时，要一直提供强化直到学生最终表现出正确的行为。对于肖恩来说，教师可以将坐在他桌子边、看着他的作业或者举手等待被叫到，作为增加专注于作业这一总体行为目标中较小的一部分。然后他们要对这些行为提供强度较小但频率较高的强化物。

在选择要强化的适当行为时，我们要假设期望的行为以及它的那些表现都已经在学生的技能表中（比如，学生知道要做什么、怎么做以及什么时候做）。显然，如果要学生表现出的行为不在他们的技能表中，就决定进行强化是不公平的，也会让他们陷入失败的境地。这跟告诉一年级学生在完成计算之后他们将会获得休息是很相似的，强化数量并不会增加学生完成计算的行为。教或者重新教往往是在开始一项强化计划前需要完成的非常重要的一个步骤。

在处理与强化有关的技能缺陷时最后值得注意的是：教学生获取强化有时

是必要的。有时，学生，特别是年幼的学生或者认知能力存在障碍的学生，渴望教师的关注和表扬，但是缺乏正确获得的技能（Craft, Alber, & Heward, 1998; Wallace, Cox, & Skinner, 2003）。通过提供一系列让学生获得教师关注的步骤，学生就能够获得他们渴望的关注和表扬，并改善他们的行为，获得课堂成功。为了教学生获得强化，教师必须首先确定学生可以以何种方式正确地获得教师的关注（比如，举手，走到教师座位那里，询问特别的问题）。然后，训练可以包括出声思考策略（比如，"我想老师看到我完成了作业。我怎么来获得他或者她的注意呢？"）、示范、角色扮演、纠错以及表扬等内容。这种获取关注的训练是低成本的，只要求花费最少的时间向学生展示如何获取关注和表扬，而后者却可以显著地提高学生的表现水平。在决定要强化什么行为之后，还要确定这个行为已经在学生的技能表中（如果不在则要教），这个过程的下一步就是决定使用何种类型的强化物。

法雷利夫人对他们希望增加的行为的定义进行了仔细的备注。"好的，那么现在我们已经决定了我们想要肖恩做什么——专注于作业上，我们需要找到一些让他完成的方法。有谁有什么想法吗？"

"嗯，很明显，肖恩喜欢被关注。"斯特里特女士插话道。

"是的，但是他经常用什么获得我们的关注呢？"法雷利提示道。

"嗯，当他表演的时候……"齐托先生回答。

"现在，我们怎样能够使用我们的关注去让他更经常地专注于作业上呢？"

"当我们看着他很认真做的时候，我们要告诉他是怎么样认真地在做。但是这不会让他感到尴尬，让他更不太可能专注于作业上吗？"

"嗯，如果我们所有人都巧妙地做，你知道，一个快速的眨眼或者跷大拇指，或者往他的方向点头，都是我们可以尝试的。我知道这些都是我们对其他学生做的。"帕克先生说。

"好的，在肖恩表现出一些专注于作业的行为的课堂上，这个可以起作用，但是他在我的课堂上基本处于失控状态。"斯特里特女士抱怨道。

"嗯，除了教师的关注外，让我们考虑一下可以开展哪些活动，让肖恩在课堂上表现出专注于作业时能够获得奖励。如果这些不起作用，那么我们也许不得不考虑一些肖恩可以获得的实物型奖励物。"

"嗯，他喜欢逗乐每个人。只要他在课堂讲授以及独立作业时专注的时间足够长，在课程结束时我让他讲几个正常的笑话，怎么样？"斯特里特女士建议道。

## 确定强化物（什么？）

回想一下，在行为的术语中，强化可以分为正强化和负强化。正强化意味着在环境中添加一些事物以增加行为未来的发生率，而负强化则意味着将一些事物从环境中移去以增加某个特定行为未来的发生率。相比负强化，正强化有几个优势，包括避免使用厌恶刺激、允许教师去强调他们课堂中令人愉悦的一部分，因此，下一部分首先关注正强化，然后再将负强化作为另一种强化选择进行讨论。

除了三类直接强化物之外，还有一些与我们现代社会中金钱的功能非常相似的系统。在这些被称作代币制的系统中，类似于偏好的活动或者实物型强化物都不能直接提供。相反，在学生表现出我们希望频率上有所增加的行为之后，向学生提供的是可以获得三类强化物的代币，而这三类强化物被称作支持性强化物。代币本身，最初并没有内在价值，当它们与支持性强化物（关注、活动以及/或拥有物）配对出现时则可以获得强化力量，这样它们就成为条件强化物。这些中性刺激通过系统化地与具有强化作用的刺激配对出现，就获得了强化的力量。代币制将在下文进行更为深入的讨论，因为它们更多地与如何给予强化有关，而不是使用什么强化物。

有效组合强化物并有效地实施可能是很难的，因此，教师应该将选择和使用不同的强化物作为一个动态过程。对选择和实施来说最重要的指导是基于教师放入环境中的是什么，使用持续收集的数据来确定行为是正在增加还是在减少。很关键的是，不仅要考虑挑战性行为达到的结果，而且也要从功能的角度考虑新的期望行为应该达到的结果。在前面的描述中，对于肖恩来说，关注被认为是首要的强化物，因此，教师讨论了各种不同的方式来保证他专注于任务的行为可以获得关注，但是，正如前面所描述的，如果没有这些资料收集，教师可能会无意中强化他们一直在试图惩罚的行为，惩罚他们一直试图强化的行为。

在第二次学生学习小组会议上，同一组教师聚集在学校的会议室。

法雷利夫人开始会议："在跟每位老师交谈并查阅了一些初步材料之后，我认为我们正在使用的关注是有用的。但是我也认为，我们需要一些便携式系统，以便让肖恩在所有我们的课堂上都能获得强化物。我想让他看到，我们在他的课堂里都是保持一致的，我们所有的人在期望同样的专注行为。在课堂上使用代币制怎么样？"

"哦，不。那个不起作用。我有一个朋友，她在海伊克雷斯特（Highcrest）小学教书，她有一个这样的系统，每个孩子桌子上都放了一个罐子，如果孩子做得好，她就在罐子里放一个弹珠。但是孩子们常常弄翻罐子或者互相偷弹珠。这个方法相比其价值会带来更多的麻烦。"

"对的。我也尝试过一个系统，如果学生做了被期望的事情，我就会拿出快乐周五的扑克筹码给他们。但是在第一周结束时，一半的孩子都在将他们自己的扑克筹码偷运进来，另一些孩子则是在玩扑克！"

"嗯，好吧，但是如果试试这个怎么样？我去了工艺品商店，买了这些不同形状的打孔机，有钻石形状、心形、三叶草形状以及铁锹形状。我还有这包索引卡片。如果我们给肖恩做一张每日的积点卡，然后观察他专注的行为，当他正在做被期望的行为的时候，就给他打一个孔，怎么样？我们甚至不必把这件事搞得太大。就是你经过他的桌子的时候轻轻地在他的卡上打个孔——这个方法，他都不会感到尴尬。然后在这一天结束的时候，也可能一天中有几次，他可以将这些积点花在他喜欢的活动上——可以是跟他朋友说话或者为他的同学表演他的单口喜剧（不能说脏话）。"

法雷利女士描述的代币制中使用的这个积点卡大致如图 12.1 中显示的这种类型。

为了实施这一代币制，步骤要简洁明了：
- 制作一个与前面描述的一样的印章（通常可以在办公用品店买到）。
- 拿一些不同颜色的索引卡片，代表不同水平（白色——水平1，蓝色——水平2，金色——水平3，没有卡片——水平4）。
- 当学生的水平提高时，他们将获得更少的积点（逐渐撤销），但是用于特权需花费的积点也更少，学生们可以获得额外的活动和特权。
- 为每个学生制定特别的、积极的目标（比如，"跟着指令""行为要友好""集中注意力"）。
- 将学生们的名字和日期写在每张卡片的背面。
- 仔细观察服从行为（安静地坐着，安静地学习，站在队伍中），跟随指令，集中注意力，行为友好，等等。
- 通过使用打孔机在卡上打孔来奖励积点（使用不同的打孔形状以减少伪造的可能性）。积点可以全天用于获得特权。当老师用墨水画了一个圆圈，就是花了一个积点。对于一名孩子来说，没有要获得的总积点数要求。要将代币强化（积点）与言语强化结合在一起（导致逐渐撤销）。
- 罚款或者反应代价的使用将在第13章"惩罚"这一部分进行讨论。

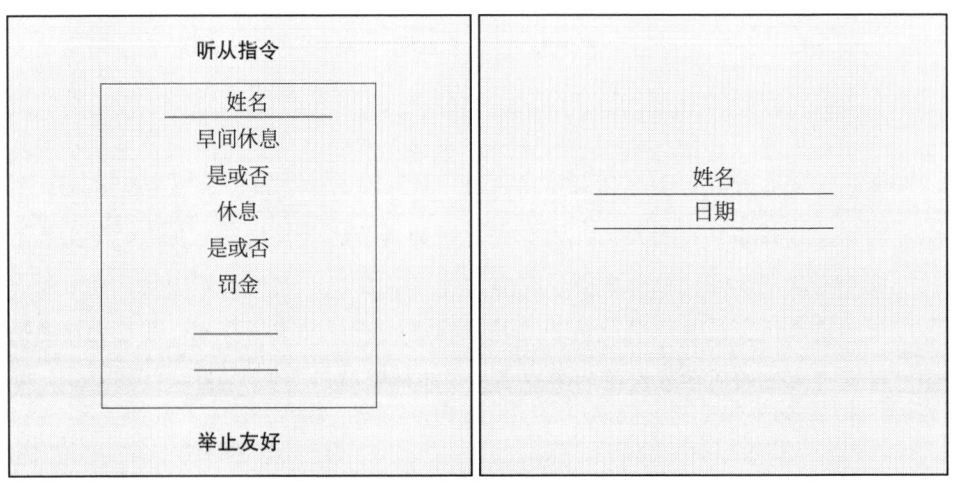

图 12.1

## 使用强化物（怎么样？）

作为如何提供强化的示例，前面这段文字描述了代币制的使用，这是在学校和课堂上提供强化的一种非常有效的方法。但是，有几条基本原则决定了要如何有效地将强化应用于期望的行为。这些其他重要的因素还包括：

（1）即时性；（2）新颖性；（3）一致性；（4）将强化物与选择相结合。

第一个因素是强化物要即时跟随在行为之后。行为与强化物之间间隔时间越长，强化就越微弱。例如，罗科（Rocoo）完成了他的数学作业单，但没有因为完成而受到表扬，而是直到几个小时后才受到表扬，这个表扬对于行为来说强化就相对微弱，也相对地可能不会增加罗科未来完成作业的行为。它也没有形成教师强化目标行为时努力想达到的行为—反应配对。

影响强化力量的第二个因素是强化物的新颖性。新的、不同的或者出乎意料的强化物比起已经使用很长一段时间的强化物要强大一些。通过不断地变化强化物类型，教师就可以维持强化物的新颖性，防止饱厌。任何一个甜甜圈吃得太多的人都会告诉你，第一个是好吃的（也可以是第二个或第三个），但第八个或者第九个、第十个甜甜圈就不太令人愉快了。同样的效应也会发生在学生获得某个强化物太多的情况下，这种情况常常被称为饱厌。所谓饱厌就是指当个体接受一个强化物太多或者太频繁，导致它失去了之前的强化力量。用惊喜搭配新颖的甚至一些不那么新颖的强化物，就能够维持强化物的强化力量（比如，拿到一个你没有预料到的强化物或者发现它是受到奖励时唯一使用的，会使它更具强化效果）。考虑一下那些神秘的奖励物的例子。不要告诉学生他们将赢得什么，当学生赢得"看看信封里面"的机会、看看奖励物是什么的时候，期望的行为就会增加（Murphy et al., 2007）。不管学生赢得什么，这个"发现"都增加了它的强化力量。有一位老师将代币制系统与神秘的奖励物有效地结合起来，在每天结束时，学生们可以用剩余的积点去出价要求一次打开奖励物信封的机会。在这个奖励物信封里，有不同的用透明塑料塑封的卡片，这些卡片给予他们第二天接触不同活动型强化物的机会（比如，坐在老师桌子旁边1个小时，与老师一起午餐，15分钟额外计算机时间）。最后，纯粹的选择行为（比如，使用一张清单让其选择一个实物或者一项活动）就能够影响到这些刺激物的强化力量。实际上，即使是通常令人厌恶的事情，能够选择它们的顺序（比如，一张数学作业单、一张语言艺术作业单，以及一张社会科学作业单）都可以至少使得它们不那么令人厌恶，如果没有强化的话。

第三个因素是一致性。行为被一致地进行强化很关键，因为对学生来说学习正在发生。换句话说，学生正在建立行为和强化结果之间的联结（比如，"当我做这件事情的时候……这个强化物会出现在环境中"）。这个联结通过一致性而被加强。正如之前提到的，强化应该被逐渐撤销，但这个过程应该以数据为基础，而且应在一段时间内系统地进行。最后，使用向学生呈现作业和强化物的选项，将加强行为和强化物之间的学习联结。换句话说，允许学生决定他们想要第一、第二或者第三完成的作业，以及从强化物清单中选择强化物，会让学生更有可能完成作业，对已经确定的强化物更少出现饱厌。每个人都喜欢对即将发生在他们身上的事有掌控感，对于学生来说，发展内部的控制点是特别有价值的。这意味着学生们认识到他们的选择和行为将会产生期望的结果（或者不会）。那些表现出长时间挑战性行为的学生通常真的认为每件事情都不是他们所能掌控的，事情的发生有各种外部原因，但绝不是因为他们自己做了什么。将选择贯穿于一天的学习中，有助于减少这种无力感。

## 代币制

本章之前简短地讨论了代币制，在这里将进行详细介绍，以便能够将其更加深入地用于个别系统。像代币制这样的系统可在频繁的强化发放中提供辅助。代币制被定义为是学生因表现出特定的、适当的行为而交换获得象征性强化物（代币）的一个系统。随后这些代币可以用于交换（或者花费在）喜欢的实物或者喜欢的活动的参与时间。这些代币可以是不容易被偷窃或者伪造的物体，能够量化地用于高效、有效地实施奖励。代币制为教师提供了一个可以系统地提供强化而没有打断教学的很便利的方法。就如货币制度一样，代币制通过提供接触喜欢的活动的机会为学生的适当行为提供补偿。这一策略可以在学校的全天时间里单独应用于个别学生或者用于人数较少的小组。代币制的一个附加的好处是它会对教师的行为产生影响。代币制要求教师持续地监控学生的适当的和期望的行为，而不是不适当的行为，并在期望的行为发生时便利地、容易地进行强化。

### 行为契约

行为契约是另一种系统发放强化的方式。行为契约是教师和学生之间关于行为期望的一份正式书面承诺书，它明确了：（1）清晰的行为目标；（2）学生达到这些目标时将获得的强化；（3）短期目标陈述；（4）评估行为表现的检查日期。教师和学生检查这份契约并签名，然后每个人会收到一份复印件。重要的是，用可观察和可测量的术语明确指出需增加或者减少的行为，并选择那些发现对学生很有激励性的实物和活动作为强化物。另外还有两条原则用来保证行为契约的最终成功。第一，对于年幼的学生而言，契约的时间间隔应该是相对较短的，常常是一天结束或者甚至是半天结束的时候，更长的时间间隔可以用于年长的学生。第二，无论学生的年龄如何，至关重要的是，学生们要有成功的体验，并看到教师在制定的第一份行为契约中履行了自己的契约。换句话说，要让学生们在第一个契约取得成功，然后再提高行为要求，并延长必须表现出期望行为的时间间隔。

"好的。我喜欢这个想法，在肖恩专注于作业时用一些细微的手势和一些特别的表扬给予他关注。但是我要一直这么做吗？"斯特里特女士问道。

"对的。我的意思是，我还有其他学生要教，有要教的内容，以及要批改的学生作业。"帕克先生补充道。

"我听到你们都在说什么，我很理解你们的要求，但是不要忘记当肖恩表演的时候你们花费在他身上的时间。"法雷利女士回答道。教师们点头表示同意。"虽然我们在最初的几天里可以这么做，但是当肖恩掌握了专注于作业这个技能并持续比较长的一段时间时，使用强化的关键就不是我们每次都要对每个单独的行为进行强化。而是，我们要按照一个时间程式系统地提供强化，慢慢地减少强化的频率或者撤销强化。"

"所以你的意思是，一开始当肖恩专注于作业时，我们每次要给予他关注，后来对于他专注的行为，每三分钟或者每完成三个作业给予一次强化？

然后在给他提供强化前，我们可以给予更长的时间或者让他做更多的作业？"齐托先生询问道。

"是的。通过逐渐减少我们为他的行为提供的强化数量，他就不会这么依赖我们告诉他做得很棒。而且，如果我们看到，他开始回到原来的方式，我们可以重新调整，更频繁地提供强化。"法雷利女士回答道。

## 强化程式（什么时候？）

什么时候提供强化这个问题是非常重要的。教师可以通过策略性地计划何时强化期望的行为来获得多种效果，首先，他们能够确保强化物将一直保持有效。当学生正在学习新的技能时（习得阶段），通常每次学生表现出期望的行为时都要进行强化。这个强化程式，被认为是连续性强化（Continuous Reinforcement，简称CRF）或者按照1∶1提供强化，这对于强化新的技能来说是非常重要的。然而，在学习的最初阶段，强化必须是即时且一致的。当自然的强化物不可靠的时候，教师必须保证期望的行为在自然环境中出现时可以获得强化。但是，如果强化的程式仍旧保持这个密集程度，学生对强化物就可能会饱厌。每次提供强化的效应就是学生们会期待每次表现出行为时都会获得强化物，一旦强化没有呈现，就可能会停止表现出行为。因此，很重要的是，教师要确定她或他将有目的地使用强化程式；也就是说，教师应该对期望的行为多久强化一次有系统安排。要做到这一点，学生必须以适当的次数表现出这一适当的行为，并要为强化程式做好准备，在这个程式中，一些期望行为的表现受到强化，但并非所有。

强化程式通常通过时间数量（时间间隔）或者行为发出的次数（比例）来进行划分。换句话说，教师可以每三分钟对学生专注于作业（间隔）的行为给予强化，或者可以按照每两次完成教师指令（比例）给予强化。强化程式也可以划分为固定程式（每5分钟或者每5个行为）和可变程式（平均每4分钟或者每4个行为）。因此强化程式可以如表12.1这样总结。

表12.1 强化程式

| | 固定 | 可变 |
|---|---|---|
| 时间间隔 | **固定时间间隔**：基于固定的时间数量对行为出现提供强化<br>现实世界例子：一名员工每14天收到一份薪水<br>缩写——FI：14天 | **可变时间间隔**：基于一个平均的时间数量对行为出现提供强化<br>现实世界例子：信号灯的灯光平均每90秒从绿灯转变为红灯（基于行人和一天中的时间，间隔可以更长或者更短）<br>缩写——VI：90秒 |
| 比例 | **固定比例**：行为出现后按一个特定的发生次数提供强化<br>现实世界例子：把两个25美分的硬币放入机器后，口香糖会被分发出来<br>缩写——FR：2个25美分 | **可变比例**：行为出现后按平均发生次数提供强化<br>现实世界例子：老虎机按平均存入120美元提供收益<br>VR：120美元 |

当你考虑这些强化程式时，要记住，我们希望使用最少数量的必要强化。这意味着我们想撤销这些强化，或者系统地减少所提供的强化数量，而不减少期望行为的发生率。因此，如果我们有一个行为按照强化密集程度的要求发生，我们就要想逐渐地增加所要求的行为数量或者强化物之间的间隔时间。连续性的强化应该仅仅在技能习得的阶段使用，随后，当学习者越来越熟练，强化程式就应该稀化。关于做出什么时候和怎么快速地撤销强化物这个决定可以参考其他强化原则。

**强化原则**：持续地收集数据以确定提供什么强化、怎样以及什么时候提供强化，并确保这一后效措施落实到位，真正地强化了期望的行为，在不会减少期望行为发生率的情况下，尽快撤销它们。

不同的强化程式提供了不同水平的强化力量。一般来说，可变的程式比固定程式具有更强的强化力量，因为个体并不确切知道什么时候强化会到来。因为下一个强化物可能在非常近的一个行为之后或者在下一分钟就会到来，所以学生将持续表现出行为。例如，假设某个人在赌场玩老虎机，他们会告诉你，他们相信下一次老虎机臂拉动的时候就会赢钱——下一个强化物通常即将到来。没人会将钱投入老虎机，除非他们相信马上就会有回报。这个逻辑解释了使用强化的固定程式与可变程式的原因，这对于教师来说也是很具有实用意义的。

在考虑强化的固定程式与可变程式时，两个经常使用的代币制方式是积点单和打孔卡。对于积点单来说，积点按照一个固定的间隔给予（比如，每30分钟，学生就可以根据他们在之前间隔时间内的行为而获得预先指定的积点数量）。对于打孔卡来说，教师监控学生的行为，并根据一个可变的比例按平均出现的行为次数提供强化（比如："我刚看到你抓住门让它开着等同伴，随后等他们谢谢你之后你说'不客气'，所以我要在你卡上标上积点，即打孔"）用积点单这一方法，期望的行为在接近间隔期结束（比如30分钟）以及积点即时发放之后会增加。但是在接近间隔时间中期的时候（比如15分钟时），学生们的行为可能会变坏，因为他们开始有意或者无意地认识到，强化暂时离得比较远。要注意，其他一些因素，比如需要收集学生什么时候有或者没有赢得积点的数据，可能要求使用一张积点单，而不是一张积点卡。数据收集方面的内容在本章最后的行为进展监控部分有介绍。

几周之后，学生学习小组开了最后一次关于肖恩的跟进会议。每个人都认为，强化落实到位不仅显著地增加了期望的专注于作业的行为发生，而且减少了肖恩的不期望的行为发生。法雷利女士呈现了她收集的数据，证明了这一结论，这些数据都是在肖恩的课上采用瞬时时间采样策略收集的。

"我们在肖恩身上取得的重大进步是如此明显。我认为，我们现在可以使用这项策略了，让肖恩每天记录自己的行为。这样，他就能判断他是正在改善还是回到他的老路了。"

"我认为这是一个好主意。"帕克先生插话说，"这不仅给我们提供了数据来帮助监控他的行为，而且也让肖恩有更多的自我指导，并通过他自己的良好选择得到强化。"

"没错。我想肖恩对自己的选择会感觉良好，不仅仅是因为我们告诉他做得很棒，还因为他自己认识到这一点。"法雷利女士说。

"我们可以使用计算机电子数据表给肖恩看他的行为图吗？"斯特里特女士问道。

"完全可以。我觉得我们可以这么做。在每节课的三到四个随机时间，我们让肖恩记录他是专注于作业还是分心了。老师们可以设置一个定时器，或者看看时钟，然后根据肖恩是专注于作业还是分心，提示他在单子上记录'+'或者'-'。然后，等一天结束的时候，他可以用他专注于作业的次数除以不专注于作业的次数加上分心的次数，就能得到一个数据，每天他将这个数据登录到电子数据表中。我甚至可以每周和他坐下来谈一次，为他每周设定一个目标。然后，如果他达到了这个目标，我们就庆祝他的成功。也许，我们所有人都可以邀请肖恩作为贵宾与我们共进午餐。"

"这听起来太棒了，特别是如果你买午餐的话。"帕克开玩笑说。

## 跟踪进展（强化在起作用吗？）

正如本章中一直谈到的，强化只有当它增加了未来行为的发生率时才起作用。为了判断我们投入课堂环境中的某个刺激是否真的在起强化作用，我们必须对学生的行为进行监控。在前面的章节中，我们已经介绍了一些用于课堂中收集期望和不期望的行为发生率数据的策略，但是，所有这些策略都要包含另一种个体收集数据的方法。由于管理自身行为的能力是教育的最根本目标，因此，自我监控和记录是另一种可行的判断强化物效果的策略。它本身也是一种可以成为强化物的活动。如果给予指导工具和支持，学生就可管理他们的行为，因此有助于制定个人的行为改变方案。自我监控是一种有效的方法，可用于教学生记录他们自己的行为，评估具体目标，从而增加学生参与率、保持生产力。具体来说，要教学生监控他们对作业的注意力或者作业完成的比例、正确性或者生产性，并对照某个预定的目标来评估自己。自我监控教学生更好地与已有的行为保持一致。学生行为表现的改变都可以用过去和当前反应的图表、可视化的图来呈现。图表简单又省时，是一种允许学生跟踪行为进展、做出预测以及设定目标的低成本的方法。它也是一种多功能的教学干预，为学生提供了一条通过互动式的方法参与制定学业与行为目标的简便途径。

制作图表或者自我监控方案的最简便方法是从某种类型的工作表开始。这个工作表可为自我监控系统提供框架结构。思考一下玛丽（Mary）的例子。玛丽使用工作表来记录每一次她被同伴激怒的情况以及她是如何做出反应的。史密斯（Smith）女士每天为她提供一张新的自我监控工作表，提醒她如何使用这张表。然后史密斯女士对玛丽每一次替代行为的使用给予积点奖励。随着玛丽走开的行为习惯形成，她被激怒的频率可能下降，因此，要有足够数量的积点奖励给她以便让她做出努力。在一天中的晚些时候（当远离挑衅变得更为经常，也许可以一周一次），史密斯女士允许玛丽用她的积点交换一些东西，这些东西是玛丽从她自己的强化物清单中选出来的（自由的时间、一张"摆脱一项家庭作业的卡"、去图书馆的通行证）。在这个方案开始的最初阶段，史密斯女士也近距离地观察玛丽，以确保她正在监控自己的行为。

| 姓名 | 日期 | 目标 | |
|---|---|---|---|
| | 坐在座位上 | 举手 | 完成任务 |
| 数学 | 0　1　2 | 0　1　2 | 0　1　2 |
| 阅读 | 0　1　2 | 0　1　2 | 0　1　2 |
| 健康 | 0　1　2 | 0　1　2 | 0　1　2 |
| 地理 | 0　1　2 | 0　1　2 | 0　1　2 |
| 人文学科 | 0　1　2 | 0　1　2 | 0　1　2 |
| 总计 | /10 | /10 | /10 |
| 每日总计 | | /30= % | |

图12.2　自我监控工作表

这些类型的工作表可以被更为广泛地应用于包含多种行为的记录中。图12.2呈现的是一张自我监控工作表，它让学生在她参加的所有不同的课堂上对三种行为进行监控（坐在座位上、举手以及完成任务）。这不仅提供了一个获得强化物的方法，同时也是一个让成人和学生都能看到取得的进展以及是否存在可预测的时间段的方法，在这些时间段内学生要与某个特定的行为作斗争。

　　策略的制定通常包括与学生讨论流程，以及鼓励对具有社会效度的目标行为进行监控，这类行为能够很容易被监控。随后，学生和教师一起设定行为表现的标准水平，从而为学生提供一个可达到的目标，并一致同意达到目标后可获得的期望的结果。用于自我监控的适当行为包括参与作业或者专注于作业、安坐行为、替代大吼大叫的举手行为。对要被监控和记录的目标行为进行操作性定义是非常重要的，要让学生练习确定适当的和不适当的表现（比如，学生可以练习举手并监控这个行为）。尤其是在开始的时候，通过对照教师的数据来核查学生数据的正确性这一方法来监控学生的自我记录，这是很重要的。要建立定期问责检查制度以及数据匹配时的强化措施，并提供有关学生监控准确性的结构化的评价反馈。

　　这个信息也可以在对学生行为表现进行简单视觉呈现的图表上进行记录和跟踪，这些图表可以提供有关行为的详细反馈。为了用图表记录行为，要确定学生、目标以及使用图表记录的具体情境（在困难的学科领域进行图表记录，可以激励学生增加学业或行为的目标行为表现）。要教学生如何基于目标行为的测量来收集或者记录数据（比如，让学生对作业进行自我打分，监控专注于作业的行为，记录阅读流畅性的数据）。决定一种最便于呈现数据的方法是很有必要的。要考虑学生的年龄和能力、学生记录数据花费的时间长度、教学常规以及材料的可获取性，视觉呈现可以包括简单的图表贴纸以及计算机辅助程序。要与学生一起分析数据、解释进展情况，要让学生明确目标，并向其说明当前行为表现与未来的差距。要用标记凸显或者画一条线来强调目标。图表也可以就一个目标用于全班，或者用于多个学生和目标。图表是一种特别高效的、用于记录障碍学生个别化教育计划（IEP）进展的数据收集系统。

## 总结

由于课堂的首要目标之一是教学和支持新的行为，因此强化发挥了关键作用。任何教师都希望未来更经常发生的行为必须得到强化。在这个过程中，确定什么行为需要强化是第一个关键步骤，因此教师应该不断地面对这样的问题——"我想我的学生做什么？""这个看起来会是什么样？""我怎么定义这些期望的行为，这样其他人也能够看见并强化它们？"通过回答这些最初的问题，教师就可以利用关注、偏好的活动和实物型强化物来营造环境，更频繁地诱发和支持这些行为。教师能够决定用什么来强化学生，然后监控这些强化物在期望的行为上产生的不同效果。继而，控制强化的时间和程式将使期望的行为更有持续性，更有可能在没有教师干扰的情况下自然地发生。最后，无论是前面章节中描述的由教师实施的数据收集，还是通过学生自己的自我监控和绘图进行的数据收集，都能让学生监控自己的进展情况，并在他们达到设定的目标以及可接受的期望行为的表现标准时，获得不同的强化物。

### 本章回顾

❶ 被确定强化的行为应该已在学生的行为技能列表中，应该与多种情境相关并可以泛化到这些情境。它们也应该被用于替代不良行为。

❷ 不同的强化物可用来方便地、有效地强化目标行为。代币制也能用于制定强化系统。

❸ 强化程式不仅可以用时间也可以用事件（比如时间间隔或比例）来安排强化物的提供。它们可以是固定的，也可以是可变的。

❹ 评估不同强化物对目标行为的效果很关键。如果目标行为没有增加，那么强化物必须被重新评估。

### 应用

❶ 如何运用强化处理挑战性行为？

❷ 什么强化程式最有可能被使用于普通的课堂情境？

# 第 13 章

# 对个体不良行为进行反应的策略：惩罚

### 本章目标

阅读本章后，你应该能够描述以下概念：
- ✓ 在学校和教室里使用惩罚的一般注意事项
- ✓ 沿着侵入性这一连续体，使用有效的非口头和口头谴责
- ✓ 使用负惩罚，包括有计划的忽视、隔离和反应代价
- ✓ 使用区别强化以减少挑战性行为，包括替代/不相容行为（DRA/DRI）、低比例行为（DRL）和其他行为（DRO）的区别强化
- ✓ 使用正惩罚，包括恢复性的或者积极练习的矫枉过正

教师会议上，当校长保利诺（Paolino）先生站起来向老师们讲话时，老师们谈话的杂音逐渐地轻下来，直到完全安静。保利诺先生说："我们看到了许多挑战性行为有所增加，我们希望在教室和公共区域消除这些行为。相信我，每天坐在我办公室外面的学生人数肯定能证明这一点。"

"保利诺先生，我们只需要一些更为严厉的措施去引起他们的注意。"瓦尼（Varney）女士打断道。

"是的，这些家长拒绝参与，对孩子的教育不闻不问，难怪我们会有这样那样的问题。我常说，非常时期需要采取非常措施。"凯西（Casey）先生插话道。现场还有一些嗡嗡声，老师们肯定了凯西先生所说的话。

"等一下。你们都错了。孩子就是孩子，如果我们试图去惩罚他们做的每一件小事，他们最终会讨厌我们和学校。孩子们需要自由地表达他们自己。"米里齐（Mirizzi）女士说道。

保利诺先生举手示意每个人安静："嗯，我知道过去我们已经加重惩罚去处理这些挑战性行为。但是我认为有更好的方法可以解决这个问题。我的意思是，你们提到了他们的父母——我们不能使用同一些父母一样水平的惩罚，因此我认为我们需要考虑采取不同方式的惩罚程序。我想要做的第一件事情是停止使用惩罚这个词。从现在开始，我希望我们思考的是行为减少技术。改变我们的语言将改变我们解决这些问题的思维方式。从现在起，我希望我们能把为停止或减少某种行为而做的任何事情，或者我们一直称之为惩罚的事情，都看作行为减少技术。"

# 惩罚问题

在环境中呈现厌恶刺激（比如，体罚、在黑板上画直线等），从环境中撤销期望的刺激（比如，撤销休息时间、失去特权等），这些惩罚的使用在教育系统中具有很长时间的历史。惩罚的传统用法因以往经验和传统而根深蒂固。因此，对许多人来说，考虑用另外一种方式进行惩罚是对他们以往方法的一种巨大背离，特别是因为它区别于惩罚程序以及开除这一处理挑战性行为的传统学校模式（Kerr & Neslson, 2006）。尽管教师在预防、教学以及有效的环境方面做出了最大努力，但是学生们仍旧会表现出教职员工需要阻止或者至少要减少的行为，这是事实。当然，教师将时间花费在表现出的挑战性行为或者分心行为而不是学习上，这也是事实。实际上，改善全班课堂管理是提高学生成绩的最佳方法（Wang, Haertel, & Walberg, 1993/1994; Murphy & Korinet, 2009; Freiberg, Huzinec, & Templeton, 2009）。

很多学校过度使用了许多缺乏实证支持的惩罚程序。实际上，一项调查显示，仍旧有10%的教师报告在学校和课堂上使用体罚（Little & Akin-Little, 2008）。惩罚的负面效应已经被广泛报告，包括攻击性行为增加、破坏环境、旷课以及辍学（Coon, Mitterer, Brown, Malik, & McKenzie, 2009）。那么老师和学校要做的是什么呢？有三条原则可用于指导惩罚或者行为减少技术的使用。首先，与往常一样，我们首先使用最简单、最少侵入、最低强度的干预措施，并利用数据来指导，逐步采用更为复杂、侵入性更大或者强度更高的程序。其次，重要的是，要记住惩罚程序不进行教学。虽然使用这些技术，不良行为也能够消失或者被新的行为替代，但消除行为并不等于提供教学。本章将重点介绍在消除旧行为的同时要结合使用教学或者鼓励新行为的策略。

再次，惩罚程序通常应该要有功能上的考虑。想想两种被广泛使用以及普遍应用的学校惩罚程序：放学后留堂以及暂令停学。暂令停学，或者将一名学生从学校排除出去，这作为一种惩罚程序，常常会产生事与愿违的后果，因为学生挑战性行为的功能常常是逃避或者回避学校或者学校的活动。通过停学，学校实际上使学生的挑战性行为具有了功能。除非学校将停学作为重新设定程序的契机，并为正在经历学业失败（即表现出长期挑战行为）的学生制订不同的行动计划，否则停学毫无意义。同样，留堂或者放学后留下都是有功能的，它剥夺了学生获得空闲时间的机会。但是只有当学生比起学校有更偏好的其他地方和活动时，将此作为行为结果才是合乎逻辑的。那些成长在受虐待的家庭中或者有照顾年幼兄弟姐妹的责任的学生，也许更倾向于留在学校而不是其他地方。这使得他们的挑战性行为比表现出期望的或者亲社会的行为更具功能性。最后，如果行为的功能是逃避一个被要求的活动，那怎么办？这给老师带来了困难，因为提供一个功能性替代行为意味着要教学生一个允许学生逃避要求的行为。例如，商恩（Shawn）在数学课上故意发出噪声，这样老师就会将他请出去，他就不用做数学作业了。如果教师规定安静地完成几道题目就等于离开数学课的时间，那么商恩可能会顺理成章地说："我不做数学题就没有数学作业了。我为什么要做一些来摆脱一些？"我们不仅要让适当的行为获得强化，而且要确保消极的行为不会获得强化。如果什么都不做本身就是强化，那么我们将不得不改变环境，使之不再是强化。这也包括添加更多的惩罚性程序。我们将使用"惩罚"这一术语，同时也使用"行为减少技术"这个术语，这一术语仅仅提醒我们，惩罚指任何减少或者消除目标行为的环境刺激的存在或者不存在。正如前面所述，一个刺激是否为惩罚取决于目标行为未来的发生率。

就像前面开头描述的以及在全国各个学校看到的，教师们有许多有关惩罚的观点。思考一下下面两个案例：

米里齐（Mirizzi）女士教这个三年级班级第三年了。她刚刚完成对教室外蝴蝶园的最后润色，现在她正在做可以从教室的顶上垂挂下来的混凝纸行星（paper mâché planets），因为学生们开始学习太阳系这个单元。在她的大学培训课上，米里齐女士知道了学生在拥有探索环境的自由和灵活性时最能学好；也就是说，结构会限制儿童的学习力和想象力。她的教室布置反映出她的创造性和自由思考。她鼓励她的学生在他们感到最舒适的地方学习。课桌也不是按照任何一个特定的顺序排列，教室里有一个空间放满了豆袋椅和枕头。她非常随意地教学生一些内容（比如，有时他们有数学课，有时就没有）。当她的学生从一个地方到另一个地方时，他们常常是一大堆人一起走，因为她感到纠正学生或者让他们按一条直线走是军事化的做法。如果学生表现出不良行为，米里齐女士会忽视它，以避免扼杀他们的创造力，她也忽视所有巴士转介以及她从艺术、音乐等教师那得到的不好的报告。餐厅督导、资源教师以及相邻班级的教师都开始抱怨她学生的行为。她的学生比起其他班级的学生收到了更多的巴士转介以及餐厅投诉（校长已经开始收集这些事情的数据）。

凯西先生则恰恰相反，他不准他的学生胡说八道。这是他教学生涯的第27年，教九年级和七年级的英语，在他看来，这些孩子"已经不像以前那样了"。他将学校禁止杖罚和体罚的这一天看作末日的开始。当学生们脱离轨道时，他通常会用只比喷气发动机轰鸣低一点的音量迅速处理。凯西先生课上的教学包括拿出他们的书本、轮流朗读章节，然后（安静地）回答每章结束时的问题。遗憾的是，学生们翘他的课的比例是其他老师的两倍（根据校长的数据收集系统），就在昨天他谴责一个学生戴棒球帽上他的课时，这个学生就嘲讽他，并且看起来很无聊。当凯西先生提出要联系这位学生的父母时，这个学生居然放声大笑。与学生的这类互动发生得更加频繁了。

在这两个例子中，有着同样准备的教师对于学校里的惩罚有着截然不同的看法。是一个对而另一个错吗？或者，可能两者对惩罚的观点都是错误的？基于概括出的三条关键原则内容以及之前已经讨论过的其他内容，如果作为米里齐女士或者凯西先生的同事，你将如何看待他们在惩罚问题上的不同观点？

## 惩罚策略

本章将根据先使用最简单、最少侵入的程序，然后再使用更多侵入的程序的指导原则，介绍惩罚策略。我们开始先考虑非口头谴责和口头谴责这类用于消除或者至少减少挑战性行为的简短的师生互动。下一部分则对被称作负惩罚或者撤销喜欢的活动、物体以减少目标行为未来发生率的做法进行概述。最后，我们将简短地概述用厌恶性刺激来减少挑战性行为未来发生率的策略。最后的这部分只对两个策略（积极练习的矫枉过正以及恢复性的矫枉过正）进行说明，因为当前的研究基础还没有找到正惩罚类别中其他既符合伦理又有效果的策略。

### 非口头和口头谴责

谴责，或者教师用来劝阻行为的简短指责，是教师能够使用的一种最不强烈、最不费力的惩罚形式。使用口头谴责比如"停止"或者"不要讲话"通常不是一项需要教授的技能，即使对新手教师来说也是如此。实际上，这通常是成人遇到学生挑战性行为或者没有预料的行为时会有的第一个冲动性反应。可惜的是，过度使用和重复也是导致这一策略可能无效的两个原因。如果反复使用口头谴责，而且不配以更为严重的结果，口头谴责就会失去它原有的效果，因此学生就会倾向于忽视它们。所以，要让谴责成为一个非常有用的策略，教师在选择使用时就需要重点考虑一些内容（见图13.1）。

| | 非口头和口头谴责（Van Nagel，1991） ||
|---|---|---|
| 最少侵入 | 非口头谴责 ||
| | 身体靠近控制 | 教师将手放在写作业分心的学生的课桌上 |
| | 手势 | 手指放在嘴上，意思是"嘘……安静"<br>举手意思是"停止" |
| | 面部表情 | "凶狠的眼神"<br>摇头表示"不" |
| | 集体口头谴责 ||
| | 1D——描述行为； | "我看到有人在说话。" |
| | 2D——描述行为；描述被打破的规则 | "我看到有人在说话。规则是不说话。" |
| | 3D——描述行为；描述被打破的规则；描述结果 | "我看到有人在说话。规则是不说话。如果有人继续说话，休息时间就会减少。" |
| | 迂回式表扬 | 埃林（Erin）与贝西（Betsy）坐的位置靠近格里塔（Greta），后者做作业时注意力不集中。"埃林，谢谢你，马上就开始做作业了。贝西，表现很棒，一直在做作业。" |
| | 重新引导式陈述 | 对于拒绝排队去休息室的学生，"当我们排队时，保证我们在每个学生的名字后面都打钩了"。 |
| | 个别学生的谴责 ||
| 最多侵入 | 使用3D策略——描述行为；描述被打破的规则；描述结果 | "你在排队时推其他同学了。规则是管好你自己的手和脚。因为你推了其他人，所以你就不能休息了。" |
| | 使用重复技术 | "你在推其他同学。"学生试图辩解。"你在推其他同学。" |

图13.1 非口头和口头谴责

　　正如前面谈到的，谴责是一种低强度的干预措施，这也使得它们作为一种行为减少技术特别有用。它们也很高效，与其他强度更大的策略一起使用时也很有效。正如我们之前讨论的强化原则所建议的那样，该原则要求我们应该使用最少数量的强化物来实现行为改变，因此我们在这里建议对行为减少程序采用类似的极简主义方法。但是即使在非口头和口头谴责这一类别中，也有序列性策略，包括从最少侵入、最不费力的策略到最多侵入、最费力的策略。通过改变使用的谴责类型，教师可以对抗过度使用产生的效应，防止这一策略过时失效。非口头谴责的使用呈现的是这一序列中最少侵入的策略。举手表示"停止"以及将一根手指压在嘴唇上要求安静，都是非口头谴责的例子。一些教师甚至会教学生一些美国手语的手势。临近控制或走向学生以减少行为也很有效。仅仅将手放在分心学生的课桌上就可以让学生知道是时候回去做作业了。非口头谴责有三个额外的优势。第一，它们让教师在不中断教学节奏的情况下减少行为。换句话说，教师能够在继续教学的同时向有破坏性行为的学生给出一个非口头的谴责。第二，非口头谴责很少吸引同伴去注意这个学生。因为功能（"为什么学生会表现出这个行为？"或者"他们在摆脱什么？"）始终是要考虑的内容，并且由于同伴关注通常是挑战性行为的功能，因此使用不会引起同伴过度关注的策略有助于防止学生的挑战性行为具有功能。而且，如果因为受到老师的谴责而感到尴尬或者不受欢迎，许多学生还会表现出更严重的行为；非口头谴责是一种更为柔和的方式，可以在不引起同伴关注的情况下矫正以及减少学生的挑战性行为。第三，民间智慧告诉我们，一个老师说得越多，学生听得越少。通过将口头策略留给更严重的行为，教师可以让他们的话语更有意义，也更加有效。当非口头的策略被证明无效，或者需要对严重程度较高的行为采取更严厉的应对措施时，这一序列的下一个水平的策略就是集体口头谴责。

　　将集体口头谴责作为下一水平的干预策略，可能有点令人费解，因为它通常不是（或者至少我们希望不是）全体学生都表现出了挑战性行为。但是，教师可以使用集体言语矫正策略来处理挑战性行为，即使是小组或者个别学生的挑战性行为，要尽可能减少对学生挑战性行为的关注，同时获得与非口头谴责相同的效果。有效地使用集体言语矫正策略包括应用特定类型的集体口头谴责，以及通用的一些提高其有效性的技巧。对于教师来说，可采用的一个基本集体矫正策略是，准确地陈述她或者他正在观察的、一些被称为"只是事实"的事情。换句话说，教师不附加任何情感、判断，如果行为持续，或者甚至不附加行为的结果（尽管如果最初的陈述没有效果，教师可能需要在后面添加这些内容）。这一策略就如同说"我看到有人在说话"这样简单。如果单独陈述行为没有效果，那么教师也可以描述一个被打破的规则，再在它基础上增加一点（比如，"我看到有人在说话，规则是不说话"）。最后，如果这也没有效果，那么教师还可以增加如果行为持续下去可能被执行的结果（"我看到有人在说话。规则是不说话。如果有人继续说话，那么休息时间就会减少"）。在图13.1中，这被称为1D——描述行为，2D——描述行为和描述被打破的规则，以及3D——描述行为，描述被打破的规则以及描述将执行的结果（Van Nagel，1991）。集体口头谴责的另一种做法是迂回式表扬。这指的是对犯错学生邻近位置的学生表现出的期望行为进行表扬。通过表扬坐在分心学生右边或者左边的很专注的学生，教师可以对期望的行为提供一个温和的提示。

另一类口头行为减少策略介于集体口头谴责和个别口头谴责之间，它既可以用于一组学生，也可以用于个别学生。这类策略被描述为重新引导式陈述。重新引导被定义为由成人发出的一些简短而快速的陈述或者行动，通过将学生的注意力从不期望的行为转移到更为适当的行为或者关注点来打断他们的挑战性行为。例如，假设学生们正在努力做作业，几个学生开小差，开始讲一些无关的内容。直接指出他们的分心行为只会分散其他学生的注意力，也可能为不断升级的权力冲突创造机会。但是通过询问学生类似的事情，比"加上4你得到多少啊？"或者"你能在黑板上写数字12给全班看吗？"，在转向更为严重、更多侵入的做法之前，教师可以先使用更为温和、更少侵入的方法。这种间接方法是减少不良行为的一种更温和的方法，因为它不会公开地告诉学生"停止"，而是将他们的注意力引导到其他地方。这使得它具有非对抗性和高效性，因为它不会引起人们对不良行为的关注（而关注通常是不良行为的功能）。这个策略非常频繁地使用于年幼的儿童，但其实它在各个年龄阶段一般都是有效的。

对那些已经使用了较少侵入的谴责但仍继续表现出挑战性行为，或者表现出严重的挑战性行为、有必要使用更为强烈的谴责的学生来说，强度最高的策略是个别口头谴责。例如，当学生的身体攻击或者鲁莽的行为会对其自身或者他人造成危险的时候，教师应立即使用个别口头谴责。当我们使用个别口头谴责时，要尽可能让谴责私密化。这样将会使得这个做法更加有效，这基于几个理由。因为这一做法排除了其他同伴，不会让学生感到尴尬或者在其他同伴前"丢脸"。减少听众也可以减少学生们在其朋友和同伴前表演的机会。对于个别口头谴责，也可以采用 3D 策略（描述行为，描述被打破的规则以及描述结果）。其他可用于个别口头谴责的策略是重复技术。如果教师直接使用个别口头谴责，学生很有可能试图争辩。相比可能引起学生的争辩，重复技术就是让教师不管学生的反对简单重述 3D 策略。

一些学生在激怒教师方面很熟练，因此，除了使用重复技术之外，还有其他一些一般技巧可以让口头谴责更为有效，并预防学生行为升级或者发展成为口头争吵。在谴责学生时使用比较小的声音，能够增加学生对谴责的注意，提高学生的服从性，避免打扰班级中的其他学生。如果教师在使用个别口头谴责时提高音量，这会减少他们在班级里的整体有效性。没有人喜欢被吼叫，一个咆哮的教师会制造一个令人很不愉快的环境，不仅是对目标学生，也是对所有其他学生。要使用轻柔的声音向学生传达权威和控制。而且，这个策略侵入性也很少，很容易使用，并且可以快速应用。它让教师示范成年人在一个可能令人感到沮丧的环境中如何有效地控制情绪的行为。这对许多学生来说是一个特别具有挑战性的障碍，这使得示范更加重要。

用于言语重新引导这一策略的其他常见技巧是要很明确，使用学生理解的语言，并在不构成威胁的情况下靠近你正在重新指导的学生。要保持你自己和学生之间的距离是非对抗性的，因为它不会将同伴的注意力吸引到不期望的行为上。对于年幼儿童以及曾受过虐待的儿童的教师来说，这一点尤为重要。非口头和口头谴责之后，下一个类别是负惩罚——撤销强化物以减少不需要的行为。

## 负惩罚

消退或者撤销不需要的行为之后的强化，是行为减少策略序列中的第一策略。这个第一策略通常指的是为了减少一个行为而撤销关注，这个策略优势被称为有计划的忽视。将有计划的忽视用作一个减少轻微不良行为的结果策略，是教师技能表中极有价值的一个策略。许多教师会关注到表现出不适当行为的学生，会在不经意间强化这些不良行为。但是只需要简单地选择忽视某些不良行为，教师就可以继续开展教学而不受这些不良行为的打搅。

然而，在这个第一策略被应用之前应该先问一些问题。第一，教师的关注是否是这个挑战性行为的功能？在这本书中，将策略与功能进行匹配被证实是有效的管理措施的关键内容。应该在认识到不适当行为的目的是获得教师的关注之后，才做出撤销关注的决定。要观察学生，以确定它是否真的被教师的关注所强化。也要考虑同伴的关注是否用同样的方式强化了该行为。在这种情况下，有计划的忽视不可能有效，因为学生会继续因这个行为而获得来自同伴的关注，除非来自其他学生的关注也停止了（通过调整座位等）。

第二，教师们必须对忽视特定的、具体的不良行为的决定保持一致。不一致地使用有计划的忽视，实际上会在行为没有被忽视时强化关注，使得行为更难被减少。有时忽视一个行为如叫喊，随后又在其他时间给予关注的老师，实际上设置了一个可变比例的强化程序——对于形成持久的行为来说最强有力的强化程序。思考一下这个例子：在杂货店的结账通道，一个年幼的儿童开始要糖果，妈妈决定尝试使用有计划的忽视。但是，在他第16次要求糖果之后，妈妈说："好的，给你糖果。"在这个情境中，儿童学会了强化是可以按16次要求这样的程式获得的（可变比例，VR：16）。毫无疑问，下一次他们去杂货店，儿童会要糖果16次、17次甚至18次。因此，如果有一个教师计划忽视的行为，它必须在每一次发生时都被忽视。

第三个要考虑的，尤其在课堂情境中要注意的，是关于消退爆发的问题。它被定义为被消退的行为在开始减少之前，在频率、持续时间以及强度方面升级的趋势。因此，要认识到行为在开始减少之前会变得更加糟糕，要确保这个行为不是这么危险或者不那么具有破坏性，这样，忽视它也不会这么不符合伦理。教师也应该防范这个行为传染其他同伴，当他们看到这个行为被忽视时他们可能会试图表现这个行为。用一个被称为"忽视游戏"的策略会有助于这个过程。在忽视游戏中，同伴没有表现出正出现挑战性行为的学生的不良行为，就会获得预先指定的强化物。根据学生的年龄，我们可以说我们正在玩一个游戏，看看谁能在忽视不适当行为方面"做得最好"。用于这个情境中的强化物是自由时间或休息时间，每当学生忽视同伴的获得注意的挑战性行为一分钟，就可以增加一分钟的自由时间或者休息时间。一些教师认为这个策略特别有效，当学生们事先知道当老师在黑板上写"1分钟"（然后2分钟，3分钟，等等）时，他们认识到一旦忽视挑战性行为，他们的自由时间或者休息时间就会增加。这一方法有时能进一步对抗学生的挑战性行为的传染性，能够有效地与教师的有计划忽视策略相结合使用。

为了确定有计划的忽视这一策略的有效性，要通过数据收集策略来持续监控有计划忽视对目标行为产生的效果。尽管这种行为的发生率最初可能会增加，但是如果在8天后还没有开始减少，则可能受到其他方式的强化，比如同伴关注。由于有计划忽视对教师的时间和精力要求最低，它应该是用于减少挑战性行为的首要策略。但是如果有计划忽视被使用得过于频繁，它将会变得不再有效，应该用更强烈的措施替代它。

第四，对于有计划地忽视某个特定行为的教师来说，一个好的经验法则是开展其他活动。这避免了一种情况，即教师实际上告诉学生"我没有在看你。我因为这个行为不给予你关注"。这正是教师们所做的，而他们说他们正在做相反的事情。有计划的忽视同时结合其他用于强化适当行为的策略（比如，区别强化）时会很有效。因此，当撤销对不期望的行为的关注时，教师也应该在学生表现出适当行为时给予关注。思考一下下面的例子：

> 凯文（Kevin）开始敲他的铅笔。教师使用有计划的忽视，并帮助其他学生专注于他们的作业。凯文继续敲他的铅笔，教师继续使用有计划的忽视，并帮助其他学生。凯文停止了敲铅笔，继续独立完成他的作业。在明确这个行为停止后，教师走到凯文身边说："你的作业做得很棒。坚持下去！"

这个方法被称为是不相容行为的区别强化（DRI）。DRI是一个通过强化不相容的反应和忽视不适当行为来替代不适当行为或者挑战性行为的程序。这样，不期望的行为消退了，然而，学生不能同时做任何行为都是不相容的，而这些行为通过教师的关注被强化。在使用区别强化时有几个不同的变式。所有区别强化策略都根植于这样的观点，我们要使用最少厌恶性的、最少强度的、可用的干预措施。当试图减少问题行为的发生率时，可以通过提供替代厌恶结果或者惩罚的积极措施来达到。通过强化不相容的行为让问题行为不可能发生，或者让问题行为对学生来说无关紧要，而新增加的不相容行为的高效性或者有效性，可让这一行为对学生来说更加紧要，那么，区别强化就起作用了。换句话说，这就像跷跷板，另一端的挑战性行为被压倒了。例如，教师对学生坐着这个行为进行了强化，而坐着这个行为对于离座行为是一个不相容的反应，与用铅笔写字不相容的则是敲铅笔，这意味着通过一个不相容行为受到强化来减少特定的挑战性行为。

教师也可以强化使用刀叉作为用手吃东西的替代反应，或者用举手而不是叫喊。但是，由于学生可以同时用刀叉吃也可以用手吃，或者边叫喊边举手，因此强化的行为并不是不相容的行为，但仍旧是替代行为，这一策略被称为是替代行为的区别强化（DRA）。两个不同策略的结合，称作为 DRA/DRI，强调对问题行为的替代或者不相容的行为进行强化，同时在缺乏这些积极的行为时撤销强化。

其他区别强化的变式则强调减少特定行为的发生而不是消除。下一个有用的区别强化策略是低比例行为的区别强化（DRL）。这是一个"少一点可以，但太多就不行"的策略。思考一下下面这个例子：

> 乔希（Josh）喜欢问问题。当社会科学课上威尔希特（Wilhoit）先生开始讨论时，乔希的手马上举得高高的，乔希提出的每一个问题以及威尔希特先生的回答都会产生一个新的问题。威尔希特先生不希望完全消除乔希的提问行为，但对他来说，在规定的时间里完成所有需要完成的材料，这是不可能的。而且，乔希的提问行为真的开始惹恼其他学生了。为了乔希自身的安全，威尔希特先生需要减少但不是消除他的提问行为。因此，他花了几天时间计算了每 20 分钟的讨论时间里乔希的提问次数。他也评估了乔希行为的功能——乔希用提问来获得关注，而不是获得必要的信息。基于这些考虑，威尔希特先生限制了乔希在每 20 分钟讨论的时间里能够提问的次数。如果乔希提的问题少于 5 个，那么威尔希特先生就会在社会科学课的最后 5 分钟里与他谈论任何他想讨论的内容；但是，如果乔希超过了 5 个问题的限制，那么他就要独立地完成他的作业。为了帮助乔希，威尔希特先生制作了一张检查表，每组一排 5 个方框。这让乔希能够监控他已经问了几个问题，提供的数据可以用来决定他是否获得强化。

对于教师想减少但不想消除的行为，可以考虑的一个策略是低比例行为的区别强化。DRL 程序通过设定一个学生必须保持低于什么的标准（比如，少于 5 个问题），并且超过标准数量就会导致撤销强化或者实施消退程序，从而对更少数量发生的行为进行强化。行为的标准数量通常通过干预之前观察行为而确定，这常常被称为基线阶段。随后教师可以逐渐减少行为发生的次数，给予强化，直到达到社会上适当的行为水平。类似还有一个程序，被称为高比例行为的区别强化（Differential Reinforcement of High Rates of Behavior，简称 DRH），也以相同的方法使用，除了标准数量被设定用于行为（比如，说"请"）时，这个行为只有在标准被超过之后才能被强化。

最后一个区别强化策略是其他行为的区别强化（Differential of Reinforcement of Other Behaviors，简称 DRO）。这个策略是留给最严重的行为的，是指"除了这个（行为）之外的任何行为"策略，只要学生没有表现出确定的目标行为，任何其他行为都会得到强化。

马克（Mark）从一个待了很长时间的寄宿制机构转到了巴里（Barry）先生的五年级班级，他表现出很多的适应不良行为，最严重的问题是向别人吐口水。曾被马克吐口水的那些同学的父母非常气愤，已经打电话来抱怨。巴里知道在马克回到那个封闭的寄宿制机构之前，他能让马克获得进步的时间非常少。巴里先生将马克这个具有攻击性同时又会有严重的健康隐患的吐口水行为作为目标，为马克设置了一个非常简单的程序。每 30 分钟，如果马克没有向任何人吐口水，他就会获得 10 分钟的计算机时间，这是马克最喜欢的活动型强化物。有时，这对巴里先生来说很艰苦，因为马克还表现出许多其他问题行为。巴里先生常常不太想马克接触到计算机，但是吐口水这个行为是如此麻烦，他只好坚持这项策略。慢慢地，他增加了马克因没有表现出吐口水行为而获得计算机时间的时间间隔，直到这个行为完全消失后，他开始将其他问题行为作为目标行为。

正如前面文字中描述的，DRO 程序绝对要保留给那些学校教职员工试图消除的最极端的挑战性行为。有限制地应用这一策略的理由是，强化物仅仅在特定行为不发生的情况下才提供。换句话说，只要学生没有"自由地"做（不管要消除的是什么挑战性行为），那么他就可以获得强化。这可能看起来没那么糟糕，直到你认为这些学生中有许多人表现出很多的挑战性行为。因此，在这一类系统中，只要马克没有表现出吐口水的行为，他就可以获得强化，但是，如果马克用其他方式表现出破坏性行为，或者甚至有肢体攻击性行为，巴里先生也不能撤销强化。没有什么事情比教师改变他们对学生承诺的安排更能打破师生之间的信任关系的了（见表 13.1）。

表 13.1 区别强化策略示例

| 区别强化策略 | 俗称 | 被减少或者消除的行为示例 | 被强化的替代行为示例 |
| --- | --- | --- | --- |
| 替代行为区别强化（DRA） | "是这个，不是那个" | 大喊大叫 | 举手 |
| 不相容行为区别强化 | "是这个，不是那个"（不能同时既做这个又做那个） | 离开座位 | 臀部在椅子上，碰到椅子 |
| 低比例行为区别强化 | "这个一点点是可以的，但是太多了就不行" | 20 分钟班级讨论时间多于 5 个问题 | 20 分钟班级讨论时间 5 个或者更少问题 |
| 其他行为区别强化（DRO） | "任何事情都可以，除了那个" | 向别人吐口水 | 除向别人吐口水之外的所有行为 |

## 隔离

到这里我们讨论的负惩罚都是撤销来自教师（或者同伴）的关注以减少一个行为，但是，如果这不太有效，那么下一水平的负惩罚程序就是隔离。这之所以是下一个水平，是因为除了撤销教师关注，隔离撤销的是在一段预先规定的、简短的时间内所有形式的强化，以减少一个行为。实际上，用于解释隔离、完整的以及更详细的描述是"与强化隔离"。这包括限制同伴关注、活动以及其他实物型强化物（但不是原级强化物，如食物、空气、水或者用卫生间的机会）。毫无疑问，在过去30年里，隔离已经受到了这一策略的支持者和反对者极大的关注。它之所以受到如此关注，一个原因是它很有效，但是它需要一些基本的环境要素。如果没有这些基本要素，隔离就会完全没有效果，或者成为更严重行为的动力。这促使了很多热门文章的发表，比如《家庭纠纷：如何使"隔离"更不像酒吧斗殴》（Kazdin，2008）。很明显，"与强化隔离"，如果使用起来不太有效，就会让挑战性行为升级并增加。

隔离被定义为一种问题行为出现之后撤除获得强化物的机会以减少或者消除挑战性行为的程序。首先，跟所有策略一样，行为的功能必须被判定，因为，为了让隔离产生效果，学生必须想参加活动，并且不逃避活动或活动中的人。很明显，不管什么情况，将学生从一个他们不喜欢的任务中移除出来，只会使他们更有可能表现出相同的挑战性行为，以逃避同样的厌恶情境。但是，如果学生试图逃避课堂或者作业的情境，那怎么办？正如前几章所讨论的，这就是有效教学真正发挥作用的地方。这样的教学帮助学生积极地参与学习，通过努力获得成功，并且看到自己的进展，会让学生很想待在这个环境中。在判断学生被移除出去的课堂环境充分地强化了移除这一惩罚措施后，教师就必须决定学生应该被移入什么环境。随着严重程度的升级，典型的隔离水平会变得越来越具有排除性，并且更加限制获得任何类型强化物的可能性。可分为包容性（教室内隔离）、排除性（教室外隔离）以及隔绝性（一个单独房间）隔离三种。

教室内隔离可以有多种不同形式，但是都基于这样的观点，即即使学生在房间内，获得强化物的机会也是能够被撤销的。这可以成为一个特别具有挑战性的策略，尤其在试图撤销同伴关注的时候。一些教师使用一张远离其他学生的独立课桌，来减少其与同伴和成人的接近和关注。对于年幼的学生来说，从经验来看，隔离带已经被成功应用了（Fee, Matson, & Manikam, 1990）。隔离带就是一种通过隔离一段很短的时间以惩罚学生挑战性行为的带子（或者其他类似积点卡或者贴纸等之类的物体）。拿掉带子就说明学生不能获得教师或者同伴的关注，或者在特定的一段时间内撤销学生参与活动的机会。使用隔离带有两点附加的益处。第一，它可告诉其他可能进入房间的成人，不能对某个表现出某几类挑战性行为的学生提供关注。没有什么比学生从另一个不知情的成年人那里获得关注能够更快地破坏隔离程序了。第二，就像使用有效的非口头提示和线索一样，学生课桌上隔离带的存在或学生能看到隔离带，都可以提醒学生控制住挑战性行为。

排除性隔离，即学生实际上从教室环境中被移除。这一策略首先依赖于学校教职员工的小组合作。显而易见，一位教师不能同时处于多个地方，教师留下课堂不管的做法也从来不会被推荐。因此，排除性隔离依赖于另一位教师或者其他的学校教职员工来管理隔离中的学生。太多教师知道，不让已经表现出挑战性行为的学生坐下来、在教室外不上课，是一种很难的方法，现在很多学区也禁止这一做法。同样，送学生坐到办公室前面，这里有许多成人经过并看到学生，也同样是无效的。本书的一位作者甚至见证过，当学生被送到办公室时，学校行政秘书要防止学生拿到糖果（糖果强化会引发麻烦）。对于排除性隔离，理想的做法是有一间由一名教师管理的独立房间，其中有分隔距离足够远、可让多个学生在房间内但又彼此远离的单人学习室。除此以外，这个房间的家具和装饰稀少，不推荐温馨宜人的环境。而且，学生必须认识到，回到教室（一个更具强化性的环境）依赖于自己在这个独立房间内的服从行为。学生在教室外的独立房间内花的时间多，意味着另一种环境（排除性房间）是一个比起教室来更具强化性的环境。当学生经常去排除性的隔离空间时，重新评估以及加强教室内的强化效果往往会被忽视。换句话说，聚焦于学生能够并且将要做的事情而不是当前正在发生的事情，是减少不期望的行为过程中很重要的内容。在这个隔离连续体的末端，隔绝性的隔离是最严重的一种隔离形式，也许也是除了体罚之外最严重的一种惩罚形式。在隔绝性隔离中使用的隔离房间通常在某种程度上是安全的，接下来要完成的关键程序都遵循所有人的安全都是至高无上的这一原则。首先，学生的行为要持续地受到监管和记录。教师和学校的其他教职员工都应该保留这些记录着所有学校行为的注释文档，以便在法律程序中使用这些注释（虽然我们希望这种情况永远不要发生）。其次，在隔绝性隔离使用前制订计划是很关键的。这包括准确概述行为，证明隔绝性隔离使用是正当的，哪些师资人员参与这项措施的使用，以及按何种过程让学生尽可能快速、有组织地回到教室。最后，最重要的是，所有人员都应了解并严格遵守所有适用的法律规章制度，隔绝性隔离的使用和程序对于个别学区和州来说具有高度针对性。

## 反应代价

反应代价是负惩罚策略中下一个强度最高、最严厉的行为减少策略。由于它要移除学生已经获得的一些事物，因此它应该被谨慎使用，并且只用于严重行为，因为它会引起更为强烈和更具攻击性的行为。反应代价是一种学生会失去特定的已经获得的强化物刺激比如一个物体（如一张贴纸，或者来自代币制的积点）或者活动（比如休息的时间）作为要减少的目标行为后果的惩罚程序。这一策略的首要关键原则是要提前设置。从学年初开始，就要教学生用于特定行为的反应代价惩罚物是什么。这可以避免教师"边走边做"的印象，也避免了对学生实施意想不到的惩罚而引发的权力斗争。如果这些策略已经提前设置，有一个很好用的策略是将它归因于"系统"。换句话说，教师将学生的反应代价作为一种因"系统"而必须强制执行的惩罚（即使这是教师设置的系统）而不是教师做出的一个决定，例如："我很抱歉，你没有提交你的数学作业，将不得不失去你的第一个10分钟休息时间，但这是系统。"由于教师一定要强化这些惩罚，"我们对他们"这样的心态被中和了，这使得教师有机会重申，他们希望所有学生获得成功。反应代价在它结合代币制使用时会特别有效（参见第12章关于代币制的讨论以及图13.2中伴随代币制的罚款清单）。

- ✓ −10点，撒谎、偷窃、破坏财物
- ✓ −10点，肢体攻击行为
- ✓ −5点，丢失卡片
- ✓ −5点，回购（用于没收的玩具以及其他带到学校的物品）

**图13.2 罚款清单**

关于有效地使用反应代价，另外还有三个关键特征。第一，学生永远不应觉得他们没有什么可失去的（比如，代币制中合计为负数）。如果学生感觉他不会有任何可能获得强化物，那么他将不再尝试表现出任何期望的亲社会行为。实际上，教师常常应该努力强调这样的观点，即如果学生表现出适当的行为，强化就在那里。第二，反应代价必须提前被设置和解释，并一直平等地应用于所有学生。任何改变都会被他们理解为不公平的做法，并干扰他们将行为与结果建立联系。第三，所有反应代价程序的资料和记录都应该被保存并仔细维护。长时间的持续的或者不断增加对同样惩罚程序的使用，表明这个程序是不太有效的。例如，如果一个学生持续地表现出让他失去休息时间的行为，某种程度上应该得出这个学生正在逃避休息这一结论。监控和数据收集将帮助揭示这些行为模式。

正惩罚

关于在环境中加入厌恶刺激以减少行为的积极作用，这方面的文献记录很有限。实际上，主流的学校模式表明，增加厌恶刺激如体罚、在黑板上画线以及额外的学校作业，对学生的行为都很少有理想的效果。这是本书描述正惩罚的策略相当少的原因。因此，这一部分只包括两类矫枉过正的策略，积极练习的矫枉过正以及恢复性的矫枉过正，还包括对教育情境中正惩罚的影响的讨论。

矫枉过正可以是很有用的，因为它在努力减少不恰当行为的同时教授适当行为。矫枉过正被定义为对期望行为的重复性练习，以便消除不期望的行为。它区别于区别强化策略，因为学生被要求多次表现出期望的行为。对于积极练习的矫枉过正，这可以是一个重复一定次数的单个不相容行为（如在走廊里练习走路而不是跑 5 次）。对于恢复性矫枉过正，犯错者不仅被要求改正不恰当行为（比如将垃圾留在午餐桌上）的结果，而且还要让环境变得比他们发现它的时候还要更好（比如将餐厅其他地方都打扫干净）。

有效地使用矫枉过正有四个关键特征。第一，将要减少的行为与通过矫枉过正教的行为建立联系很关键。例如，要让学生将清理餐厅的其他地方与他或她留在桌子上的混乱联系起来，以保证这个结果将减少不期望的行为未来的发生率。第二，目标挑战性行为与用来替代它的矫枉过正的行为（结果）之间的时间必须尽可能短。第三，当这个学生在矫枉过正阶段表现出恰当行为，这个行为必须受到强化，这常常可以通过口头表扬。例如："谢谢你让我看到你可以走，而不是在

# 第13章 对个体不良行为进行反应的策略：惩罚

走廊里跑。"第四，学生可能需要通过系统的言语指导来教他正确的行为，教师必须教他正确的行为而不是仅仅期待。这个教学以及之后重复的对期望行为的练习可能比较耗时间，因此，选择使用矫枉过正的人应该认识到这个策略不仅对学生来说很费时，对于管理的老师也是如此。要考虑这一点以及下面描述中提到的其他局限性。

校长布拉克斯顿（Braxton）女士打电话到莱德（Ladd）先生的房间："莱德先生，我可以跟你谈一会儿吗？"莱德先生对有可能要谈的事情感到很困惑，作为行为资源教师，他常常被电话喊去处理许多不同的任务，所有这些都不太令人愉快。当他来到办公室，布拉克斯顿女士正在跟一个叫迈克尔（Michael）的三年级男孩说话。"迈克尔，自从你踩坏了前面的花坛之后，我们不得不做一些恢复性的矫枉过正。因为你弄乱了它们，你现在就要去清理一下。你现在要将学校所有花坛里的杂草都拔掉，莱德先生将管理这件事情。""好的，布拉克斯顿女士。"迈克尔说。莱德先生内心感到很痛苦——几乎达到华氏90度（32摄氏度）的气温加95的湿度。莱德先生打着领带、穿着长袖，而迈克尔穿的是短裤和T恤。

当迈克尔开始拔花坛里的杂草时，他开始吹口哨，而莱德先生则试图找一个阴凉的地方坐一坐，一边管理迈克尔一边做文书工作。莱德先生的衬衫已经浸透了汗。大概30分钟后，迈克尔问莱德先生几点了。

"11点半了，迈克尔。"

"噢，天哪！我班级里的所有同学现在正在上数学课，哈哈。几分钟后他们就要开始在作文本上写作文了。我讨厌写作文。"

"迈克尔，现在回去继续做。"

"好的，莱德先生。"两个小时后，又清理完了5个花坛，迈克尔看看莱德先生，他仍旧在流汗，脸通红，喝着水。"嘿，莱德先生，你认为布拉克斯顿女士还会让我不做作业而做这个吗？"

## 总结

行为减少或者惩罚程序是学校和班级纪律计划中必不可少的一部分，但是，它们应该被谨慎使用，使用时还要进行持续监控。数据收集是非常关键的，因为任何必须重复用于相同行为的惩罚程序都根本不是惩罚，因为它们并没有减少行为。有关惩罚程序的广泛观点表明了它们的重要性以及其被滥用的可能性。不管是哪一个惩罚程序，教新的行为并对其进行强化，以替代需减少或者消除的任何目标行为，都是唯一最重要的、最后考虑的内容。

### 本章回顾

1. 尽管当前的研究表明惩罚程序有有害影响，但学校仍旧不断地使用惩罚程序。惩罚需要从功能上进行考虑，同时还要结合教学和强化。
2. 口头和非口头的谴责都可以沿着侵入性这一连续体进行使用，同时教师要着重避免权力纠纷，并指导学生做出恰当的选择。
3. 撤销获得强化的机会以减少行为或者负惩罚，可以用许多方式实施，包括有计划的忽视、隔离以及反应代价。
4. 区别强化指的是对不期望的行为进行消退同时强化适当的行为。这包括通过替代/不相容行为（DRA/DRI）、低比例行为（DRL）以及其他行为（DRO）的区别强化来减少挑战性行为。
5. 矫枉过正，包括积极练习的矫枉过正以及恢复性的矫枉过正，可以用来减少挑战性行为。

### 应用

1. 你在学校里看到的惩罚程序有哪些？它们有效吗？
2. 相比强化程序，教师更可能实施惩罚程序，除了惯例还有其他理由吗？
3. 当其他教师认为要采用更加严厉的惩罚措施以应对挑战性行为时，你可以给出什么相反的逻辑论证呢？

# 第 14 章

# 行为支持计划

### 本章目标

阅读本章后，你应该能够描述以下概念：

- ✓ 使用基于功能性行为评估（FBA）结果的行为支持计划（BSPs）的基本理由
- ✓ 一份行为支持计划的关键内容
- ✓ 从 FBA 结果有效地转向技术充分的 BSP 的重要特征
- ✓ 如何收集和使用数据以指导整个过程中的决策
- ✓ 行为目标的特征以及撰写行为目标的方法
- ✓ 谁是行为支持小组中重要的小组成员

正如前面章节中描述的，FBA 可用于指导制定干预措施以增加亲社会行为、减少问题行为。这是凭借多要素的干预措施来完成的，包括以下策略：(1) 用于预防问题行为（前奏干预）；(2) 教期望的行为（技能拓展干预）；(3) 增加期望的行为（强化部分）；(4) 减少对问题行为的强化。本章中我们将描述如何制订和实施一个综合的行为支持计划。这里聚焦的内容不在于支持计划的技术部分内容（具体的干预特征），而是更多地聚焦于支持计划如何制订、安排以及实施。我们从记录行为支持计划的基本理由开始。然后，我们将介绍行为支持计划的关键内容。最后，我们将介绍从功能性行为评估到支持计划的过程。

## 用于行为支持计划的基本理由

詹岑（Jentzen）先生是一位学校心理学家，完成了对七年级学生埃尔默（Elmer）的功能性行为评估，并与教师们一起形成了干预的想法。埃尔默有着长期的行为困难，包括违抗、撒谎以及破坏性行为，由于以往的努力都没能产生显著的改善，因此，可以理解，每个人都非常急切地想要有效的干预措施。詹岑先生召开了一个由埃尔默的老师、他的父母以及校长参加的小组会议。在会议上，他回顾了FBA的结果，该结果显示埃尔默的问题行为是通过逃避作业维持的，而且，通常每当埃尔默不理解作业时就会发生。由詹岑先生领导的小组设计了几个干预的想法，所有想法都跟FBA有关系。大家产生了许多好的想法，在会议结束的时候，詹岑先生总结了小组的决定，包括如何预防问题（与埃尔默一起复习作业的具体内容，确认是否理解）、教适当的行为（教不愿意举手的埃尔默如何在不让其他同伴知道的情况下求助）、保证这些适当的行为被强化（对埃尔默的辅助请求给予快速反应），最大可能地减少对问题行为的强化（要求埃尔默在一天结束时在学习室完成未完成的作业）。每个人离开会议室时都非常兴奋，但是没有人记录任何有关干预的细节——詹岑先生的工作量已经很满，他认为每个人都"只要记住做什么"。几天之后，詹岑先生路过埃尔默的第4节课。让他感到惊讶的是，埃尔默坐在教室的后面，正在看一本跟课程内容没有关系的书。当詹岑先生问教师为什么的时候，他了解到埃尔默戏弄了一名同学，而被送到教室的后面以作为惩罚。当詹岑先生提醒教师这个计划的内容，教师承认他只是忘记了应该如何处理埃尔默的问题行为。几周之后，小组再次开会，因为埃尔默没有获得任何令人满意的进步。詹岑先生很快意识到所有教师都在做不一样的事情，这个不一致性可能导致了埃尔默的问题。詹岑先生也意识到，如果给出一个对干预措施的书面总结，教师可能会在实施方面更有一致性。

正如这个案例所描述的，完成一个 FBA，仅确定干预措施是不够的。有效的干预还需要用文字进行记录。记录 FBA 和支持计划是非常重要的，这有几个重要原因。首先，正如詹岑先生的经验所显示的，书面记录可以为实施者提供线索；教师以及其他人员能够回顾这些文字材料，以保证他们正在按照计划的那样开展干预。这在干预措施被调整或者实施时间被延长时特别重要。将最初的干预措施以及随后的调整都写入文件中，可以帮助参与的各位当事人记住已经尝试了什么以及什么是（以及不是）有效的。其次，书面记录可以有助于问责——书面材料准确地显示什么在实施以及为什么实施。最后，书面的支持计划能够跟踪学生，如果他们被转给了一位新的教师或者转到一所新的学校，这份支持计划可以让新教师看到至此时为止已经做了什么，以及什么是（以及不是）成功的。

许多行为支持计划专门聚焦于干预的细节，也就是说，要做什么来预防问题行为以及教亲社会行为。这个信息真的很重要，但有效的行为支持计划也应该详细说明保证实施（系统特征）所需要的内容以及干预如何被监控。

## 行为支持计划的关键内容

行为支持计划是一份描述干预（比如用来减少问题行为以及增加亲社会行为可能性、明确要做的事情）的书面文件。苏加伊和霍纳（Sugai, Horner, 2002）提到，如果我们的目标是获得期望的成效，那么循证实践是必需的，但这是不够的。我们也必须建立系统来高效地、忠诚地开展实践，要使用数据来指导决策。因此，行为支持计划应该有以下特征：与功能性行为评估（FBA）结果有联系的干预指标、用来保证干预将被忠诚地实施并将持续一段时间的系统，以及用于监控成效和指导决策的数据收集计划。包含所有这些特征的行为支持计划模板可参见本章附录。

## 实践：干预的关键特征

正如全书所强调的，有效的干预要与 FBA 的结果联系起来；也就是说，它们发挥了与问题行为发生有关的环境功能。行为支持计划一般包括前奏干预、技能拓展干预以及用来减少问题行为和促进亲社会行为的结果策略。一旦需要，还应该包括一个安全的计划。在决定包含在支持计划中的具体干预内容时，要询问以下问题：

1. 前奏干预：我们可以采取步骤来预防问题行为发生或者增加学生做正确的事情的可能性吗？
2. 目标期望行为：我们想让学生做什么，可接受的替代行为是什么？
3. 技能拓展：学生需要学习什么技能以及什么行为需要更为频繁地发生？
4. 强化：我们可以怎样来保证适当的行为获得成功（即被强化）？
5. 尽可能让强化最少：我们可以做什么让问题行为获得的强化最少？
6. 安全的计划：学生的行为对于其自身或者其他人有危险吗？

### 前奏干预

采取步骤以预防问题行为或者增加适当行为，被认为是一种前奏干预的措施。实施一项前奏策略，要求对之进行计划。然而，预防一个问题往往比对它进行反应更为容易。前奏干预的措施可以包括改变情境事件或者辨别性刺激。支持计划中的前奏干预需要记录仔细说明要做什么、什么时候以及由谁做。思考一下下面的案例：

本书的一位作者曾经帮助过一名原生家庭环境恶劣的孩子——苏涅塔（Suneeta）。每周有几天她都是头上戴兜帽来学校的，眼睛哭得红肿。令人伤心的是，苏涅塔的老师们不能做些什么来帮助她的父母跟她好好相处，所以只能帮助苏涅塔在学校获得成功。苏涅塔的老师知道，一旦她戴兜帽、红着眼睛来学校时，让她参与学业学习就会很徒劳：她会忽视教师的指示，仅仅是呆呆地凝视前方。如果教师直接接近她，要求她开始一项任务，她常常会开始歇斯底里地哭泣或者跑出教室。一个中性化的常规措施被实施，以用来消除家庭问题带来的效应，并帮助苏涅塔成功。在苏涅塔报告她"感到伤心"的日子里，他们会跟平常一样给她开始一天的选择，是跟学校的咨询员待15分钟，还是去图书馆15分钟。干预之后，苏涅塔很少拒绝参加学业任务，几乎从来没有在学校哭泣。开始时她常常选择去拜访咨询员或者去图书馆，但是过了一段时间（大概4周之后），她常常选择跟平常一样开始一天，没有哭泣也没有离开。

苏涅塔的支持计划中，中性化的常规措施见图14.1。这个计划确定了干预由谁负责实施，什么时候将被实施以及具体会发生什么。这些细节清晰、准确地告知所有参与的各个当事人干预措施的组成内容以及他们在其中的角色。

---

**7. 做什么来预防问题行为？**

**a. 对情境事件的调整**

当苏涅塔戴着兜帽或者红肿着眼睛来到学校，或者仅仅告诉詹姆斯（James）女士（或者另一位成人）她度过了一个不平静的夜晚或者早晨，就会被问她是否想去马柯尔姆（Marcolm）女士那里、图书馆或者就这么开始一天。她可以有15分钟时间跟咨询员一起（如果马柯尔姆女士认为她需要更多时间则可以更多）或者在图书馆。她会自己去图书馆，并让詹姆斯女士知道她在那里。苏涅塔看着钟，15分钟后回到教室（如果她想，可以带书）。如果她忘记了时间，詹姆斯女士会提醒她时间到了。如果苏涅塔需要更多的时间，她可以让詹姆斯女士知道，然后可以在图书馆留更长的时间。

---

**图14.1 苏涅塔支持计划中的部分情境事件**

## 期望的行为

确定一个学生应该做什么而不是表现出问题行为，通常非常容易。例如，"贾斯敏（Jasmine）应该坐在她的座位上做几何，而不是跟她的同伴说话或者乱涂乱画"。但是，有时候，学生现在正在做什么（比如，不断地乱涂乱画以及与同伴说话）以及我们想让学生在哪里干什么（比如，安静地学习50分钟）之间的距离是很大的，这就可能很难设计一个可行的计划，直接从当前正在发生的行为转向我们想让其去的地方。在这个案例中，我们建议根据奥尼尔等人（1997）的推荐，使用替代性行为（Gable, Hendrickson, & Van Acker, 2001）。替代性行为跟问题行为具有相同的功能，但比问题行为更容易接受。让我们继续贾斯敏这个例子。贾斯敏的老师很明显希望她整堂课都能安静地学习，但是，当她的学习时间常常少于2分钟一次时，是不太可能设计干预措施让贾斯敏安静地学习50分钟的。

学校咨询员开展的FBA显示，虽然贾斯敏的行为是通过逃避作业维持的，但她真的是可以做作业的——她的几何作业，虽然这项作业很有挑战性也不是贾斯敏喜欢的作业，但在她的能力水平之内。因此，贾斯敏的老师被要求思考贾斯敏如何可以不明显地表示她需要休息。她的老师决定在贾思敏举手要求休息时允许她把头趴在课桌上或者乱涂乱画2分钟。虽然贾斯敏的老师倾向于让她整段时间内都做作业，当然这个做法比分散其他学生的注意力或者让老师不断唠叨贾斯敏快点去做作业更加可取。贾斯敏表示，这也是她偏好的安排，还说她不喜欢整个班级都注意到她感到沮丧、需要休息的情况。贾斯敏的老师决定从允许她一节课休息3次开始，当她学会了对付她的沮丧情绪时，逐渐减少休息的次数。她也告诉贾斯敏，她不仅乐于在任何时间帮助贾斯敏，而且她们可以在教室的后面一起学习，防止其他人知道她正在努力挣扎中。

### 技能拓展

技能拓展干预帮助学生学习新的技能或者学会更熟练地表现已经掌握的技能。这部分支持计划强调要确定所需要的支持，以帮助学生熟练地表现出替代的或者期望的行为。有两种不同的方法。第一，这个计划可以包括一个学生现在不知道如何做的新行为。第二，这个计划也可以包括一个学生能够做但做得不太好的行为。不管是哪一种情况，都要按照步骤教学生如何表现出期望的行为以及什么时候是适合（有时是不适合）表现出这个行为的。也要按步骤提供给学生足够的机会去练习使用这些技能。这个行为支持计划必须准确地记录什么行为将被教以及如何被教。对于贾斯敏（见图14.2）来说，没有什么新的行为要被教；相反，这个计划旨在帮助贾斯敏学会在合适的时间表现出她已经知道如何做的行为（比如，举手要求休息）。

> 1. 什么是期望的行为以及有可接受的替代行为吗？
>    贾斯敏将整节课都用来学习几何，不乱涂乱画，也不打搅其他学生。需要时，她可以求助。可以接受的替代行为是要求休息。贾斯敏可以举手（两个手指在空中）表示她想休息。
> 2. 你要教什么新的反应或者安排环境让其增加，以及如何做？
>    a. 期望的行为
>    如果贾斯敏想要作业上的帮助，她可以请汤普森（Thompson）女士与她一起，要么在她的课桌边，要么在汤普森女士的办公室，或者在教室的后面。
>    b. 替代行为
>    她的老师点头表示这个可以。2分钟（贾斯敏可以乱涂乱画或者低下头）后，她回去做作业。贾斯敏可以每节课获得3次休息机会；她在纸上写"X"表示她想休息了。

**图14.2　行为支持计划记录**

有时候，一个干预要求教授新的技能。功能性沟通训练就是这样一种干预的示例，在这个例子中，要教个体一种功能性的反应，该反应服务于跟问题行为相同的功能。社会技能训练也满足这个目标。一旦新的技能被教，支持计划必须准确记录什么被教以及如何被教。图14.3中描述的就是这一类计划的示例。达特兹（Dartez）是一个无言语的14岁男孩，被诊断为严重的智力落后，教师们对他实施了功能性沟通训练方案。达特兹在他需要帮助但不具备如何请教师过来跟其交谈的技能时常常举手——达特兹想更多地与教师交流，因此，这个技能的缺乏导致了严重的破坏性行为。社会性技能方案也被用于泰瑞（Teri），她是一名常常与同伴进行争论的青少年，争论有时还会转变为肢体冲突。泰瑞跟大人报告，这不是"她的错"，每个人都反对她。她看起来不知道如何解决纠纷，因此实施了冲突训练。正如图14.4中显示的，任何时候如果使用一个打包式的干预计划或者一个小组方案作为干预的一部分，明确规定组织工作以及期望的结果都是非常重要的。另外，要确保对新要求的行为如何被强化进行描述，因为仅仅教一个新的技能通常不会导致这个技能的使用。对泰瑞来说，要给所有教师一个有关泰瑞每周学习的目标行为的材料，当她使用这些行为时要请他们表扬她。当她表现出这些期望的行为时，他们也会给她一个全校性的奖励。

1. 什么是期望的行为以及有可接受的替代行为吗？
   达特兹安静地学习15分钟。如果达特兹想要教师的反馈，他可以举手给老师一张"我做得怎么样？"的卡片。
2. 你要教什么新的反应或者安排环境让其增加，以及如何做？
   a. 期望的行为
   安静地学习，举手要求帮助。
   b. 替代行为
   达特兹递给布朗（Brown）先生卡片，要求反馈/关注。布朗先生在每天都开展的5分钟练习环节通过无错误学习来教达特兹使用这张卡片，最终达特兹可以独立地使用这张卡片。在这些练习环节，布朗先生教达特兹，如果他想登记，他需要把卡片递给布朗先生。一开始布朗先生通过身体辅助帮助达特兹将卡片递给他。5个回合之后，布朗先生在指导达特兹递卡片之前停顿5秒。当达特兹将卡片递给布朗先生，布朗先生要对达特兹做的事情表扬1分钟。一旦在练习阶段达特兹独立地将卡片递给布朗先生达到95%的概率，布朗先生就要在课堂上使用这张卡片。实施时，布朗先生在上课开始的时候以及达特兹表现出任何先兆行为（如坐立不安、窃窃私语）的时候，要口头提示达特兹使用这张卡片。

**图14.3　用于功能性沟通训练的支持计划**

1. 你要教什么新的反应或者安排环境让其增加，以及如何做？
   a. 期望的行为
   泰瑞将参加惠特科姆（Whitcomb）女士教的冲突解决小组。这个小组要完成一个标准的课程包（用青少年正能量解决问题，SPPT），并将持续6周。这个小组在泰瑞的学习室时间段进行。她将学习确定压力的个人感受，学习在感到生气或者有压力时数数。另外，她将学习特殊的沟通技能以用来解决与同伴的冲突——这些都在SPPT方案中有具体描述。所有泰瑞的老师都拿到有关目标行为的资料，一旦他们看到泰瑞做出任何目标行为，都要向她提供口头表扬和星积点（全校性奖励系统）。
   b. 替代行为
   如果泰瑞处于这样一种情况，她对她的同伴感到很消极，或者如果她认为某个人对她不好，她可以跟老师说一说。老师不用将结果告诉其他学生，但是要让泰瑞发泄出来。另外，教师可以问泰瑞她是否想去跟惠特科姆女士谈一谈如何处理这种情况或者可以复习一下泰瑞已经学过的冲突减少技能，谈谈下一次泰瑞应该如何处理类似的事情。这种互动要保持积极的状态（不要因不能使用新技能而批评泰瑞——表扬她没有打架），但是也不要聚焦于她对其他人所作所为的感受上——目标是重新教技能。如果泰瑞过来到成人这里，而不是表现出与另一个学生的争执，她就可以获得一个星积点。

**图14.4　用于社会技能训练的支持计划**

## 强化

在整本书中，我们都强调这样的事实，行为仅仅在被强化时才持续存在。因此，任何一项支持计划的重要内容都要记录期望的替代行为将被如何强化。在行为最初习得阶段，所需要的强化常常比维持阶段所需要的更加强烈。因此，支持计划不仅应该描述早期用于强化期望行为的计划，还要描述强化将如何随着时间减少。当计划第一次实施时，用于期望行为的强化必须比跟随问题行为之后的任何强化都要更加有力。思考一下，例如，萨蒂什（Satish）的破坏性行为受到同伴关注的维持。萨蒂什开始一项行为支持计划，如果他整节课都安静地坐着并持续两天，就可以在第二天开始上课前获得 10 分钟的自由活动时间。如果破坏性行为仅仅是每周就发生这么几次，那么这个计划会多有效呢？如果破坏性行为每节课发生 10~11 次——后面跟着的是同伴的关注，那么这个计划会多有效呢？你可能会看到，这个计划也许对第一种情况起作用，但对第二种情况则可能不会有效，因为这里学生的破坏性行为比安静地坐着获得的强化更多。教师也许最终希望仅仅是每隔几天强化一次，但是这不可能在最初阶段实施。她在开始的时候不得不实施一个较密集强化的程序，继而逐渐地转向较为稀疏的程序。图 14.5 呈现的是对萨蒂什实施的支持计划。

## 将强化最少化

由于被强化的行为将继续维持下去，因此应该将问题行为的强化最少化。当然，仅仅结束维持行为的结果，这常常是不太可能的，例如，让同伴对一个学生发出的不太适当的咯咯笑这样的噪声停止关注是很困难的。在另一个案例中，受到教师关注维持的自我伤害行为也不太可能被忽视，必须确保学生是安全的。因此，目标通常不是全部停止强化，而是应该对强化进行最少化，从而使期望行为以及替代行为的强化比跟随在问题行为之后的任何强化更好（比如，更多时间发生、质量更高、更容易获得）。正如你可以想象的，对问题行为的强化的最少化常常包括对适当行为结果的周密计划，目标是要确认学生更加偏好这些结果而不是问题行为之后的结果。图 14.6 呈现的 BSP 中杰克（Jake）的例子，一个常常离开座位的八年级学生，其行为受到教师关注的维持。你可以看到布莱克维尔（Blackwell）女士通过保证使用一致的回应方式来最大限度地减少这种关注。布莱克维尔促使杰克坐回座位,因为她知道他常常在教室里乱逛,陷入某些事情中,直到她"不得不说一些什么"。她希望,假如他现在闲逛的行为仅仅获得最少的关注,那么一致的反应,配合对恰当学习的行为加强关注将获得成功。另外,她保证,如果他的行为是破坏性的,将他送到办公室,让他单独在小房间做作业——杰克不太喜欢的一些事情,他就不会打搅到其他人,并仍旧完成他的作业。

---

1. 什么是期望的行为以及有可接受的替代行为吗?
   安静地做作业是期望的行为。一个可接受的替代行为是萨蒂什安静地做作业,不出现打搅其他人的行为。
2. 你要教什么新的反应或者安排环境让其增加,以及如何做?
   a. 期望的行为
   安静地做作业没有打搅同伴。每个早晨,萨蒂什的老师将与他一起登记入校,提醒他获得星星需要做的事情,以及这些星星可以用来做什么。
   b. 替代行为
3. 期望的以及替代行为如何被强化?
   a. 最初你将做什么来保证这些行为经常发生?
   萨蒂什在每 45 分钟活动结束时将获得一颗星星。如果他一天中得到 5 颗或者更多的星星(来自 7 个可能的活动),他将获得计算机时间,在计算机时间可选择一个朋友作为伙伴。如果他没有获得 5 颗或者更多的星星,那么在课最后就没有计算机时间。
   b. 随着时间推移,你要做什么改变来促进维持?
   基于萨蒂什的行为进行撤销:(1)隔两天增加星星数——每隔一天的计算机时间;(2)保留星星,让他选择一个伙伴但回到原来的计算机活动时间安排,每周 2~3 次;(3)撤销星星,但当萨蒂什这一天表现很好的时候继续让他选择伙伴。

---

图 14.5　描述强化程序的支持计划

---

8. 期望的以及替代行为如何被强化?
   a. 最初你将做什么来保证这些行为经常发生?
   b. 随着时间推移你要做什么改变来促进维持?
9. 要做什么将问题行为的强化最少化?
   当杰克离开座位时,布莱克维尔女士提醒他坐下来(比如,"你应该在哪里?"),如果杰克不坐下来,她说:"杰克,你能坐下来,或者你给我 5 分钟的午餐时间,这样你就能完成你错过的作业。"如果杰克没有坐下来,或者处于争辩状态,布莱克维尔女士就忽视杰克,除非他对其他人有攻击行为。在课结束后,他被要求留下(失去 5 分钟午餐时间)来完成作业。如果杰克打搅其他人,他就会被送到办公室。他将留在那里,在"冷静"室,直到他的作业做完。任何时间如果杰克坐下来,布莱克维尔女士都要找到一个喊他的机会或者表扬他很快地做作业了。

---

图 14.6　杰克的支持计划示例

## 安全计划

与问题行为功能有关的干预对减少问题行为以及增加期望的行为通常是很有效的。但是，这些计划很少让行为马上就停下来。学生表现出问题行为常常已经有相当长的一段时间，因此，需要时间来帮助他们"忘却"这些行为。对于那些行为对其自身或者他人很危险的学生，应该实施一项安全计划。安全计划仅仅在设计了前奏干预、技能拓展以及强化策略（基于FBA）后才开始制订，并按照一个预定的时间实施以保证一致性。安全计划的目的是保证每个人的安全，不一定要减少今后学生问题行为的发生率及提升技能。这是安全计划仅仅是干预计划的一个部分而不是整个计划的原因。

安全计划的具体组成内容将根据学生行为的严重性、情境以及周围的人而发生变化。这项计划应该很具体地说明谁做什么、每一步在什么时候发生。要说明学生的哪个行为应该被纳入安全计划中，这将有助于确保计划执行的一致性。在所有的行为支持计划中，特定的行为应该使用可观察的术语进行操作性定义。首先，不要仅仅陈述，"当简（Jan）失去控制的时候要使用安全计划"，而要准确地说明简必须做什么、说什么，才能使用安全计划，例如，"如果简打了或者尝试打另一个学生或者老师，安全计划将被实施"。其次，要具体描述安全计划的每一步骤，如果学生没有服从或者行为升级的话要确保说明每一步的结果。最后，要说明谁参与这个计划、谁将被通知，要明确人员不足情况下的后备人员。

## 实施系统

如果系统的特征没有被纳入进来，那么干预就不可能恰当地实施或者持续一段时间。重要的系统特征包括实施开始的时间、所需要的资源、告知关键利益相关者的计划，以及与替补人员一起工作的计划。本章最后附录"实施实践"中的行为支持计划模板提供了记录这些内容的方式。

当一个新的干预计划制订好之后，理想中是马上实施它。但是，还是要延迟实施至少 2~3 天，理由如下：第一，延迟实施提供了时间以保证所有利益相关者都被告知、需要的资料被收集，以及每个参与其中的人都熟悉了他们的角色，并愿意实施这个干预。第二，延迟实施让所有参与的人都能仔细回顾这一计划，以发现不一致的地方或者可能难以实施的策略。第三，延迟实施为训练支持计划中的实施者提供了时间。第四，允许基线数据的收集，如果它还未开始的话。正如下一部分讨论的那样，你要收集数据来监控干预，如果在干预实施前你就知道目标行为的发生频率，这就更容易做到。促进基线评估的一个方法是干预前和干预过程中都使用同样的数据收集表格。在撰写支持计划时，数据收集策略也要进行设计，这样收集基线数据时就可以仅仅只是在干预前几天来使用这些数据收集工具。

应该重视实施所要求的资源。这些资源包括作为奖励物或者表扬的实物、收集数据的表格以及实施干预措施所需要的实际空间（比如，一个安静的房间）。资源也包括实施所有干预措施所需要的人员。很重要的是，从一开始实施，资源就应该是可以获得的，并且有一个计划来保证这些资源在实施的所有时间内都是可以获得的。例如，对于一名要用积点卡对其行为进行自我监控的学生来说，收集卡片的人以及储存这些卡片的地方都应该被安排好。另外，要记录那些关键利益相关者，以告知其计划，也要记录与谁一起讨论这个计划。这显然包括父母或者监护人（如果他们不参加这个会议的话）以及学生。应该用恰当、积极的语言告知学生计划的目的。例如，应该说"我们将帮助你学会更好地在学校里与人相处"而不是"这将使你表现出……"。所有学生都应该被给予一个机会，以提供对干预的建议。这些人中的许多人可能拥有很有价值的信息，比如可作为强化物或者减少问题行为发生可能性的方法。

除了家庭和学生，学校中的其他人也可能需要被告知这个计划。例如，如果一个学生要整天用这张积点卡，包括休息时间，那么休息室的助理就需要知道这个计划以及如何实施。当我们与利益相关者讨论这个计划时，所有人都必须有机会分享有关计划的观点，如果他们希望则可做出调整。这常常导致需要在这个计划的技术精度（与 FBA 结果保持一致的程度）与利益相关者的需求以及期望之间保持一种微妙的平衡。贝纳齐、霍纳以及古德（Benazzi, Horner, Good, 2002）记录了支持计划研究中的这种平衡，这些计划由 12 个不同的基于学校的小组制订。他们让行为分析师评估由各个小组制订的支持计划，包括：（1）没有行为专家指导的小组；（2）没有小组成员输入信息的行为专家；（3）包含行为专家的小组。贝纳齐等人发现，没有行为专家的小组制订的计划虽然被每个小组成员认可，但计划倾向于贝纳齐等人所提到的没有"技术充分性"。换句话说，这个计划与行为的功能不相匹配，因此也许不会有效。相反，行为专家设计的计划有着高度的技术充分性，但小组成员将这些计划评价为不可能实施的，计划没有贝纳齐等人所认为的"情境适合性"。但是，包含行为专家的小组制订的计划不仅具有高度的技术充分性，而且也有很好的情境适合性。

## 指导决策的数据

一旦制订好这个计划，进步监控对于决定这个计划是否获得了期望的效果和帮助指导任何需要的调整都很关键。尽管我们可能会对除了教一屋子的学生之外还要收集一个儿童的行为数据而感到畏缩，但事实上，数据收集可以高效、有效地进行。设计好一个既可提供有用的信息又可行的数据收集系统，要求在实施之前就制订好计划。在支持计划制订过程中，应该基于以下几个问题进行决策：（1）在什么情境中数据收集应该发生？（2）什么行为的监控是最重要的？（3）这些数据应该多久被收集一次？（4）这些数据如何被分析以及用于指导决策？每一个决定都应该记录在支持计划中（参见本章末的附录）。

要注意，第一个决定并不是应该被监控的行为，而是在什么情境中数据收集应该发生。这是因为学生可能在不同情境中表现出不同的行为，或者行为的强度可能有很大的变化，因此有必要以不同方式收集数据。例如，对于一个历史课上离座行为平均30次但艺术课上偶尔一次或者两次的学生，数据收集可以仅仅只在历史课上，因为艺术课上较少发生，也可以两种课上都收集。数据应该在问题行为最常发生的情境中被收集。如果目标行为在整节课上都发生或者只在特定情境中（比如休息时间）发生，那么收集的数据可以是这个时间段的。但是如果目标行为仅仅是在某些常规时间（比如独立的阅读课、有书写的作业）出现，那么数据应该仅仅在这些常规时间收集。目标是收集问题时间段的数据，因为这将对干预措施进行更好的评估。这个问题情境或者常规时间要在FBA开展期间就被确定，这样这些信息可以用来指导制定数据收集系统的步骤。一旦确定情境，要保证这些情境中的人愿意并能够收集数据，并了解数据收集系统。

情境被确定以后，下一步要回答的问题是对什么行为收集数据以及这将怎么发生。判断目标问题行为是很容易的，因为在FBA开展过程中已经对感兴趣的行为进行了操作性定义。小组也应该考虑对他们希望增加的行为收集数据。还记得很担心杰克离座行为的布莱克维尔女士吗？小组决定将离座行为作为目标，同时也测量了举手这个行为，因为FBA结果显示，杰克常常离座是为了获得关注，布莱克维尔表示她更偏爱举手作为获得她关注的一种方式。应该要考虑用于测量目标行为的衡量指标。一条经验法则是使用数字衡量指标，因为这样可以将数据用图表表示出来。许多学校通过请教师描述一个活动如何开展来收集数据，但这些轶事型的总结，虽然很有趣，却不能用于持续时间的监控。图14.7呈现的是用于一名不经允许触碰同伴以及常常离座的学生的数据收集工具的示例。希望有更多具体数据的小组可以为每个数值评定指定一个范围。比如，"1"可以表示这个行为发生0~1次，"4"表示行为发生9次或者更多次。

数据收集的频率应该足够高，以便于对进步情况有充分的监控。对于有严重行为挑战的学生来说，数据常常每天至少被收集一次。记住，数据要更为经常地被收集，因为数据更有可能反映出实际正在发生什么。为了说明这一点，让我们做一个小小的练习。思考一下最近5天内，从你起床到准备睡觉的时间。将你做的每件事情以及见的每个人列一下清单。这相当难，是不是？现在，思考一下最近一个小时，再做一下同样的清单。你会发现记住最近的事件会容易很多。因此，我们推荐在所有问题情境中收集每日的数据。

| 日期：_____ | | | 情境：圆圈活动时间 | |
|---|---|---|---|---|
| 离座 | 1<br>没有发生 | 2<br>很少发生 | 3<br>发生几次 | 4<br>常常发生 |
| 碰触其他人 | 1<br>没有发生 | 2<br>很少发生 | 3<br>发生几次 | 4<br>常常发生 |
| 举手 | 1<br>没有发生 | 2<br>很少发生 | 3<br>发生几次 | 4<br>常常发生 |

**图 14.7　数据收集工具示例**

最后不得不提的是，要决定数据将如何被分析、使用以及指导决策。首先，小组应该确定一个干预的目标以帮助监测进展。小组要常常设置短期目标以及长期目标。长期目标是指如果干预很成功将达到的目标，而短期目标则是中间步骤。短期目标由小组定期更新。表14.1呈现了长期和短期目标的示例。这些并不意味着要按原样使用；相反，它们是可以设置的目标的样例。第一个例子显示的是杰克逊（Jackson），一个七年级学生的目标，当他的老师尝试让他回来完成作业时，他常常未经允许离开数学课。由于杰克逊离开教室后常常变得相当有破坏性，因此，一个主要的干预目标是帮助他学会用更为恰当的方式要求休息。所以干预内容包括在杰克逊要求的时候，允许他在办公室坐很短的时间。后效措施也进行了设置，比如如果杰克逊要求去办公室的次数比起设定的次数更少（随着干预到位而改变），他就可以获得喜欢的活动。最初的目标只是让他使用通行证，而非擅自离开，并且完成一项作业。

表 14.1 行为目标示例

| 计划开始时间 | 短期目标 1 | 目标时间 | 短期目标 2 | 目标时间 | 长期目标 | 目标时间 |
|---|---|---|---|---|---|---|
| 2008/10/2 | 杰克逊仅仅在使用他的"办公室"通行证之后才能离开教室，至少每节数学课完成一项作业 | 2008/12/1 | 杰克逊要求离开教室一次或者不离开，在规定的时间范围内完成60%的作业 | 2009/2/15 | 杰克逊整节数学课都在教室里，在规定的时间范围内完成90%的作业 | 2009/4/4 |
| 2008/10/2 | 目标是完成所有艺术项目的50%，没有表现出攻击性或者破坏性行为 | 2008/11/22 | 目标是完成所有艺术项目的80%，没有表现出攻击性或者破坏性行为 | 2009/1/4 | 目标是完成小组的艺术项目，没有表现出攻击性或者破坏性行为 | 2009/2/11 |

一旦定义了目标，就确定了数据收集的组织工作。组织工作的步骤包括确定谁将从完成数据收集过程的个体那里收集数据，并绘制数据图。绘图应该至少每周进行一次，以便可以频繁地评估数据。至少每周对图表进行评估，以评估进展并确定是否有必要进行修改。图表应该由熟悉干预措施、了解如何评估趋势的人来检查。

## 落实到位：制订支持计划的过程

通常，关于 FBA 以及行为支持计划的培训都只关注"如何做"的内容，较少关注关键的过程性变量——确保撰写和实际实施一个好的计划所需的关键步骤。前面我们已经讨论过实施一个计划需要的过程性变量，包括收集需要的资源、提供培训，决定数据将被如何收集以及分析以用于进步情况的监控。然而，对实际制订支持计划的过程的关注也是很重要的。在这一部分，我们要描述如何形成支持小组，包括谁应该参与这个小组以及他们该扮演的角色。我们还讨论了如何促进小组会议，以增加积极成果的可能性。

## 行为支持小组：谁参与？

全校性的综合性行为支持意味着所有需要干预的学生都要以一种高效的方式获得干预，并且干预措施有效地满足了绝大多数学生的需要。另外，要监控干预以评估哪些干预目标达到了何种水平。如果他们基于小组的计划制订，学校就能够更好地达成这些目标（Anderson & Scott, 2009）。

从历史的角度来说，行为支持计划的制订有点随意。通常是一个在行为支持方面有专长的人，与管理人协作，做出大多数的干预决策。在这样一种模式中，一个很小的小组（比如，一个教学辅助小组）每周碰面甚至不怎么碰面。关心学生的教师们参加会议进行讨论。在讨论问题之后，就可以做出关于干预的决定。一旦干预开始，后续的跟踪常常是有点零星的。这种方法有几种限制。第一，FBA 常常不是这个过程的一部分，因为小组通常不会在会议前进行评估，这样，会议常常聚焦于对干预措施的头脑风暴。因此，干预可能不太有效。第二，往往很少或根本没有对教师的跟进，以确定是否已经或可以实施干预措施，以及是否需要进一步的辅助。第三，由于干预措施只针对教师要求帮助的学生，因此，一些可能从干预措施中受益的学生往往得不到支持。例如，这可能发生在多门课程都表现出行为问题但是教师没有过度关注的学生身上，因为每位教师看到学生的时间仅仅只有 45 分钟。但是，如果这个学生只与一名教师在一起，那么行为问题则更有可能被注意到。

为了更全面有效地满足所有学生的需求，一些学校正在采用多层级的行为支持系统以及基于小组来制订计划。然而，小组的数量因不同学校而有很大差异，但是这些小组发挥的作用常常一致。这些作用包括确定可能需要干预的学生，将学生的需求与可能的干预措施相匹配，开展 FBA 以及其他评估，制订支持计划以及监控干预措施的进展情况。这些任务都由学校的行为小组来完成。

学校行为小组一般有稳定的团队成员并且定期开会（比如每隔一周）。成员包括一个负责学生纪律的学校管理人员，负责 FBA 并制订支持计划的行为专家（将在之后进行讨论）和至少一名教师。教师代表的选择因学校而异。要选择数量充足的教师以保证他们可以代表所有教师，但又不会让小组变得很庞大，从而促进教师和教师之间的沟通。在小学里，小组通常有一个或者两个教师（比如一个来自普通教育专业而另一个来自特殊教育专业），而中学常常有年级水平的代表，高中则有跨部门或者分支的代表。学校行为小组在学校中监督行为计划的制订，这一计划包括：(1)选择可能从干预中受益的学生；(2)让学生与干预相匹配；(3)监控进步。

可以通过教师提出的辅助要求和审查办公室纪律转介模式来选择可能从干预中受益的学生。学校也可以着手进行形成性评价——阶段性地对所有学生进行筛查，以选择那些可能从进一步干预中受益的学生。一旦需要额外支持的学生被选择之后，小组就要对有关干预的事宜做出决定。建议可以包括不在此时介入而是继续监控，开始一个既有的小组干预比如登记入校 / 登记离校（Horner et al., 2005; Campbell & Anderson, 2008）或者社会技能训练，完成一个 FBA，或者转接到外面的社区机构。[ 对这个选择流程进行深入讨论超过了本书的范围，但可以参见 Anderson 和 Scott（2009）关于构建系统以便选择需要干预的学生的建议 ]。

学校行为小组要让学生与可能的干预措施相匹配。首先，要决定学生是否可以是某个小组（二级，第二层）干预的良好候选人，比如登记入校 / 登记离校（cf. Campebell & Anderson, 2008）或者社会技能训练。如果一个学生需要基于功能的支持，那么行为专家有责任开展一个 FBA，并建立和实施支持计划，在这点上，你也许会好奇谁担任行为专家的角色。越来越多的学校组织起来，以一种高效的方式向学生们提供行为和学业支持。因此，他们努力发展关于功能性行为评估的校内能力。具备这一能力的学校最少有 3 个（或者更多）人员在 FBA 和行为支持计划制订方面受过训练。一个学校内要有 3 个具有此技能的人员的理由在于：(1)如果仅有的一个能开展 FBA 的人员离开了学校或者承担了新的责任，学校也许就没有需要的资源了；(2)如果一个学校需要行为和学业支持的学生的数量，超过了一个行为专家的服务量，那么，在这 3 个人中，应至少有一人专门从事开展 FBA 以及制订支持计划，以满足学校的需要。这意味着这个人不能是全职教师，因为制订支持计划要求在每个需要这种支持的学生身上花数个小时。在许多学校，一个咨询员或者一个兼职的教师将承担这个角色。在其他学校，行为专家可以是学校心理学家，以及其他普通教育教师，或者有大量空闲时间的人员。

学校行为小组要监控进步。一旦干预进行，支持小组要定期见面以检查进步情况。正如前面所描述的，对每个学生来说，干预措施的内容之一是决定数据如何被收集以及如何设定干预目标，因此，小组要简单回顾接受干预的所有学生的数据，以评估学生达到行为目标的程度，以及决定下一步骤。例如，如果行为支持计划中的一名学生没有达到他的目标，小组可以与他的老师见面，讨论干预的忠诚性或者开展一个更为深入的 FBA。然而，一个已经成功 10 周的学生，也许就可以撤销干预了。学校行为小组要对进步情况进行监督，因为这可以减少参与这个学生工作的老师的工作负担，否则他们不得不每周定期开会以评估进步情况（只有在数据显示需要改变干预时才会要求额外的会议）。另外，一个小组负责对所有接受行为支持学生的进步情况进行监控，因此，学生不太可能未经检查就通过。

### 推进支持计划

对于需要基于功能的支持的学生来说，评估和干预制定是由学校行为专家以及最熟悉学生的那些人指导的。因此，要形成针对学生的团队，因为成员常常因每个学生而发生变化。小组成员至少包括行为专家和相关的教师。一名学校管理人员也通常是小组的一部分，或者要了解所有的决定。另外，父母和学生也会参与到评估和计划制订的过程中。虽然学生很少参与干预计划制订会议——让一组人讨论你的"问题"并不有趣——学生们应该被纳入 FBA 中，所有有关干预策略的观点都应该尽可能地被获得和使用。

由于学校工作日的日程都很满，因此很难计划与多个教师和管理人员见面，我们建议会议流程提前与行为支持计划制订联系起来。当一个学生需要更加深入的支持，在实施 FBA 之前就要采取两个步骤。第一，以往尝试过的干预措施要被记录下来，以确定是否尝试过较低强度的干预。因为基于功能的支持是资源密集的、时间密集的措施，小组应该考虑在基于功能的支持之前先实施一个小组（目标）干预。第二，接下来的会议要确定时间：一次完成 FBA 的会议（如果只有一个教师参与，可能是一次非正式的聊天）；一次制订支持计划的会议，之后跟进。FBA 评估完成之后的三周之内就要进行干预，因此应该有一个完善的日程对这件事进行安排。

在完成 FBA 之后，制订支持计划会议就要召开。为了推进这个会议，应该形成一个假设性的陈述。另外，合作 FBA 的人员应该形成有关干预策略的想法。在支持计划会议上，第一步就是要保证所有参与假设陈述的人形成一致意见。如果有不一致，应回顾 FBA 的调查结果以解决任何争议。如果解决方法不能形成，则应该收集更多的 FBA 数据。一旦达成一致的假设性陈述，小组就要设计综合性的干预方案，包括前奏、技能拓展、强化以及结果的策略。小组应该就所有干预措施达成一致。一旦达成一致，小组将确定干预的系统以及干预进步情况的监控部分。

### 本章回顾

1. 本章描述了为什么将 FBA 结果与行为支持计划（BSP）联系起来很有必要。FBA 与 BSP 之间的强烈联结可以让学生更有可能获得成功，并且能保证学校师资人员不使用实际会引发更多挑战性行为的程序。
2. 行为支持计划的关键内容是前奏干预、技能拓展干预以及用来减少问题行为及增加亲社会行为的结果。有时安全计划也要包含在其中。
3. 有效地从 FBA 转到技术充分的 BSP 的关键特征包括前奏干预、确定目标期望行为、技能拓展、将强化最少化以及安全计划。
4. 本章描述了如何收集和使用数据以指导决策，行为目标的特征以及撰写行为目标的方法。

### 应用

1. 在打算实施一项行为支持计划时，学校师资人员可能遇到的一些障碍是什么？有哪些解决方法？
2. 在某个特定的学校里有哪些其他人员也许是重要的小组成员？
3. 在什么情况下，将特定行为的功能与有效的 BSP 联系起来是很困难的？

# 附录　行为支持计划模板

| | | |
|---|---|---|
| 学生（姓名）： | 转介人（姓名）： | 日期： |
| 学生ID：　　　　DOB：　　　　　　　年级：<br>IEP：有_____ 无_____ | | |

1. 要做什么来预防问题行为？
   a. 对当前情境事件的调整
   b. 对诱发／辨别性刺激的调整
2. 什么是期望的行为以及有可接受的替代行为吗？
3. 你要教什么新的反应或者安排环境让其增加，以及如何做？
   a. 期望的行为
   b. 替代行为
4. 期望的以及替代行为如何被强化？
   a. 最初你将做什么来保证这些行为经常发生？
   b. 随着时间推移，你要做什么改变来促进维持？
5. 要做什么将问题行为的强化最少化？
6 如果学生或者其他人的安全处于风险中要做什么？

实施实践

1. 开始实施的目标日期：

2. 开始支持计划：（需要什么材料／资源？需要什么培训？）

3. 告知父母和学生的过程（谁、什么、什么时候）

4. 其他需要告知的人（干预可能影响的其他人？）

5. 告知干预替代措施的计划

| 评估、回顾以及调整 |
| --- |
| 1. 我们如何知道这个计划是否正在实施？（什么信息要被收集？由谁、如何总结以及什么时候回顾？） |
| 2. 我们如何知道这个计划获得了成功？（学生的什么成果会被监控？由谁、如何总结以及什么时候回顾？） |

# 参考文献

1. Adams, M. J. (1988). *Beginning to read: Thinking and learning about print.* Cambridge: MIT Press.
2. American Psychological Association Zero Tolerance Task Force. (2008). Are zero tolerance policies effec- tive in the schools? An evidentiary review and rec- ommendations. *American Psychologist, 63*(9), 852–862.
3. Bowen, J. M., Jenson, W. R., & Clark, E. (2004). *School- based interventions for students with behavior prob-lems.* New York: Springer Publishing.
4. Fien, H., Kame'enui, E. J., & Good, R. (2009). Schools engaged in school-wide reading reform: An exami- nation of the school and individual student predic- tors of kindergarten early reading outcomes. *School Effectiveness & School Improvement, 20*(1), 1–25.
5. Furlong, M. J., Morrison, G. M., & Dear, J. D. (1994). Addressing school violence as part of schools' educational mission. *Preventing School Failure, 38*(3), 10–17.
6. Gable, R. A., Hendrickson, J. M., Young, C. C., Shores, R. E., & Stowitschek, J. J. (1983). A comparison of teacher approval and disapproval statements across categories of exceptionality. *Journal of Special Education Technology, 6*, 15–21.
7. Gierl, M. J., & Harnish, D. L. (1995). *Estimating a model for dropping out for youth with disabilities: A latent variable analysis using data from the National Longitu- dinal Transition Study.* Paper presented at the annual meeting of the American Educational Research Association,

San Francisco, CA.

8. Glaser, R. R., Horn, M. L. V., Arthur, M. W., Hawkins, J. D., & Catalano, R. F. (2005). Measurement prop- erties of the Communities that Care Youth Survey across demographic groups. *Journal of Quantitative Criminology, 21*(1), 73–102.

9. Gunter, P. L., Hummel, J. H., & Conroy, M. A. (1998). Increasing correct academic responding: An effec- tive intervention strategy to decrease behavior problems. *Effective School Practices, 17*, 36–54.

10. Gunter, P., Hummel, J. H., & Venn, M. L. (1998). Are effective academic instruction practices used to teach students with behavior disorders? *Beyond Behavior, 9*, 5–11.

11. Hammond, C., Linton, D., Smink, J., & Drew, S. (2007). *Dropout risk factors and exemplary programs: A tech- nical report.* Clemson, SC & Alexandria, VA: National Dropout Prevention Center at Clemson University and Communities in Schools, Inc.

12. Harding, D. J. (2003). Counterfactual models of neighborhood effects: The effect of neighborhood poverty on dropping out and teenage pregnancy. *The American Journal of Sociology, 109*(3), 676–719.

13. Hart, B., & Risley, T. (1995). *Meaningful differences in the everyday experiences of young American children.* Baltimore, MD: Paul H. Brookes.

14. Hawkins, J. D., Herrenkohl, T. L., Farrington, D. P., Brewer, D., Catalano, R. F., Harachi, T. W., et al. (2000). Predictors of youth violence. *Juvenile Justice Bulletin.* Washington, DC: U.S. Department of Justice, Office of Juvenile Justice and Delinquency Prevention.

15. Hinojosa, M. S. (2008). Black-white differences in school suspension: Effect of student beliefs about teachers. *Sociological Spectrum, 28*(2), 175–193.

16. Horner, R. H., Sugai, G., Dunlap, G., Hieneman, M., Lewis, T. J., Nelson, C. M., et al. (2000). Applying positive behavior support and functional behav- ioral assessment in schools. *Journal of Positive Behavioral Interventions, 2*, 131–143.

17. Hyman, I. A., & Perone, D. C. (1998). The other side of school violence: Educator policies and practices that may contribute to student misbehavior. *Journal of School Psychology, 36*, 7–27.

18. Kauffman, J. (1997). *Characteristics of emotional and behavioral disorders of children and youth* (6th ed.). Upper Saddle River, NJ: Merrill/Pearson.

19. Lyon, G. R. (2003). Reading disabilities: Why do some children have difficulty learning to read? What can be done about it? *Perspectives, 29*(2).

20. Mayer, M., & Leone, P. (1999). A structural analysis of school violence and disruption: Implications for creating safer schools. *Education and Treatment of Children, 22*, 333–356.

21. McFadden, A. C., Marsh, G. E., Price, B. J., & Hwang,Y. (1992). A study of race and gender bias in the punishment of school children. *Education and Treatment of Children, 15*, 140–146.

22. McIntosh, K., Chard, D., Boland, J., & Horner, R. H. (2006). A demonstration of combined efforts in school-wide academic and behavioral systems and incidence of reading and behavior challenges in early elementary grades. *Journal of Positive Behavior Interventions, 8,* 146–154.

23. Nelson, C. M., & Pearson, C. A. (1994). Juvenile delin- quency in the context of culture and community. In R. L. Peterson & S. Ishii-Jordan (Eds.), *Cultural and community contexts for emotional or behavioral disorders* (pp. 78–90). Boston: Brookline Press.

24. Patterson, G. R., Reid, J. B., & Dishion, T. J. (1992). *Antisocial boys: Vol. 4. A social interactional approach.* Eugene, OR: Castalia.

25. Rumberger, R. W. (1987). High school dropouts: A review of issues and evidence. *Review of Educational Research, 57*, 101–121.

26. Rylance, B. J. (1997). Predictors of high school gradu- ation or dropping out for youths with severe emo- tional disturbances. *Behavioral Disorders, 23*, 5–17. Scott, T. M., Nelson, C. M., & Liaupsin, C. (2001). Effective instruction: The forgotten component in preventing school violence. *Education and Treatment of Children, 24*, 309–322.

27. Shaw, S. R., & Braden, J. P. (1990). Race and gender bias in the administration of corporal

punishment. *School Psychology Review, 19*, 378–383.

28. Shores, R. E., Gunter, P. L., & Jack, S. L. (1993). Classroom management strategies: Are they setting events for coercion? *Behavioral Disorders, 18*(2), 92–102.

29. Skiba, R. J., Petersen, R. L., & Williams, T. (1997). Office referrals and suspension: Disciplinary interven- tion in middle schools. *Education and Treatment of Children, 20*(3), 295–316.

30. Stephenson, J., Linfoot, K., & Martin, A. (2000). Behaviours of concern to teachers in the early years of school. *International Journal of Disability, Development & Education, 47*(3), 225–235.

31. Sugai, G., Sprague, J. R., Horner, R. H., & Walker, H. M. (2000). Preventing school violence: The use of office discipline referrals to assess and monitor school-wide discipline interventions. *Journal of Emotional and Behavioral Disorders, 8*, 94–101.

32. Taylor-Greene, S., Brown, D., Nelson, L., Longton, J., Gassman, T., Cohen, J., et al. (1997). School-wide behavioral support: Starting the year off right. *Journal of Behavioral Education, 7*, 99–112.

33. U.S. Departments of Education and Justice. (1999). *Indicators of school crime and safety, 1999*. (NCES 19989-057/NCJ-178906). Washington, DC.

34. Van Acker, R. (2002). *Developing effective behavioral in- tervention plans and supports*. Paper presented at the Working Forum of the Council for Children with Behavioral Disorders. Tampa, FL.

35. Van Acker, R., Grant, S.H., & Henry, D. (1996). Teacher and student behavior as a function of risk for aggression. *Education and Treatment of Children, 19*(3), 316–334.

36. Walker, H. M., Colvin, G., & Ramsey, E. (1995). *Antisocial behavior in school: Strategies and best prac- tices*. Pacific Grove, CA: Brooks/Cole.

37. Walker, H. M., & Sprague, J. R. (1999). The path to school failure, delinquency, and violence: Causal factors and some potential solutions. *Intervention in School and Clinic, 35*, 67–73.

38. Wehby, J. H., Symons, F. J., & Shores, R. E. (1995). A descriptive analysis of aggressive

behavior in classrooms for children with emotional and be- havioral disorders. *Behavioral Disorders, 20*, 87–105.

39. Weinstein, R. S. (2002). *Reaching higher: The power of expectations in schooling*. Cambridge, MA: Harvard University Press.

40. Kamps, D. M., Ellis, C., Mancina,C., Wyble,J.,Greene,L., & Harvey, D. (1995).Case studies using functional analysis for young children with behavior risks.*Education and Treatment of Children, 18, 243-260.*

41. O'Neill, R. E., Horner, R. H., Albin, R. W., Sprague, J.R., Storey, D., & Newton, J. S. (1997). Functional as-sessment and program development forproblem behavior: A practical handbook (2nd ed.)Pacific Grove,CA:Brooks/Cole.

42. Scott, T. M., Liaupsin, C. J., & Nelson, C. M. (2001).Behavior intervention planning: Using the func-tional assessment data. [CD-ROM]. Longmont,CO:Sopris West.

43. Umbreit, J., Ferro, J. B., Liapsin, C. J., & Lane, K. L.(2007). Functional Behavioral Assessment and Function-Based Intervention. Upper Saddle River,NJ:Pearson Education.

44. O'Neill,R.E., Horner, R. H., Albin, R. W.,Sprague, *behavior*: A *practical* handbook (2nd ed.). Pacific Grove,J.R., Storey, K., & Newton, J. S. (1997). *Functional* CA:Brooks/Cole.*assessment and program devlopment for problem.*

45. Bender, W. N., & Shores, C. (2007). *Response to Intervention: A practical guide for every teacher.* Thousand Oaks, CA: Corwin Press.

46. Johnson, E., Mellard, D. F., Fuchs, D., & McKnight, M.A. (2006). *Responsiveness to Intervention (RTI): How to do it*. Lawrence, KS: National Research Center on Learning Disabilities.

47. Lewis, T., DiGangi, S., & Sugai, G. (1990). Techniques to facilitate behavioral programming decisions. In *The Oregon Conference Monograph* (pp. 103–109), College of Education, University of Oregon.

48. Stecker, P. M., Fuchs, D., & Fuchs, L. S. (2008). Progress monitoring as essential practice within Response to Intervention. *Rural Special Education Quarterly, 27*(4), 10–17.

49. Wolery, M., Bailey, D. B., & Sugai, G. M. (1988).*Effective teaching: Principles and procedures of applied behavior analysis with exceptional students.* Boston: Allyn & Bacon.

50. Anderson, C. M., & Scott, T. (2007). Functional assess- ment of classroom environments. Eugene, OR: Educational and Community Supports.

51. Anhalt, K., McNeil, C. B., & Bahl, A. B. (1998). The ADHD Classroom Kit: A whole-classroom approach for managing disruptive behavior. *Psychology in the Schools, 35*, 67–79.

52. Axelrod, S., Hall, R., & Tams, A. (1979). Comparison of two common classroom seating arrangements. *Academic Therapy, 15*, 29–36.

53. Darch, C. B., Kame'enui, E. J., & Crichlow, J. M. (2003). *Instructional classroom management: A proac- tive approach to behavior management* (2nd ed.). Upper Saddle River, NJ: Pearson.

54. Kehle, T. J., Bray, M. A., Theodore, L. A., Jenson, W. R., & Clark, E. (2000). A multi-component intervention designed to reduce disruptive classroom behavior. *Psychology in the Schools, 37*, 475–481.

55. Lannie, A. L., & McCurdy, B. L. (2007). Preventing disruptive behavior in the urban classroom: Effects of the Good Behavior Game on student and teacher behavior. *Education & Treatment of Children, 30*, 85–98.

56. Lohrmann, S., & Talerico, J. (2004). Anchor the boat: A classwide intervention to reduce problem behav- ior. *Journal of Positive Behavior Interventions, 6*, 113–120.

57. Malone, B. G., & Tietjens, C. L. (2000). Re-examination of classroom rules: The need for clarity and speci- fied behavior. *Special Services in the Schools, 16*, 159–170.

58. Marx, A., Fuhrer, U., & Hartig, T. (1999). Effects of classroom seating arrangements on children's question-asking. *Learning Environments Research, 2*, 249–263.

59. McGinnis, J., Frederick, B. P., & Edwards, R. (1995). Enhancing classroom management

through proac- tive rules and procedures. *Psychology in the Schools, 32*, 220–224.

60. O'Neill, R. E., Horner, R. H., Albin, R. W., Sprague, J. R., Storey, K., & Newton, J. S. (1997). *Functional assessment and program development for problem behavior: A practical handbook* (2nd ed.). Pacific Grove, CA: Brooks/Cole Publishing.

61. Rosenfield, P., Lambert, N., & Black, A. (1985). Desk arrangement effects of pupil classroom behavior. *Journal of Educational Psychology, 77*, 101–108.

62. Schanding, G. T., & Sterling-Turner, H. E. (2010). Use of the mystery motivator for a high school class. *Journal of Applied School Psychology*, *26*, 38–53.

63. Sulzer-Azaroff, B. (1991). Accepting the challenge: A behavioral perspective on improving educational performance. *Behavior and Social Issues, 1*, 27– 41.

64. Sulzer-Azaroff, B., & Mayer, G. R. (1991). *Behavioranalysis for lasting change*. Florence, KY: Wadsworth Publishing.

65. Theodore, L. A., Bray, M. A., Kehle, T. J., & DioGuardi, R. J. (2004). Contemporary review of group- oriented contingencies for disruptive behavior. *Journal of Applied School Psychology*, *20*, 79–101.

66. Theodore, L. A., DioGuardi, R. J., Hughes, T. L., Aloiso, D., Carlo, M., & Eccles, D. (2009). A class- wide intervention for improving homework performance. *Journal of Educational and Psychological Consultation*, *19*, 275–299.

67. Tingstrom, D. H., Sterling-Turner, H. E., & Wilczynski, S. M. (2006). The good behavior game: 1969–2002.

68. *Behavior Modification, 30*, 225–253.

69. Touchette, P. E., MacDonald, R. F., & Langer, S. N. (1985). A scatter plot for identifying stimulus con- trol of problem behavior. *Journal of Applied Behavior Analysis, 18*, 343–351.

70. Wheldall, K., & Lam, Y. Y. (1987). Rows versus tables: II. The effects of two classroom seating arrangements on classroom disruption rate, on- task behaviour and teacher behaviour in three

special school classes. *Educational Psychology, 7*, 303–312.

71. Witt, J. C., VanDerHeyden, A. M., & Gilbertson, D. (2004). Instruction and classroom management: Prevention and intervention research. In R. B. Rutherford, M. M. Quinn, & S. R. Mathur (Eds.), *Handbook of research in emotional and behavioral disorders*. New York: Guilford.

72. Kratochwill, T. R., Albers, C. A., & Shernoff, E. S. (2004). School-based interventions. *Child and Adolescent Psychiatric Clinics of North America, 13*(4), 885–903.

73. Kratochwill, T. R., & Shernoff, E. S. (2003). Evidence- based practice: Promoting evidence-based inter- ventions in school psychology. *School Psychology Quarterly, 18*(4), 389–408.

74. Axelrod, S., Hall, R., & Tams, A. (1979). Comparison of two common classroom seating arrangements. *Academic Therapy, 15*, 29–36.

75. Baines, E., Kutnick, P., & Blatchford, P. (2008). *Promoting effective group work in the primary classroom: A hand- book for teachers and practitioners*. London: Taylor & Francis.

76. Colvin, G., Sugai, G., Good, R. H., & Lee, Y. (1997). Effect of active supervision and precorrection on transition behaviors of elementary students. *School Psychology Quarterly, 12*(4), 344–363.

77. DePry, R. L., & Sugai, G. (2002). The effect of active su- pervision and pre-correction on minor behavioral incidents in a sixth grade general education class- room. *Journal of Behavioral Education, 11*(4), 255–267.

78. Hoffmeister, A., & Lubke, M. (1990). *Research into practice: Implementing effective teaching strategies*. Boston: Allyn & Bacon.

79. Horner, R. H., Day, H. M., & Day, J. R. (1997). Using neutralizing routines to reduce problem behav- iors. *Journal of Applied Behavior Analysis, 30*(4), 601.

80. Horner, R. H., Sugai, G., & Anderson, C. M. (2010). Examining the evidence base for school-wide pos- itive behavior support. *Focus on Exceptional Children, 42*(8), 1–16.

81. Kern, L., & Clemens, N. H. (2007). Antecedent strate- gies to promote appropriate classroom behavior. *Psychology in the Schools*, *44*(1), 65–75.

82. Lewis, T. J., Sugai, G., & Colvin, G. (2000). The effect of pre-correction and active supervision on the re- cess behavior of elementary school students. *Education and Treatment of Children*, *23*, 109–121.

83. Lohrmann, S., & Talerico, J. (2004). Anchor the boat: A classwide intervention to reduce problem behavior. *Journal of Positive Behavior Interventions*, *6*(2), 113–120.

84. Marx, A., Fuhrer, U., & Hartig, T. (1999). Effects of classroom seating arrangements on children's question-asking. *Learning Environments Research*, *2*(3), 249–263.

85. Marzano, R. J., Pickering, D. J., & Pollock, J. E. (2003). *Classroom instruction that works*. Alexandria, VA: Association for Supervision and Curriculum Development.

86. Metzker, B. (2003). Time and learning, *ERIC Digest ED 474260*. Eugene, OR: ERIC Clearinghouse on Educational Management.

87. Oswald, K., Safran, S., & Johanson, G. (2005). Preventing trouble: Making schools safer places using positive behavior supports. *Education & Treatment of Children, 28*(3), 265–278.

88. Reinke, W. M., Lewis-Palmer, T., & Merrell, K. (2008). The classroom check-up: A classwide teacher con- sultation model for increasing praise and decreas- ing disruptive behavior. *School Psychology Review*, *37*(3), 315.

89. Simonsen, B., Fairbanks, S., Briesch, A., Myers, D., & Sugai, G. (2008). Evidence-based practices in class- room management: Considerations for research to practice. *Education and Treatment of Children*, *31*(3), 351–380.

90. Watson, S. M., Gable, R. A., & Greenwood, C. R. (2010). Combining ecobehavioral assessment, functional assessment, and response to interven- tion to promote more effective classroom instruc- tion. *Remedial and Special Education* (March 1, 2010).

91. Albers, C. A., Glover, T. A., & Kratochwill, T. R. (2007). Where are we, and where do we go

now? Universal screening for enhanced educational and mental health outcomes. *Journal of School Psychology, 45*(2), 257–263.

92. Alric, J. M., Bray, M. A., Kehle, T. J., Chafouleas, S. M., & Theodore, L. A. (2007). A comparison of inde- pendent, interdependent, and dependent group contingencies with randomized reinforcers to in- crease reading fluency. *Canadian Journal of School Psychology, 22*(1), 81–93.

93. Barrish, H., Saunders, M., & Wolfe, M. (1969). Good behavior game: Effects of individual contingencies for group consequences on disruptive behavior in a classroom. *Journal of Applied Behavior Analysis, 2*, 119–124.

94. Brophy, J. (1981). Teacher praise: A functional analysis. *Review of Educational Research, 51*, 5–32.

95. Burton, K. D., Lydon, J. E., D'Alessandro, D. U., & Koestner, R. (2006). The differential effects of intrinsic and identified motivation on well-being and performance: Prospective, experimental, and implicit approaches to self-determination theory. *Journal of Personality and Social Psychology, 91*(4), 750–762.

96. Cameron, J., & Pierce, W. (1996). The debate about rewards and intrinsic motivation: Protests and accusations do not alter the results. *Review of Educational Research, 66*(1), 39–51.

97. Deci, E. L., Koestner, R., & Ryan, R. M. (1999a). A meta-analytic review of experiments examining the effects of extrinsic rewards on intrinsic motiva- tion. *Psychological Bulletin, 125*(6), 627–668.

98. Deci, E. L., Koestner, R., & Ryan, R. M. (1999b). The undermining effect is a reality after all—Extrinsic rewards, task interest, and self-determination: Reply to Eisenberger, Pierce, and Cameron (1999) and Lepper, Henderlong, and Gingras (1999). *Psychological Bulletin, 125*(6), 692–700.

99. Eisenberger, R., Pierce, W., & Cameron, J. (1999). Effects of reward on intrinsic motivation—

Negative, neutral, and positive: Comment on Deci, Koestner, and Ryan (1999). *Psychological Bulletin, 125*(6), 677–691.

100. George, H. P., Kincaid, D., & Pollard-Sage, J. (2009). Primary-tier interventions and supports. In *Hand- book of positive behavior support* (pp. 375–394). Retrieved from http://dx.doi.org/10.1007/978-0-387-09632-2_16.

101. Kalis, T. M., Vannest, K., & Parker, R. (2007). Praise counts: Using self-monitoring to increase effective teaching practices. *Preventing School Failure, 51,* 20–27.

102. Kaplan, J. S. (1996). Beyond Behavior modification.Austin, TX: Pro-Ed.

103. Kohn, A. (1993). *Punished by rewards: The trouble with gold stars, incentive plans, A's, praise, and other bribes.* Boston: Houghton Mifflen.

104. Lepper, M. R., Henderlong, J., & Gingras, I. (1999). Understanding the effects of extrinsic rewards on intrinsic motivation—Uses and abuses of meta- anlysis: Comment on Deci, Koestner, and Ryan (1999). *Psychological Bulletin, 125*(6), 669–676.

105. Little, S. G., Akin-Little, A., & Newman-Fig, L. M. (2010). Effects on homework completion and accu- racy of varied and constant reinforcement within an interdependent group contingency system. *Journal of Applied School Psychology, 26*(2), 115.

106. McCurdy, B. L., Lannie, A. L., & Barnabas, E. (2009). Reducing disruptive behavior in an urban school cafeteria: An extension of the Good Behavior Game. *Journal of School Psychology, 47*(1), 39–54.

107. McKean, E. (Ed.). (2005). *New Oxford American Dictionary* (2nd ed.). Oxford, England: Oxford University Press.

108. Noddings, N. (2005). Identifying and responding to needs in education. *Cambridge Journal of Education, 35,* 147–159.

109. Poduska, J. M., Kellam, S. G., Wang, W., Brown, C. H., Ialongo, N. S., & Toyinbo, P. (2008). Impact of the Good Behavior Game, a universal classroom- based behavior intervention, on

young adult serv- ice use for problems with emotions, behavior, or drugs or alcohol. *Drug and Alcohol Dependence, 95,* 29–44.

110. Reinke, W. M., Lewis-Palmer, T., & Merrell, K. (2008). The classroom check-up: A classwide teacher consultation model for increasing praise and decreasing disruptive behavior. *School Psychology Review, 37*(3), 315.

111. Schanding, G. T., & Sterling-Turner, H. E. (2010). Use of the mystery motivator for a high school class. *Journal of Applied School Psychology, 26,* 3853.

112. Severson, H. H., Walker, H. M., Hope-Doolittle, J., Kratochwill, T. R., & Gresham, F. M. (2007). Proactive, early screening to detect behaviorally at-risk students: Issues, approaches, emerging in- novations, and professional practices. *Journal of School Psychology, 45*(2), 193–223.

113. Simonsen, B., Fairbanks, S., Briesch, A., Myers, D., & Sugai, G. (2008). Evidence-based practices in class- room management: Considerations for research to practice. *Education and Treatment of Children, 31*(3), 351–380.

114. Sprague, J. R., & Walker, H. M. (2005). *Safe and healthy schools: Practical prevention strategies.* The Guilford practical intervention in the schools se- ries. New York: Guilford Press.

115. Stichter, J. P., Stormont, M., & Lewis, T. J. (2009). Instructional practices and behavior during read- ing: A descriptive summary and comparison of practices in title one and non-title elementary schools. *Psychology in the Schools, 46,* 172–183.

116. Sugai, G., & Horner, R. H. (2009). Defining and de- scribing schoolwide positive behavior support. In *Handbook of positive behavior support* (pp. 307–326). Retrieved from http://dx.doi.org/10.1007/978-0- 387-09632-2_13.

117. Sutherland, K. S., Conroy, M., Abrams, L., & Vo, A. (2010). Improving interactions between teachers and young children with problem behavior: a strengths-based approach.

*Exceptionality, 18,* 70–81.

118. Theodore, L. A., Bray, M. A., & Kehle, T. J. (2004). A comparative study of group contingencies and randomized reinforcers to reduce disruptive class- room behavior. *School Psychology Quarterly, 19*(3), 253–271.

119. Tingstrom, D. H., Sterling-Turner, H. E., & Wilczynski, S. M. (2006). The Good Behavior Game: 1969–2002.*Behavior Modification, 30* (2), 225–253.

120. Vansteenkiste, M., Simons, J., Lens, W., Sheldon, K. M., & Deci, E. L. (2004). Motivating learning, per- formance, and persistence: The synergistic effects of intrinsic goal contents and autonomy-supportive contexts. *Journal of Personality and Social Psychology, 87*(2), 246–260.

121. Watson, S. M., Gable, R. A., & Greenwood, C. R. (2010). Combining ecobehavioral assessment, functional assessment, and response to interven- tion to promote more effective classroom instruc- tion. *Remedial and Special Education* (March 1, 2010).

122. Christel, C. A., & Schuster, J. W. (2003). The effects of using response cards on student participation, ac- ademic achievement, and on-task behavior during whole-class math instruction. *Journal of Behavioral Education, 12*(3), 147–165.

123. Gall, M. (1984). Synthesis of research on teachers' questioning. *Educational Leadership, 42,* 40–47.

124. Guihua, C. (2006). To question or not to question, that is the question. *Canadian Social Science, 2*(3), 100–103.

125. Gunter, P. L., Shores, R. E., Jack, S. L., Denny, R. K., & DePaepe, P. (1994). A case study of the effects of al- tering instructional interactions on the disruptive behavior of a child with severe behavior disorders. *Education and Treatment of Children, 17,* 435–444.

126. Jahr, E., & Eldevik, S. (2002). Teaching cooperative play to typical children utilizing a behavior model- ing approach: A systematic replication. *Behavioral Interventions, 17,* 145–157.

127. Jerome, J., Frantino, E. P., & Sturmey, P. (2007). The ef- fects of errorless learning and

backward chaining on the acquisition of Internet skills in adults with developmental disabilities. *Journal of Applied Behavior Analysis, 40,* 185–189.

128. Kern, L., Gallagher, P., Starosta, K., Hickman, W., & George, M. (2006). Longitudinal outcomes of func- tional behavioral assessment-based intervention. *Journal of Positive Behavioral Interventions, 6,* 113–120.

129. Rosenshine, B. (1983). Teaching Functions in Instructional Programs. *Elementary School Journal 83*(4), 335–351.

130. Sitko, M. C., & Slemon, A. L. (1982). Developing teach- ers' questioning skills: The efficacy of delayed feedback. *Canadian Journal of Education, 7,* 109 121.

131. Smith, G. J. (1999). Teaching a long sequence of be- havior using whole task training, forward chain- ing, and backward chaining. *Perceptual and Motor Skills, 89,* 951–965.

132. Stevens, K. B., & Lingo, A. S. (2005). Constant time delay: One way to provide positive behavioral support for students with emotional and behav- ioral disorders. *Beyond Behavior, 14*(3), 10–15.

133. Sutherland, K. S., Alder, N., & Gunter, P. L. (2003). The effect of varying rates of opportunities to re- spond to academic requests on the classroom be- havior of students with EBD. *Journal of Emotional and Behavioral Disorders, 11*(4), 239–248.

134. Swanson, H. L., & Hoskyn, M. (2001). Instructing adolescents with learning disabilities: A compo- nent and composite analysis. *Learning Disabilities Research & Practice, 16,* 109–119.

135. Werts, M. G., Caldwell, N. K., & Wolery, M. (1996). Peer modeling of response chains: Observational learning by students with disabilities. *Journal of Applied Behavior Analysis, 29,* 53–66.

136. Whitehurst, G. J., & Merkur, A. E. (1977). The devel- opment of communication: Modeling and contrast failure. *Child Development, 48,* 993–1001.

137. Allday, R. A., & Pakurar, K. (2007). Effects of teacher greetings on student on-task behavior.

*Journal of Applied Behavior Analysis, 40*(2), 317–320.

138. Burns, M. K., Ardoin, S. P., Parker, D. C., Hodgson, J., Klingbeil, D. A., & Scholin, S. E. (2009). Interspersal technique and behavioral momentum for reading word lists. *School Psychology Review, 38*(3), 428–434.

139. Colvin, G., Sugai, G., & Patching, B. (1993). Precorrection: An instructional approach for managing predictable problem behaviors.*Intervention in School and Clinic, 28*(3), 143–150.

140. Conroy, M. A., Asmus, J. M., Ladwig, C. N., Sellers, J. A., & Valcante, G. (2004). The effects of proximity on the classroom behaviors of students with autism in general education settings. *Behavioral Disorders, 29*(2), 119–129.

141. Davis, C. A., & Brady, M. P. (1993). Expanding the utility of behavioral momentum with young chil- dren. *Journal of Early Intervention, 17*, 211–223.

142. Everett, G. E., Olmi, D. J., Edwards, R. P., & Tingstrom,D. H. (2005). The contributions of eye contact and contingent praise to effective instruction delivery in compliance training. *Education and Treatment of Children, 28*(1), 48–62.

143. Ganz, J. B., & Flores, M. M. (2010). Visual cues for young children with autism spectrum disorders and their classmates. *Young Children, 65*(3), 78–83. Grossman, H. (2004). *Classroom management for diverse and inclusive schools.* Lanham, MD: Rowman & Littlefield.

144. Gunter, P. L., & Shores, R. E. (1995). On the move: Using teacher/student proximity to improve students' behavior. *Teaching Exceptional Children, 28*, 12–15.

145. Hamre, B. K., & Pianta, R. C. (2001). Early teacher- child relationships and the trajectory of children's school outcomes through eighth grade. *Child Development, 72*, 625–638.

146. Hastings, N. (1995). Tasks and tables: The effects of seating arrangements on task engagement in primary classrooms. *Educational Research, 37*(3), 279–292.

147. Hodges, R. (2001). Encouraging high-risk student participation in tutoring and supplemental instruction. *Journal of Developmental Education, 24*(3), 2–8.

148. Jolivette, K., Stichter, J. P., & McCormick, K. M. (2002). Making choices—Improving behavior—Engaging in learning. *Teaching Exceptional Children, 34,* 24–30.

149. Jolivette, K., Wehby, J. H., & Canale, J. (2001). Effects of choice-making opportunities on the behavior of students with emotional and behavioral disorders. *Behavioral Disorders, 26*(2), 131–145.

150. Kame'enui, E. J., & Simmons, D. C. (1990). *Designing instructional strategies: The prevention of academic learning problems.* Upper Saddle River, NJ: Merrill/Pearson.

151. Lee, D., & Laspe, A. K. (2003). Using high-probability request sequences to increase journal writing. *Journal of Behavioral Education, 12*(4), 261–273.

152. Long, M. (2000). *The psychology of education.* New York: Routledge Falmer.

153. Oswald, K., Safran, S., & Johanson, G. (2005). Preventing trouble: Making schools safer places using positive behavioral supports. *Education and Treatment of Children, 28*(3), 265–278.

154. Pianta, R. C. (1996). *High-risk children in schools: Constructing sustaining relationships.* New York, NY: Routledge.

155. Son, S., Sigafoos, J., O'Reilly, M., & Lancioni, G. E. (2006). Comparing two types of augmentative and alternative communication systems for children with autism. *Pediatric Rehabilitation, 9*(4), 389–395.

156. Wannarka, R., & Ruhl, K. (2008). Seating arrange- ments that promote positive academic and behav- ioural outcomes: A review of empirical research. *Support for Learning, 23*(2), 89–93.

157. Werts, M. G., Caldwell, N. K., & Wolery, M. (2003). Instructive feedback: Effects of a presentation variable. *The Journal of Special Education, 37,* 124–133.

158. Wheldall, K., & Lam, Y. Y. (1987). Rows versus ta- bles II: The effects of two classroom seating arrangements on classroom disruption rate, on- task behavior and teacher behavior in three spe- cial school classes. *Educational Psychology, 7,* 303–312.

159. Craft, M. A., Alber, S. R., & Heward, W. L. (1998). Teaching elementary students with

developmen- tal disabilities to recruit teacher attention in a gen- eral education classroom: Effects on teacher praise and academic productivity. *Journal of Applied Behavior Analysis, 31*(3), 399–415.

160. Murphy, K. A., Theodore, L. A., Aloiso, D., Alric- Edwards, J. M., & Hughes, T. L. (2007). Interdepen- dent group contingency and mystery motivators to reduce preschool disruptive behavior. *Psychology in the Schools, 44*(1), 53–63.

161. Vargas, J. S. (2009). *Behavior analysis for effective teach- ing*. New York: Routledge.

162. Wallace, M. A., Cox, E. A., & Skinner, C. H. (2003). Increasing independent seatwork: Breaking large assignments into smaller assignments and teach- ing a student with retardation to recruit reinforce- ment. *School Psychology Review, 32*(1), 132–142.

163. Coon, D., Mitterer, J., Brown, P., Malik, R., & McKenzie, S. (2009). *Psychology: A journey*. Independence, KY: Cengage Learning.

164. Fee, V. E., Matson, J. L., & Manikam, R. (1990). A con- trol group outcome study of a nonexclusionary time-out package to improve social skills with preschoolers. *Exceptionality, 1*(2), 107–122.

165. Freiberg, H., Huzinec, C. A., & Templeton, S. M. (2009). Classroom management—a pathway to student achievement: A study of fourteen inner- city elementary schools. *The Elementary School Journal, 110*(1), 63–80.

166. Kerr, M. M., & Nelson, C. M. (2006). *Strategies for ad- dressing behavior problems in the classroom*. Upper Saddle River, NJ: Merrill/Pearson.

167. Little, S. G., & Akin-Little, A. (2008). Psychology's contributions to classroom management. *Psychology in the Schools, 45*(3), 227–234.

168. Murphy, S. A., & Korinek, L. (2009). It's in the cards: A classwide management system to promote stu- dent success. *Intervention in School and Clinic, 44*(5), 300–306.

169. Van Nagel, C. (1991). *How to organize and manage your classroom to keep from going crazy:*

*The PADD System: Positive Approach for Developmental Discipline.* Santa Fe, NM: Synergetic Psychology.

170. Wang, M. C., Haertel, G. D., & Walberg, H. J. (1993/1994). What helps students learn? *Educational Leadership, 51*(4), 74–80.

171. Anderson, C. M., & Scott, T. (2009). Function-based support: A systems-change model (pp. 705–728). In W. Sailor, G. Dunlap, G. Sugai, & R. Horner (Eds.), *Handbook of positive behavior support.* New York: Springer.

172. Benazzi, L., Horner, R., & Good, R. (2006). Effects of be- havior support team composition on the technical adequacy and contextual fit of behavior support plans. *The Journal of Special Education, 40*(3), 160–170.

173. Campbell, A., & Anderson, C. M. (2008). Enhancing effects of check-in/check-out with function-based support. *Behavioral Disorders, 33*(4), 233–245.

174. Gable, R. A., Hendrickson, J. M., & Van Acker, R. (2001). Maintaining the integrity of FBA-based interventions in schools. *Education and Treatment of Children, 24*(3), 248–260.

175. Horner, R. H., Sugai, G., Todd, A. W., & Lewis- Palmer, T. (2005). School-wide positive behavior support. In *Individualized supports for students with problem behaviors: Designing positive behavior sup- port plans* (pp. 359–390). New York: Guilford Press.

176. O'Neill, R. H., Horner, R. H., Albin, R. W., Sprague, J. R., Storey, K., & Newton, J. S. (1997). *Functional as-sessment and program development for problem behavior: A practical handbook* (2nd ed.). Boston: Brooks/Cole.

177. Sugai, G., & Horner, R. (2002). The evolution of disci- pline practices: School-wide positive behavior supports. *Child & Family Behavior Therapy, 24*, 23–50.